江苏师范大学小学教育国家级一流本科专业建设点资助

U0646567

教师专业发展概论

JIAOSHI ZHUANYE FAZHAN GAILUN

小学教育一流专业建设教材·总主编：高 伟

编 著／吴义昌

北京师范大学出版集团
BEIJING NORMAL UNIVERSITY PUBLISHING GROUP
北京师范大学出版社

图书在版编目(CIP)数据

教师专业发展概论/吴义昌编著. —北京:北京师范大学出版社,2023.5(2025.8重印)

小学教育一流专业建设教材

ISBN 978-7-303-28286-9

Ⅰ.①教… Ⅱ.①吴… Ⅲ.①小学教师－师资培养－高等学校－教材 Ⅳ.①G625.1

中国版本图书馆 CIP 数据核字(2022)第 214856 号

出版发行:北京师范大学出版社 https://www.bnupg.com
　　　　　北京市西城区新街口外大街 12-3 号
　　　　　邮政编码:100088

印	刷:	北京虎彩文化传播有限公司
经	销:	全国新华书店
开	本:	787 mm×1092 mm　1/16
印	张:	13.75
字	数:	294 千字
版	次:	2023 年 5 月第 1 版
印	次:	2025 年 8 月第 2 次印刷
定	价:	37.00 元

策划编辑:张筱彤	责任编辑:安　健
美术编辑:焦　丽	装帧设计:焦　丽
责任校对:陈　民	责任印制:马　洁

丛书顾问

总　序

　　本套教材由江苏师范大学教育科学学院(教师教育学院)小学教育国家级一流本科专业建设点资助出版,共有《教师的实践哲学》《儿童哲学》《小学生认知与学习》等21本,基本涵盖了小学教育专业的学科专业课程、教育实践课程以及教师教育课程,并重点关注了新时代教育前沿课程。

　　本套教材自酝酿到遴选、初审再到申报选题、审读、出版,经历了一个较为漫长的过程。2019年,江苏师范大学教育科学学院(教师教育学院)小学教育专业先后获批江苏省高校一流本科专业和国家级一流本科专业建设点,国家级一流本科专业建设点本身对教材建设有要求。2019年年初,我们在学院发布了教材招标书,明确了申报条件、教材范围以及申报程序。在提交给出版社教材目录之前,我们对所申报的教材采用院内评价、同行评价、专家评价的方式进行了三轮严格的遴选。我们把"三个原则,三个标准"作为教材遴选的基本条件。

　　三个原则,即思想性原则、实用性原则和时代性原则。这三个原则也是教材出版的基本依据和根本遵循。一是思想性原则。思想性就是有意识地将习近平新时代中国特色社会主义思想、社会主义核心价值观有机融入教材内容,体现马克思主义中国化要求,体现中国和中华民族风格,体现党和国家对教育的基本要求,体现国家和民族基本价值观,围绕育人目标,深度挖掘提炼小学教育专业知识体系中所蕴含的思想价值和精神内涵,注重加强师德师风教育,引导学生树立学为人师、行为世范的职业理想,争作"四有"好老师,充分体现课程的思想逻辑、价值逻辑和实践逻辑。二是实用性原则。小学教育专业教材编写的指向很明确,就是要培养能够胜任小学教育教学的高素质、专业化、创新型教师,这就要求教材实用、能用、好用。教材要遵循小学教育专业教育教学规律、小学教师人才成长规律,贴近小学教育专业学生的思想、学习和生活实际,以便教师好教、学生好学、学有所得、学以致用。我们要求教材在呈现专业知识时,以实际问题为出发点和归宿,体现知识的形成和应用过程,突出理论与实践的统一,培养学生用教育学的思想和眼光观察世界的习惯,在教学实践中提升问题解决的能力。教材一定要注重师范生能力培养,以创新精神和实践能力为核心,以培养学生发现问题、提出问题、分析问题、解决问题的能力为目标,完善以能力培养为核心的教学设计。这就要求编者不仅要精心设计教材内容,还应在编写体例上下足功夫,夯实学生能力发展的知识基础,把知识学习与能力形成有效地结合起来。三是时代性原则。时代发展和科技进步是教材改革最有效的催化剂。要想更新教材内容、创造性转化传统教育观念，就必须立足时代前沿，及时反映经济社会发展新变化、科学技术进步新成果，既要相对稳定，准确阐述本学科专业基本概念、基本知识和基本方法，保持小学教育专业教材的科学性，又要与时俱进，吸纳最新研究成果，保障人才培养的先进性。

三个标准，即专业标准、经历标准和验证标准。一是专业标准。凡申报教材出版的教师，必须有高级职称，必须在其专业领域表现出较高的专业水准。我们不是唯职称论者，所看重的并不是职称，而是职称背后的学术训练、实践历练和经验老练。二是经历标准。我们要求教材编者必须有三个经历：和中小学的长期合作经历、经常去中小学体验的经历，以及指导中小学教科研的经历。这三个经历缺一不可。之所以要特别强调经历标准，是因为教材是要"用"的，如果编者对基础教育的情况不熟悉、不了解，对中小学课程标准摸不透、吃不准，对中小学到底需要什么样的教师把握得不清楚、不准确，那么他就既不能准确地理解我们对人才培养目标的设计，也不能保证课程、教学对于培养目标、毕业要求的达成，当然也就写不出一本具有学科特色、专业特色的教材。三是验证标准。验证标准就是所申报的教材内容必须在教学实践中经过两到三轮的试用，也就是说在出版之前，必须已经验证了教材的适用性。事实上，有的教材是编者十几年乃至几十年专业教学工作的结晶。从这个意义上讲，这套教材既是我们对教学实践的总结，也是对教学实践的反思与提炼。

我们按照"三个原则，三个标准"遴选的教材又经过了出版社的严格审核、层层遴选、多重把关，应该说充分保障了教材本身的质量。

本套教材出版之际，还是要表达由衷的感谢之情。感谢江苏师范大学小学教育专业团队，这个团队所有成员同呼吸、共命运，同甘共苦，同心同德，矢志创业，本套教材在某种意义上也是团队共同奋斗的见证。感谢北京师范大学出版社郭兴举、李轶楠、张筱彤及其他编辑同志，他们的精心编辑、审读使本套教材锦上添花，他们的帮助对江苏师范大学小学教育专业建设而言是雪中送炭。最后，也要感谢江苏师范大学小学教育专业的所有学生，他们的成长与发展是我们追求进步的不竭动力。当然，由于编者水平所限，教材难免会有不妥之处，同时随着教育实践和研究的不断发展，教材的内容也应该不断升级换代，敬请广大读者、同行专家给予批评指正，欢迎提出富有建设性的意见，以便今后进一步修订完善。

高伟

2022 年 2 月

前　言

党的二十大报告指出，教育是国之大计、党之大计。教育的基本要素主要包括教育者(谁教)、受教育者(教谁)、教育内容(教什么)和教育方法(如何教)。在学校教育中，教育内容的主要载体是教材，如果教材质量不高，教师引导学生学习的教育内容是错误的或落后的，那么教育质量就难以保证。因此，当接受了编写本教材的任务后，我就意识到应该把这项任务当成一件重要的工作来做。

本教材的编写背景主要有三个方面。一是理论背景。根据教育学原理，在教育的构成要素中，教师是具有主导作用的基本要素，是教育系统中最为重要的资源，教师质量对于教育质量具有决定性影响。根据教师教育理论，教师专业发展是持续整个职业生涯的过程，教师专业素质不仅是"塑造"的，而且是"自造"的。二是政策背景。2014 年 9 月，在第三十个教师节来临前夕，习近平总书记来到北京师范大学看望教师学生，观摩课堂教学。在与师生座谈时，习近平总书记说："一个人遇到好老师是人生的幸运，一个学校拥有好老师是学校的光荣，一个民族源源不断涌现出一批又一批好老师则是民族的希望。"而一个人要想成为好老师，就必须高度重视自身专业发展。我国《教师教育课程标准(试行)》指出，教师是终身学习者，在持续学习和不断完善自身素质的过程中实现专业发展。该标准把"职业道德与专业发展"列为重要学习领域，把"教师专业发展"列为重要课程建议模块。我国《小学教师专业标准(试行)》和《中学教师专业标准(试行)》都指出，教师应学习先进教育理论，了解国内外教育改革与发展的经验和做法，优化知识结构，提高文化素养，具有终身学习与持续发展的意识和能力，做终身学习的典范。这两个标准都强调教师要注重自身专业发展，制定专业发展规划，积极参加专业培训，不断提高自身专业素质。三是实践背景。当前教师开展专业发展活动的积极性不高，效果不够显著，而教师教育中缺少有效指导教师促进自我专业发展的教材。基于以上背景，为了有效促进教师专业发展，特编写本教材。

本教材的特点主要有以下四个方面。一是学理性。本教材重视对概念内涵的细致剖析，重视对每条专业发展路径促进教师专业发展的机制进行深入揭示。二是主体性。影响教师专业发展的因素是多方面的，其中，具有决定性影响的是教师自身。本教材重视教师在自身专业发展中的主体地位。在教师专业发展的实现路径部分，本教材着重从教师视角系统阐述每条路径的内涵、机制和策略。三是基础理论与应用理论相结合。本教材分为上、下两篇。上篇从教师专业发展的概念、意义、内容、阶段和影响因素等方面，对教师专业发展进行基本理论探讨；下篇从教师视角，集中探讨教师专业发展的理论应用路径、实践反思路径、教师合作路径、课例研究路径和道德修养路径。有关这些路径的阐述具有鲜明的应用性。四是重视教师专业发展的道德修养路径。虽然已有的研究在探讨教师专业发展内容时都把道德品质作为教师专业素质的重要构成部分，然而，在探讨教师专业发展路径时，多数研究者侧重于从专业知识角度进行研究。本教材对教师专业发展的道德修养路径专门进行了深入阐述。

本教材的适用对象主要是小学教育专业本科生。本教材也可以作为小学教育专业硕士研究生、在职小学教师和小学教育管理者学习和研究的材料。另外，本教材对基础教育领域中关心自身专业发展的幼儿园教师和中学教师也有重要参考价值。

知识的发展具有累积性。在本教材编写过程中，编者参考了许多研究成果，并尽可能详细标注出所参考的文献，在此对所有参考文献的作者致以诚挚的谢意。编者对北京师范大学出版社张筱彤编辑为本教材的出版所付出的大量辛勤而严谨的劳动也表示衷心感谢。

教学是遗憾的艺术，编写教材也是如此。本教材的不足之处主要有两点。一是在教师专业发展的实现路径部分，本教材局限于从教师视角进行阐述。该视角固然重要，然而，教师教育、外部管理制度、任职学校环境等因素也不可或缺。二是本教材对小学教师专业发展的"个性"彰显不够。虽然本教材的适用对象以小学教育专业本科生为主，然而，本教材着重从小学教师与中学教师的"共性"角度来展开阐述。这也是本教材在名称上没有加"小学"这一定语的主要原因。然而，小学教师专业发展必然有其不同于中学教师的特点。前一个不足比较容易弥补，后一个不足需要付出更多努力。"虽不能至，然心向往之。"除此之外，由于本人水平和精力有限，本教材可能还存在其他诸多不足之处，敬请大家批评指正。

吴义昌

2023 年 1 月

目 录

上篇：教师专业发展的基本理论

下篇：教师专业发展的实现路径

上篇
教师专业发展的
基本理论

第一章

教师专业发展的概念

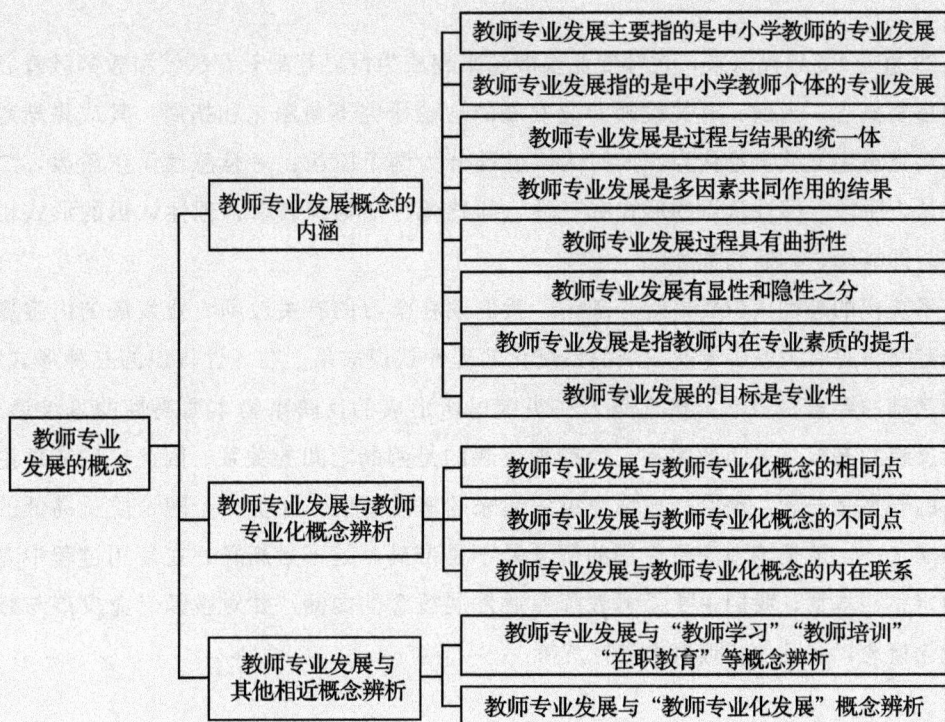

```
                                    ┌─ 教师专业发展主要指的是中小学教师的专业发展
                                    ├─ 教师专业发展指的是中小学教师个体的专业发展
                                    ├─ 教师专业发展是过程与结果的统一体
                    教师专业发展概念的 ├─ 教师专业发展是多因素共同作用的结果
                         内涵        ├─ 教师专业发展过程具有曲折性
                                    ├─ 教师专业发展有显性和隐性之分
                                    ├─ 教师专业发展是指教师内在专业素质的提升
                                    └─ 教师专业发展的目标是专业性

  教师专业
  发展的概念         教师专业发展与教师  ┌─ 教师专业发展与教师专业化概念的相同点
                   专业化概念辨析     ├─ 教师专业发展与教师专业化概念的不同点
                                    └─ 教师专业发展与教师专业化概念的内在联系

                   教师专业发展与     ┌─ 教师专业发展与"教师学习""教师培训"
                   其他相近概念辨析   │   "在职教育"等概念辨析
                                    └─ 教师专业发展与"教师专业化发展"概念辨析
```

章前导语

　　要了解教师专业发展，必须准确把握教师专业发展概念的内涵，明确教师专业发展是什么。关于教师专业发展概念的内涵，理论界有"单内涵说""双内涵说"和"三内涵说"等不同的观点。本教材认为，"单内涵说"使教师专业发展概念更具有精确性。本章从"单内涵说"角度对教师专业发展概念进行了界定，在此基础上，细致剖析教师专业发展概念的多方面内涵。对相近概念进行辨析是深入理解概念内涵的一种重要思维方法，同时，保持概念的稳定性也是提高理论质量的基本要求。为此，本章对教师专业发展与教师专业化、教师专业化发展、教师学习、教师培训、在职教育等相近概念进行了辨析。

　　20世纪80年代以来，教师专业发展越来越成为世界基础教育领域和教师教育领域中的重要概念。当前，有关教师专业发展的理论研究不断深化和拓展，其成果渐趋成熟。马克思主义认识论认为，人的认识过程分为两个阶段：一是感性认识阶段，二是理性认识阶段。感性认识的形式有三种，即感觉、知觉和表象；理性认识的形式也有三种，即概念、判断和推理。

　　系统化的理性认识成果就是理论。我们现在学习的有关教师专业发展的内容属于理论范畴，是有关教师专业发展的系统化的理性认识成果。在理性认识的三种形式中，最为基础的要素是概念。概念是人在头脑里所形成的反映事物本质属性的思维形式。判断反映的是概念之间的关系，而推理反映的是判断之间的关系。因此，构成理论最基本的要素是概念，理论又被称为组织起来的概念系统。评价一个理论质量高低的重要标准之一，就是该理论所使用的概念是不是准确，是不是新颖，在使用过程中是不是稳定。在本章，我们主要了解教师专业发展概念的内涵，并对教师专业发展与教师专业化概念以及其他相近概念进行辨析。

第一节
教师专业发展概念的内涵

　　人文社会科学和自然科学的一个明显区别是，自然科学概念的内涵在相当长的时期内往往是明确的、单一的，并被公认的，而人文社会科学概念的内涵往往在同一时期内众说纷纭，见仁见智。这或许既是人文社会科学的特点，也是人文社会科学在学科发展水平上低于自然科学的表现之一。它使得那些诸多使用同一概念的人表达的往往并不是同一个内容，从而造成交流的障碍。教师专业发展概念的内涵就是如此。综合已有研究成果，有关教师专业发展概念内涵的观点主要有以下三种类型。

其一是"单内涵说"。该观点认为教师专业发展概念的内涵只有一个，它把"教师"理解为一个个体，强调教师专业发展是教师个体专业素质不断提升的过程。例如，有研究者指出，教师专业发展强调的是教师个体内在专业特性的提升。教师专业发展是指教师个体的专业知识、专业技能、专业情意、专业自主、专业价值观、专业发展意识等方面由低到高、逐渐符合教师专业人员标准的过程。[①]

其二是"双内涵说"。该观点认为教师专业发展概念的内涵有两个，它既把"教师"理解为一种职业，强调教师专业发展是教师职业由非专业向专业发展的过程，又把"教师"理解为一个个体，强调教师专业发展是教师个体专业素质不断提升的过程。例如，有研究者指出，教师专业发展呈现出两种研究取向：第一种取向将教师所从事的职业作为一门专业，研究其发展的历史过程，尤其是研究教师群体专业地位和权利的提升；第二种取向将教师专业发展理解为教师由非专业人员成长为专业人员的过程，因而重点研究教师个体层面专业素养和能力的提升。[②]

其三是"三内涵说"。该观点认为教师专业发展概念的内涵有三个：它既把"教师"理解为一种职业，强调教师专业发展是教师职业由非专业向专业发展的过程；又把"教师"理解为一个个体，强调教师专业发展是教师个体专业素质不断提升的过程；还把教师专业发展理解为促进教师专业发展的活动。例如，有研究者认为，教师专业发展的内涵大致分为两类：一类是将其视为教师职业成为专门职业并获得应有的专业地位的过程；另一类是将其视为教师个体的、内在的专业性的提高过程，关注教师如何形成自己的专业精神、知识、技能。后一类意义上的教师专业发展又包含两层意思。一是指教师的专业成长过程。在这种情况下，"教师专业发展"概念接近于"教师成长""专业成熟"等概念。二是指促进教师专业发展的过程，该理解关注的是教师专业发展的外部条件。在这种情况下，"教师专业发展"概念接近于"教师培训""在职教育"等概念。[③]

以上三类观点的共同之处是，都认为教师专业发展是指教师个体的专业素质不断提升的过程；不同之处主要是教师专业发展概念的内涵不断增加，外延不断扩大。笔者认为，从提高理论的严谨性角度说，概念的内涵应该明确且"纯净"。为了促进教师

---

① 宋广文、魏淑华：《论教师专业发展》，载《教育研究》，2005(7)。

② 刘义兵：《教师专业发展》，10 页，北京，高等教育出版社，2017。

③ 王少非：《新课程背景下的教师专业发展》，91～92 页，上海，华东师范大学出版社，2005。

6

教育学科建设，提高教师教育学科发展水平，本教材采用教师专业发展概念的"单内涵说"。本教材在已有的"单内涵说"基础上，对教师专业发展概念的定义如下：所谓教师专业发展，是指教师个体在内在因素和外在因素的共同影响下，不断提升自身专业素质的过程。在该定义中，教师专业发展概念的内涵主要包括以下方面。

一、教师专业发展主要指的是中小学教师的专业发展

从专业发展的主体角度说，教师专业发展主要指的是中小学教师的专业发展，而不是所有学段教师的专业发展。在学段角度上，教师主要分为幼儿园教师、中小学教师和高校教师。根据我国教育部2021年公布的数据，2020年，我国共有各级各类学校53.71万所，在校生2.89亿人，专任教师1792.18万人。其中，幼儿园共有专任教师291.34万人，义务教育阶段共有专任教师1029.49万人，普通高等学校共有专任教师183.30万人，特殊教育学校共有专任教师6.62万人。[①] 中小学专任教师共有1310.92万人，占所有专任教师总数的73.15%。从数量来看，中小学教师是教师队伍的主要构成部分。在当代教师教育领域，当涉及"教师专业发展"概念时，除非特殊说明，一般约定俗成地将"教师"理解为"中小学教师"。在职责方面，中小学教师与幼儿园教师、高校教师有比较明显的区别。中小学教师的职责主要是教育教学；而幼儿园教师的主要职责是"保教结合"，其中，"保"是指保护和促进幼儿健康，"教"是指促进幼儿发展的教育教学；高校教师的主要职责包括教育教学、科学研究和社会服务等方面。由于中小学教师与幼儿园教师、高校教师都有教育教学这一最为重要的职责，因此，本教材所探讨的指向中小学教师专业发展的理论对于幼儿园教师和高校教师的专业发展也有一定指导意义。

二、教师专业发展指的是中小学教师个体的专业发展

从专业发展主体的数量角度说，教师专业发展指的是中小学教师个体的专业发展，而不是指中小学教师群体的专业发展。与中小学教师个体的专业发展强调中小学教师单个人的内在专业素质的提升不同，中小学教师群体的专业发展强调的是中小学教师群体的专业素质的提升。它涉及中小学教师队伍建设，且与中小学教师职业的发展密切相关。笔者强调中小学教师个体的专业发展，并不否认或轻视中小学教师群体的专业发展。中小学教师个体的专业发展和群体的专业发展是辩证统一的关系。一方面，

---

① 《教育部：2020年我国高等教育毛入学率达54.4%》，https://www.eol.cn/news/yaowen/202103/t202 10302_2079671.shtml，2022-03-02。

中小学教师群体专业发展能够吸引更多优秀的人才加入中小学教师队伍，能够为每个中小学教师个体的专业发展提供更好的平台；另一方面，如果每个中小学教师都获得高质量的专业发展，那么中小学教师群体的专业素质以及群体的专业地位的提升就有了更为根本的保证。

三、教师专业发展是过程与结果的统一体

从专业发展的形态角度说，教师专业发展既指动态的教师专业发展过程，又指静态的教师专业发展结果，并以前者为主。从动态过程来说，教师专业发展持续教师整个职业生涯；从静态结果来说，教师在开展一段时间的专业发展活动，乃至开展一次专业发展活动之后，都会出现一个结果，只不过这个结果不是终结性结果，而是发展过程之中的暂时性结果。我们平常所说的"教师专业发展的状况如何？"指的就是教师专业发展的静态结果。教师专业发展具有阶段性，在每一个阶段，教师专业发展都有其相对稳定且比较明显的特点。只有把教师专业发展理解为静态结果时，教师才能够对自己在一定时期内的专业发展状况进行反思和评价，才能为下一阶段的专业发展找到准确的基础。静态的教师专业发展结果是相对的，动态的教师专业发展过程是绝对的；静态的教师专业发展结果既是教师前一时期专业发展的终点，也是教师随后开展的专业发展的起点。

四、教师专业发展是多因素共同作用的结果

从专业发展的影响因素角度说，教师专业发展是多因素共同作用的结果。概括来说，这些因素可以分为内在因素和外在因素。其中，内在因素是指教师自身因素，主要包括教师的早年受教经验和主观能动性。外在因素主要包括职前教师教育、外部管理制度和任职学校环境。教师专业发展的内在因素和外在因素之间具有密切联系。一般来说，内在因素往往是外在因素影响的结果，然而这种影响一旦形成，内在因素往往又会单独发挥作用，并反作用于外在因素。根据马克思主义唯物辩证法原理，教师专业发展是内在因素和外在因素共同作用的结果。其中，内在因素是根据，外在因素是条件，外在因素通过内在因素起作用。在内在因素中，教师的主观能动性起到决定性作用。它能够增强或削弱其他因素对教师专业发展的影响效果，并可能创造有利的外在因素，从而促进自身专业发展。

五、教师专业发展过程具有曲折性

从专业发展的进程角度说，总体来看，在内在因素和外在因素的共同影响下，尤其是随着主观能动性的增强，绝大多数教师的专业发展是正向的、积极的、前进的，教师的专业知识会不断丰富，教师的专业能力会不断增强，教师的专业道德会不断提高，教师在专业实践过程中会越来越得心应手、驾轻就熟。然而，任何事物的发展都不会一帆风顺，教师专业发展虽然总体上是前进的，但其过程往往是曲折的。在一定时期内，教师专业发展还可能出现停滞，甚至倒退。教师专业发展概念的这一内涵对于教师豁达地对待自身在专业发展过程中遇到的问题具有重要现实意义。

六、教师专业发展有显性和隐性之分

从专业发展的自觉性角度说，教师专业发展既包括显性专业发展，也包括隐性专业发展。前者主要是指教师充分发挥主观能动性，进行专业发展规划，通过有意识的努力，从而促进自身专业素质的提升；后者主要是指教师通过无意识的活动而实现的自身专业素质的提升。例如，教师早年受教经验对教师专业发展的影响往往是无意识的，教师入职之后无意识的经验积累和模仿也会对其专业发展产生一定影响。在某种程度上，教师专业发展也是一种学习过程，隐性的教师专业发展属于内隐学习，它所获得的知识主要是缄默知识或隐性知识。心理学研究表明，内隐学习具有以下特征：①自动性。内隐学习自动产生，学习者不需要有意识的努力就能够发现任务操作中的内在规则。②抽象性。内隐学习可以抽象出事物的本质属性，所获得的知识不依赖于刺激的表面物理形式，这种知识更有利于迁移。③理解性。通过内隐学习而获得的缄默知识在部分程度上可以被意识到。④抗干扰性。内隐学习不易受机能障碍和机能失调的影响，不受年龄和智商的影响，个体差异小，群体差异小，内部机制具有跨物种的普遍性。⑤高选择力、高潜力、高效性。[①] 根据内隐学习理论，隐性的教师专业发展有其重要价值。不过，笔者认为，显性的教师专业发展更能体现教师专业发展的本质。只有在显性的教师专业发展影响下，隐性的教师专业发展才能够更好地发挥其积极意义。

---

① 郭秀艳：《内隐学习和缄默知识》，载《教育研究》，2003(12)。

七、教师专业发展是指教师内在专业素质的提升

从专业发展的内容角度说，教师专业发展是指教师内在专业素质的提升。一方面，教师的素质是多方面的，它既包括教师作为一个教育工作者的专业素质，又包括教师作为一个非职业人的普通素质。譬如，身体素质是教师作为一个非职业人的非常重要的普通素质。虽然身体素质是教师从事教育工作的重要基础，但是，它不属于教师的专业素质。因此，身体素质不属于教师专业发展的范畴。另一方面，教师专业素质还有内在和外在之分。教师外在专业素质主要表现为教师所获得的职称和各种荣誉称号。在一定程度上，教师的职称级别，如正高级中小学教师、高级中小学教师、一级中小学教师、二级中小学教师等，往往是教师专业发展的重要表现；各种荣誉称号，如人民教育家、特级教师、全国优秀教师、学科带头人等，往往也是教师专业发展的重要标志。虽然外在较高的职称级别或荣誉称号往往是教师内在专业素质获得较好发展的结果，但是，本教材所说的教师专业发展指的是教师内在专业素质的提升。从教师的实践质量角度说，起根本影响的不是教师的外在职称级别或荣誉称号，而是教师的内在专业素质。因此，教师专业发展主要指的是教师内在专业素质的提升。教师的内在专业素质是"本"或"里"，外在专业素质是"末"或"表"。

八、教师专业发展的目标是专业性

从专业发展的目标角度说，教师专业发展指的是教师自身内在从教素质朝专业性的目标提升。专业性是专门职业性的简称，它是一门专业对从业者内在素质的要求。与专门职业相对的是普通职业，普通职业往往被简称为职业，因此，与专业性相对的是职业性。关于从业者内在素质专业性的标准，可以从学术界对专业的定义进行理解。1966 年，国际劳工组织和联合国教科文组织联合颁布的《关于教员地位的建议》指出：教育工作应被视为专业。这种专业是一种要求教员具备经过严格而持续不断的研究才能获得并维持专业知识及专门技能的公共业务；它要求对所辖学生的教育和福利具有个人的及共同的责任感。[①] 还有学者指出，专业是通过特殊教育或训练掌握了业经证实的认识（科学或高深知识），具有一定的基础理论的特殊技能，从而按照来自特定的大多数公民自发表达出来的每个委托者的具体要求，从事具体服务工作，借以为全社会利益

---

① ［日］筑波大学教育学研究会：《现代教育学基础》中文修订版，钟启泉译，453 页，上海，上海教育出版社，2003。

效力的职业。① 从以上对专业的定义可以看出，教师专业发展的专业性主要表现在三个方面：一是教师掌握高深的专门知识，二是教师掌握基于理论的专门技能，三是教师具有高尚的职业道德。其中，掌握高深的专门知识尤其重要。专门技能往往是专业知识的具体应用，而高尚的职业道德也需要以专门知识为基础，从而区别于普通的职业道德。

第二节
教师专业发展与教师专业化概念辨析

对概念进行辨析，深刻认识相近概念的异同与联系，是深入理解概念内涵的重要思维方法。与教师专业发展相近的概念有许多，甚至达到"混乱"的程度。其中，与教师专业发展的关系最为密切的概念是教师专业化。包括教育实践工作者和教育理论工作者在内的不少教育专业人员往往对二者不加区分地使用，甚至随意替代使用。他们往往认为，广义地说，教师专业发展与教师专业化这两个概念是同义词，内涵相同。笔者认为，为了提高教师专业发展这一领域的研究水平，当前应重视从狭义的角度来使用这两个概念。本节即从该角度对这两个概念进行辨析，辨析的维度包括二者的相同点、不同点和内在联系三个方面。

一、教师专业发展与教师专业化概念的相同点

教师专业发展与教师专业化的相同点主要表现在两个方面。一方面，二者都侧重于指动态变化的过程。从语法学角度说，教师专业发展概念中的"发展"具有动词性，表示人或事物的变化过程。教师专业化概念中的"化"作为后缀词语使用，也具有动词性，也表示一种过程，意为"转变成某种性质或状态"。另一方面，二者都含有"专业"这一变化的目标，即都强调教师朝专业性的目标变化。在此，我们着重对后一个共同之处进行阐释。

专业是专门职业的简称，它是一个社会学概念。社会学家在探讨社会分工时，根据不同职业的复杂程度和社会地位，把职业大致分为两类，即专门职业和普通职业。与普通职业相比较，专业具有许多特征。关于专业的特征，不同的学者见仁见智，但基本上大同小异。

---

① 杜静：《教师专业发展》，9页，北京，高等教育出版社，2017。

利伯曼认为，专业的特征主要有以下方面：①范围明确，垄断地从事于社会不可缺少的工作；②运用高度的理智性技术；③需要长期的专业教育；④从业者无论是个人还是或集体，均具有广泛的自律性（本书编者注：此处的自律性意为专业自主）；⑤在专业的自律性范围内，直接负有作出判断、采取行为的责任；⑥非营利，以服务为动机；⑦形成了综合性的自治组织；⑧拥有应用方式具体化了的伦理纲领。[①]

奥斯汀对专业的特征进行了更为详细和深入的探讨，他认为，专业的特征有以下方面：①服务社会的意识，终身献身于职业的志向；②仅为本行业的人所掌握的明确的知识技能体系；③将研究成果和理论知识运用于实践；④长时间的专门专业训练；⑤控制职业证书的标准或资格的认定；⑥拥有选择工作范围的自主权；⑦对所作出的专业判断和行为表现负责，设立一套行为标准；⑧致力于工作和为当事人服务；⑨安排行政管理人员是为方便专业工作，而非事无巨细的岗位监督；⑩专业人员组成自我管理组织；⑪专业协会或特权团体对个人的成就给予认可；⑫确立一套伦理规范以帮助澄清与所提供服务有关的模糊问题或疑难点；⑬从业中高度的公众信任和自信；⑭有较高的社会声誉和经济地位。其中，奥斯汀认为专业最为重要的特征有四个，即有完善的专门知识和技能体系作为专业人员从业的依据，对证书的颁发标准和从业条件有完整的管理和控制措施，对于职责范围内的事情有自主决策权，有相当高的社会声望和经济地位。[②]

我国学者刘捷认为，专业的特征主要有以下六个方面：①运用专门的知识和技能；②强调服务的理念和职业伦理；③经过长期的培养和训练；④需要不断学习和进修；⑤享有有效的专业自治；⑥形成坚强的专业团体。[③]

教师专业发展与教师专业化这两个概念所表示的教师发展的目标虽然在具体方面有所不同，但都属于专业的特征范畴之内。

二、教师专业发展与教师专业化概念的不同点

教师专业发展与教师专业化概念的不同点主要表现在以下三个方面。

第一，二者的学科属性不同。不同的学科有不同的理论，不同的理论有不同的概念。为了提升理论的水平，必须明确概念的学科属性。教师专业发展概念的所属学科主要是教育学，即教师专业发展主要是一个教育学概念；而教师专业化概念的所属学

---

① ［日］筑波大学教育学研究会：《现代教育学基础》中文修订版，钟启泉译，452～453 页，上海，上海教育出版社，2003。

② 陈永明：《现代教师论》，173 页，上海，上海教育出版社，1999。

③ 刘捷：《专业化：挑战 21 世纪的教师》，62～64 页，北京，教育科学出版社，2002。

科主要是社会学，即教师专业化主要是一个社会学概念。

第二，二者的内涵不同。在教师专业发展概念中，"教师"作为一个个体来理解，如"我是一位教师"。因此，在内涵上，教师专业发展是指教师个体内在专业素质的提升过程。换言之，教师专业发展是指教师个体从新手教师逐渐成长为专家型教师的过程，它关注的是教师个体的发展。在教师专业化概念中，"教师"作为一种职业来理解，如"我的职业是教师"。因此，在内涵上，教师专业化是指教师职业的专业性的提升过程。换言之，教师专业化是指教师职业从非专业或半专业逐渐发展成为一种专业的过程。它关注的是教师群体的发展，强调的是教师职业在整个职业群体中的社会地位的提升。如联合国教科文组织指出的那样，"在提高教师地位的整体政策中，专业化是最有前途的中长期策略"①。

第三，二者的提出时间不同。一般认为，从世界范围来说，教师专业化概念提出的时间更早，具体是20世纪60年代。1966年，国际劳工组织和联合国教科文组织联合颁布《关于教员地位的建议》，拉开了教师专业化的序幕。而教师专业发展概念提出的时间更晚，具体是20世纪80年代初。其标志是1980年《世界教育年鉴》以"教师专业发展"为题发表了一系列文章，提出教师专业化的目标有两个。一是把教师视为社会职业分层中的一个阶层，专业化的目标是争取专业的地位与权利及力求教师集体的向上流动。这种把教育教学工作放在社会结构中的分析是社会学者的研究取向。二是把教师视为提供教育教学服务的专业工作者，专业化的目标是发展教师的教育教学知识与技能，提高教育教学水平。这种以发展教师的专业能力为目标的取向是教育工作者所追求的。② 教师专业化的第二个目标不再强调教师职业社会地位的提高，而是强调教师个体专业素质的提升。为了把二者区分开来，学术界就用教师专业发展概念来指代教师专业化的第二个目标，从而使教师个体专业素质的提高与教师职业社会地位的提高区别开来。当前，教师专业发展概念要比教师专业化概念受到更大的重视，其原因大致有两个方面：一是教师的政治地位、经济地位、专业组织、专业制度等影响教师职业地位的外部条件有了较好的改善，在这种情况下，影响教师职业地位的内在因素即每个教师的专业素质的重要性逐渐彰显出来；二是教师较高的政治地位、经济地位等外部条件必须建立在教师拥有较高的内在专业素质的基础之上。换言之，如果教师的内在专业素质不高，那么教师就较难获得较高的政治地位和经济地位，即使获得，其较高的社会地位也难以巩固。

---

① 吴义昌：《如何做研究型教师》，63页，上海，华东师范大学出版社，2014。
② 教育部师范教育司：《教师专业化的理论与实践》2版，47～48页，北京，人民教育出版社，2003。

三、教师专业发展与教师专业化概念的内在联系

严格地说，教师专业化是指教师职业的专业性的提升过程，而教师专业发展是指教师个体内在专业素质的提升过程。笔者认为，二者是包含与被包含的关系，即教师专业化包含教师专业发展，教师专业发展包含在教师专业化之中。从专业的特征可以看出，不同的研究者虽然见仁见智，但是普遍认为，教师专业化的特征既包括教师的物质待遇、资格证的管理、专业组织的建立等外部因素，又包括教师掌握专门知识与技能、具有较高的职业道德等内在因素。而教师掌握专门知识与技能、具有较高的职业道德等内在因素显然属于教师专业发展范畴。因此，教师职业的专业化内在地要求作为从业者的教师具有较高的专业素质，也就是说，教师专业化内在地要求教师专业发展。如果教师专业发展的水平很低，作为从业者的教师个体在专门知识、专门技能、职业道德等方面表现很差，那么，教师职业专业化难以实现。因此，教师专业发展是教师专业化的必要前提条件。

第三节
教师专业发展与其他相近概念辨析

一、教师专业发展与"教师学习""教师培训""在职教育"等概念辨析

教师专业发展是当今教师教育界备受重视的研究领域之一，然而，有关该领域的研究不尽如人意，其重要表现就是该概念在使用过程中出现诸多混乱。有研究者指出，与教师专业发展相关的概念较多。对于不同时期、不同学者来说，这些概念有不尽相同的理解，再加上对教师专业发展理解的多样化，的确令人感到"剪不断，理还乱"。常见的相关概念主要有专业成长、职业成熟、教师培训、在职教育等。[①] 有研究者认为，强调教师个体专业素质提高的教师专业发展概念包含两层意思：一是指教师的专业成长过程，这种理解关注教师专业成长的内在性，因而该概念接近于"教师专业成长""专业成熟"之类的概念；二是将教师专业发展看成是促进教师专业成长的过程，关注教师专业发展的外

---

① 叶澜、白益民、王枬等：《教师角色与教师发展新探》，227页，北京，教育科学出版社，2001。

部条件，因而该概念接近于"教师培训""在职教育"之类的概念。[①] 还有研究者认为，与教师专业发展同时并用或者相近的概念还有"教师成长""教师学习""教师发展"等。[②]

笔者认为，在上述概念中，"教师学习""教师培训""在职教育"等概念是教师专业发展的影响因素，属于促进教师专业发展的因素范畴，它们与"教师专业发展"概念在内涵上有本质的不同。如果将"教师专业发展"概念与"教师学习""教师培训""在职教育"等概念通用，那么"教师专业发展"概念的内涵就会被无限扩大。"教师成长""教师发展"等概念与"教师专业发展"概念在内涵上较为接近，它们都表示教师专业素质的提升过程。它们之间的明显不同是"教师专业发展"概念更具有时代性，更能够体现当代教师发展的目标。在古代社会，教师也会"发展"，也会"成长"，但是，由于时代局限，教师发展不可能出现"专业"目标。

二、教师专业发展与"教师专业化发展"概念辨析

与教师专业发展概念非常相近且容易混淆的概念还有一个，那就是"教师专业化发展"。为了解该概念的使用情况，笔者通过中国知网进行了细致的检索，具体检索方法如下：以"篇名"作为检索项，以"全部期刊"作为期刊来源类别，检索时间为"从 2010 年至 2020 年"。具体检索结果如下：当以"教师专业发展"作为检索词时，检索到期刊论文 6818 篇；当以"教师专业化"作为检索词时，检索到期刊论文 1941 篇；当以"教师专业化发展"作为检索词时，检索到期刊论文 1754 篇。比较上述检索结果可以得出以下两个结论。一是在当前教育界，"教师专业发展"概念要比"教师专业化"概念更受重视。从期刊论文数量来看，前者是后者的 3.5 倍多。二是"教师专业化发展"概念使用频率比较高。以"教师专业化发展"和"教师专业化"作为题目的期刊论文数量差异约为 10%，二者不存在明显差异。然而，"教师专业化"概念在 20 世纪 80 年代之前是作为经典性的概念来使用的。

作为日常概念，"教师专业化发展"可以使用，不过，作为学术概念，笔者认为，该概念不够严谨。词语的凝练程度是衡量概念水平的重要指标之一，而"教师专业化发展"概念中出现多种维度的不够凝练的情况。当"教师专业化发展"概念指教师职业专业性的提升过程时，该概念中的"发展"一词就成为多余的，因为"教师专业化"概念指的就是教师职业专业性的提升过程。当"教师专业化发展"概念指教师个体内在专业素质的提升过程时，该概念中的"化"就成为多余的，因为"教师专业发展"概念指的就是教

---

① 王少非：《新课程背景下的教师专业发展》，91～92 页，上海，华东师范大学出版社，2005。
② 吴黛舒：《教育实践与教师发展》，5 页，福州，福建教育出版社，2014。

师个体内在专业素质的提升过程。当"专业化"表示教师发展的目标时，由于"教师专业发展"概念中的"专业"一词作为定语，具有表示教师发展目标的意蕴，因此，在这种理解中，"教师专业化发展"概念中的"化"同样成为多余的。

某一研究领域趋于成熟的重要表现是形成相对稳定的研究范式。关于研究范式，库恩认为，范式是科学共同体普遍接受的共同信念，一种得到普遍承认的科学成就，它包括科学概念、规律、理论、解题模型、范例、应用及工具等，范式也是科学共同体认可、共享的理论视角或研究视角。① 要提高教师专业发展领域的研究水平，教师教育界就必须形成相对稳定的研究范式，其中的概念就要严谨且能得到科学共同体的普遍接受和认可。根据库恩的范式理论，虽然科学研究的发展需要进行范式革命，但是，在一定时期内，尤其是在同一时期内，研究范式应该相对稳定。鉴于此，在当前一段时期内，教师专业发展概念的使用应该严谨化，教育工作者不能随意用相近的概念来替代它，不能将其与相近概念混淆使用。

本章小结

狭义地说，教师专业发展是指教师个体不断提升自身专业素质的过程。该概念中的"教师"作为一个个体来理解，因此，该概念强调的是教师个体从新手教师逐渐成长为专家型教师的过程。教师专业化是指教师职业从非专业或半专业逐渐发展成为一种专业的过程。该概念中的"教师"作为一种职业来理解，因此，该概念强调的是教师职业在整个职业群体中的社会地位的提升过程。虽然教师专业化发展概念使用较为广泛，但是该概念不够严谨。当教师专业化发展概念指教师个体不断提升自身专业素质的过程时，该概念可以用教师专业发展概念来替代；当教师专业化发展概念指教师职业从非专业或半专业逐渐发展成为一种专业的过程时，该概念可以用教师专业化概念来替代。教师学习、教师培训、在职教育等概念指的是教师专业发展的手段，教师专业发展是教师学习、教师培训、在职教育等活动的结果。

章后练习

1. 教师专业发展概念的定义是什么？该概念的内涵包括哪些方面？

---

① 陈华珊、叶锦涛：《知识图谱及社会网络视角下的科学范式变迁：以中国社会学的恢复和重建为例》，载《东南大学学报(哲学社会科学版)》，2018(6)。

2. 教师专业发展概念与教师专业化概念的相同点、不同点与联系是什么？

3. 本教材认为，教师专业化发展概念不够严谨，你认同该观点吗？为什么？

延伸阅读

1. 宋广文、魏淑华：《论教师专业发展》，载《教育研究》，2005(7)。

2. 王鉴、徐立波：《教师专业发展的内涵与途径：以实践性知识为核心》，载《华中师范大学学报(人文社会科学版)》，2008(3)。

3. 王兄：《教师专业发展及其有效性评价：走向概念性框架的思考》，载《教师教育研究》，2011(4)。

4. 王晓莉：《教师专业发展的内涵与历史发展》，载《教育发展研究》，2011(18)。

5. 曹永国、范太峰：《教师专业发展亟需返璞归真》，载《教育学术月刊》，2017(2)。

6. 于维涛、杨乐英：《新时代教师专业发展面临的问题与战略选择》，载《教师教育研究》，2018(5)。

7. 刘义兵：《教师专业发展》，北京，高等教育出版社，2017。

第二章

教师专业发展的意义

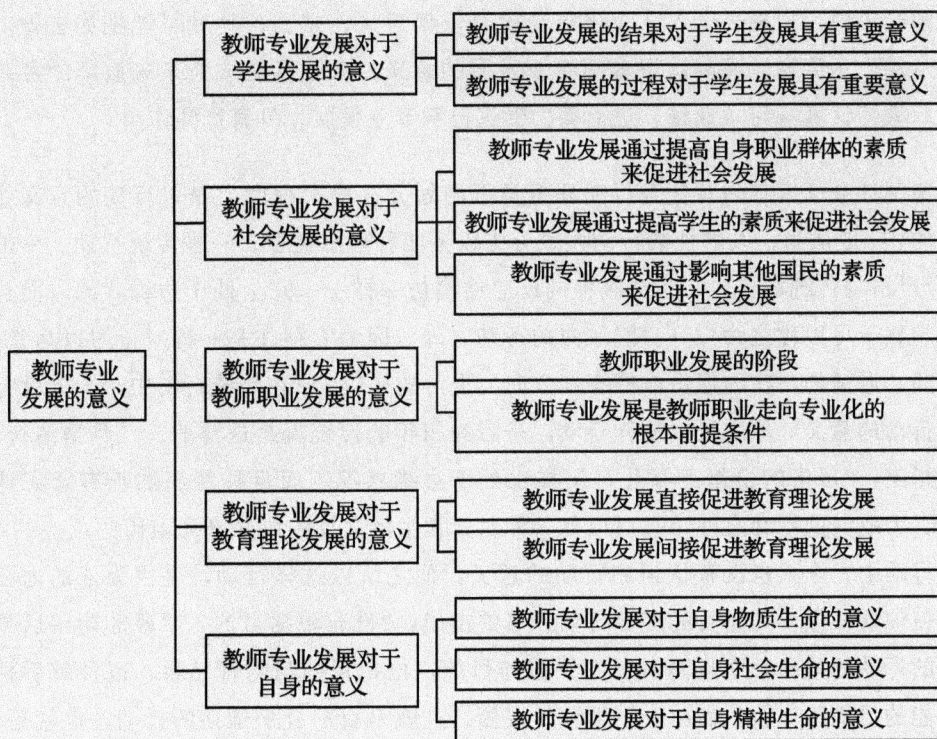

```
                    ┌─────────────────────┐    ┌──────────────────────────────────┐
                    │ 教师专业发展对于      │────│ 教师专业发展的结果对于学生发展具有重要意义 │
                    │ 学生发展的意义       │    ├──────────────────────────────────┤
                    │                     │────│ 教师专业发展的过程对于学生发展具有重要意义 │
                    └─────────────────────┘    └──────────────────────────────────┘

                    ┌─────────────────────┐    ┌──────────────────────────────────┐
                    │                     │────│ 教师专业发展通过提高自身职业群体的素质    │
                    │ 教师专业发展对于      │    │ 来促进社会发展                      │
                    │ 社会发展的意义       │────├──────────────────────────────────┤
                    │                     │    │ 教师专业发展通过提高学生的素质来促进社会发展 │
                    │                     │────├──────────────────────────────────┤
                    │                     │    │ 教师专业发展通过影响其他国民的素质      │
                    │                     │    │ 来促进社会发展                      │
                    └─────────────────────┘    └──────────────────────────────────┘

┌──────────┐        ┌─────────────────────┐    ┌──────────────────────────────────┐
│ 教师专业  │        │ 教师专业发展对于      │────│ 教师职业发展的阶段                  │
│ 发展的意义 │────────│ 教师职业发展的意义    │    ├──────────────────────────────────┤
└──────────┘        │                     │────│ 教师专业发展是教师职业走向专业化的      │
                    └─────────────────────┘    │ 根本前提条件                      │
                                               └──────────────────────────────────┘

                    ┌─────────────────────┐    ┌──────────────────────────────────┐
                    │ 教师专业发展对于      │────│ 教师专业发展直接促进教育理论发展        │
                    │ 教育理论发展的意义    │    ├──────────────────────────────────┤
                    │                     │────│ 教师专业发展间接促进教育理论发展        │
                    └─────────────────────┘    └──────────────────────────────────┘

                    ┌─────────────────────┐    ┌──────────────────────────────────┐
                    │                     │────│ 教师专业发展对于自身物质生命的意义      │
                    │ 教师专业发展对于      │    ├──────────────────────────────────┤
                    │ 自身的意义          │────│ 教师专业发展对于自身社会生命的意义      │
                    │                     │    ├──────────────────────────────────┤
                    │                     │────│ 教师专业发展对于自身精神生命的意义      │
                    └─────────────────────┘    └──────────────────────────────────┘
```

教师专业发展的意义是指教师专业发展所具有的积极价值或作用。一个人所进行的某项活动可能有积极价值，但是，如果这个人没有认识到，那么，这个人的这项行动就可能是本能性的行动，就没有意义。一个人所进行的某项行动可能具有消极价值，即使这个人认识到，这个人的这项行动也不能称为有意义。从一定程度上说，人是一种意义性的存在，人为意义而行动。不同的人对于同一事物所采取行动的积极性可能不同，重要原因在于不同的人对于该行动意义的认识存在差异。如果一个人认为该行动意义重大，那么，他就会努力去做；如果一个人认为该行动意义不大，那么，他就可能敷衍去做；如果一个人认为该行动没有任何意义，那么，他就可能拒绝去做。因此，从动力角度说，深刻认识教师专业发展的意义，对于可能成为未来教师的师范生或在职教师认真学习本课程，进而努力促进自身专业发展，具有重要作用。

德国社会学家韦伯对社会行动理想类型的划分在很大程度上是以行动的意义作为依据的。① 他认为，人的社会行动大致分为以下四种理想类型。一是传统行动。韦伯指出："严格的传统举止——正如纯粹的反应性模仿一样——完全处于边缘状态，而且往往是超然于可以称之为'意向性'取向的行动之外。因为它往往是一种对于习以为常的、刺激的、迟钝的、在约定俗成的态度方向上进行的反应。"②在传统行动中，个人没有认识到行动的意义，他之所以这样行动，是因为积年的传统就是这样的。二是情绪行动。韦伯指出："严格的情绪的举止，同样也处于边缘状况，而且往往超然于有意识地以'意向'为取向的行动之外。它可以是一种对日常生活之外的刺激毫无阻碍的反应。"③在情绪行动中，个人也没有认识到行动的意义，他之所以这样行动，是因为他的内在情绪驱使他这样做。三是目的理性行动。韦伯指出："谁若根据目的、手段和附带后果来作他的行动的取向，而且同时既把手段与目的，也把目的与附带结果，以及最后把各种可能的目的相比较，做出合乎理性的权衡，这就是目的合乎理性的行动，也就是说，既不是情绪的，也不是传统的。"④在目的理性行动中，个人明确认识到行动的意义，只不过他所认识到的意义往往是行动的世俗性利益，他所看重的是所采取的行动作为手段是否最有效率、成本最小而受益最大。这种社会行动类型具有功利性、手段选择性、操作策划性、效果检测性等特点，其典型例子是人在市场中的行动。四是价值理性行

---

① 杨成波：《韦伯社会行动的理想类型及当代启示》，载《山西师大学报(社会科学版)》，2011(1)。
② 转引自杨成波：《韦伯社会行动的理想类型及当代启示》，载《山西师大学报(社会科学版)》，2011(1)。
③ 同上。
④ 同上。

动。韦伯指出："谁要是无视可以预见的后果，他的行动服务于他对义务、尊严、美、宗教训示、孝顺、或者某一件'事'的重要性的信念，不管什么形式的，他坚信必须这样做，这就是纯粹的价值合乎理性的行动。价值合乎理性的行动总是一种根据行动者认为是向自己提出'戒律'或'要求'而发生的行动。"[①]在价值理性行动中，个人也能明确认识到行动的意义，只不过他所认识到的意义是行动的超现实性、超功利性利益，他所看重的是所采取的行动的信念性的终极意义。为了自己的信念，他不会计较所采取的行动的眼前得失。行动者能够选择的仅仅是通过何种途径或何种方式来实现既定目标和达到理想境界，该行动最典型和最基本的例子是宗教活动。在以上四种理想行动类型中，人能够认识到目的理性行动和价值理性行动的意义，而不能认识到传统行动和情绪行动的意义。在韦伯看来，能够体现人的本质的行动是理性行动，即目的理性行动和价值理性行动。人的传统行动和情绪行动虽然存在，而且可能具有一定价值，但是，因为它们的意义没有被人认识到，所以它们只能处于"边缘状态"，而不能体现出人的本质。在韦伯看来，人的本质是理性，这与亚里士多德对人的本质的界定是一致的。亚里士多德认为人是理性的动物，他虽然认识到人的身上有动物性因素，认为不承认这一点或消灭它，既违反人的本性，也做不到，但是，他认为，人有理性，人不同于动物，高于动物，能否用理性领导欲望，使欲望服从理性，是人与动物区分的标志。[②] 因此，从人的本质角度说，本章对教师专业发展的意义的探讨，对于作为未来教师的师范生或在职教师彰显自己作为人的本质也具有重要价值。

教师专业发展的意义主要表现在对于学生发展的意义、对于社会发展的意义、对于教师职业发展的意义、对于教育理论发展的意义和对于自身的意义等方面。其中，前四个方面的意义属于教师专业发展的外在意义或工具性意义，最后一个方面的意义属于教师专业发展的内在意义或本体性意义。

第一节
教师专业发展对于学生发展的意义

教育是有目的地培养人的社会实践活动。影响教育质量的因素是多方面的，其中，作为教育实践活动的直接实施者，教师是最为重要的影响因素，同时也是最为重要的资源。教师的根本职责就是促进学生全面发展、健康成长。因此，教师专业发展状况

---

① 转引自杨成波：《韦伯社会行动的理想类型及当代启示》，载《山西师大学报(社会科学版)》，2011(1)。
② 吴式颖、李明德：《外国教育史教程》3 版，56 页，北京，人民教育出版社，2015。

对于学生发展具有非常重要的意义。概括来说，教师专业发展对于学生发展的意义包括以下两个方面。

一、教师专业发展的结果对于学生发展具有重要意义

笔者在前一章阐述教师专业发展的内涵时指出，教师专业发展既是一个动态的过程，也是一个静态的结果。作为一个动态的过程，它是指教师个体在内在因素和外在因素的共同影响下，不断提升自身内在专业素质的过程。作为一个静态的结果，它是指经过一段时间的发展，其专业素质所达到的水平，或所表现出来的状况。比较来说，教师专业发展的结果比其过程对于学生发展具有更为重要且更为明显的意义。

首先，从专业道德角度说，教师专业素质对于学生发展具有重要意义。教师专业道德的核心是对于学生的道德。教师对于学生的专业道德主要表现在教师关爱学生、尊重学生、信任学生、理解学生和公正对待学生等方面。教师对待学生的上述态度以及在此态度驱使下教师所采取的教育教学行为，会对学生的身心发展产生重要影响。有的学生因为不满于教师对自己的态度而对该教师所任教的学科产生排斥心理。教师对于学生的高尚专业道德能够增强教育效果，甚至对学生的身心发展产生持久的积极影响。我国当代著名教育家、全国首批特级教师霍懋征用自己对学生的关爱、尊重、信任以及严格要求的高尚专业道德深深地感化了犯错的学生。

霍懋征在北京第二实验小学任教时，有一次，她班上的一个男生偷偷拿了同桌的钢笔。霍老师知道后没有声色俱厉地批评他，而是自己买了一支钢笔送给这位学生，并说："我知道你喜欢钢笔，我也知道人家的东西你肯定不会要，趁别人不注意，你一定会送过去的。"霍老师的这个批评就是一个安全的、"有营养"的"绿色批评"。面对拿了别人东西的学生，霍老师深知，一旦把这种行为与"偷"字联系起来，足以击碎孩子稚嫩的心灵，甚至使其背负终生。她的批评不仅巧妙地维护了学生的人格尊严，还不失时机地教导学生归还别人的东西。霍老师的"绿色批评"长久地滋养着这位学生的生命，以至于多年以后，这位学生满怀感激地带着孩子，千里迢迢来看望霍老师。他对孩子说："没有霍奶奶，就没有你爸爸的今天。"[①]

其次，从专业知识角度说，教师专业素质对于学生发展具有重要意义。教师的教育教学工作离不开知识，教师的教育内容即"教什么"要求教师有学科专业知识，教师的教育方法即"怎么教"要求教师有教育专业知识。知识往往是对事物本质的正确反映，是对事物规律的深刻揭示，因而，教师学习和应用专业知识开展教育实践，能够有效

---

① 黄伟华：《呼唤"绿色批评"》，载《教育艺术》，2005(4)。收入本书时有改动。

地促进学生全面发展。关于教师的专业知识对于学生发展的影响，美国心理学家斯腾伯格指出，专家与新手之间最基本的差异在于专家将更多的知识运用于专业范围内的问题解决中，并且比新手更有效。虽然这一差异似乎太明显，不值得去评论，认知心理学的研究却已经为我们提供了有关专家知识的性质与其卓越的表现之间的关系。①

最后，从专业能力角度说，教师专业素质对于学生发展具有重要意义。能力是直接影响活动效率，并使活动顺利完成的个性心理特征。能力是完成一项任务所体现出来的综合素质，它与人的实践联系在一起。能力的重要标志是实践活动的效率。关于这一方面，斯腾伯格指出，专家和新手之间的第二个基本差异是，在专家专长的领域里，专家解决问题的效率比新手高，即专家和新手相比，能在较短的时间内完成更多的工作，或者是明显只需要较少的努力。专家解决问题的效率不仅与他们有效地计划、监控和修正问题解决途径的能力有关，而且与他们将熟练的技能自动化的能力有关。② 如果学生能够在专业能力高超的教师指导下，用很少的时间高质量地完成学习任务，那么学生的学习负担就会减轻，学生就会拥有更多促进自身全面发展的机会。

二、教师专业发展的过程对于学生发展具有重要意义

教师专业发展的过程对于学生发展具有榜样性的影响，能够激励学生产生内在的发展动力，从而推动学生积极主动地实现自身发展。学生的主要任务就是学习，学生具有向师性和模仿性。因此，教师在自身专业发展过程中的努力状况会为学生勤奋学习树立良好的榜样。

关于榜样的作用，孔子指出："其身正，不令而行；其身不正，虽令不从。"（《论语·子路》）美国心理学家班杜拉提出的社会学习理论认为，人总是生活在一定的社会环境中，人的行为习得不是独立学习的过程，而是在观察他人行为及其所获得的替代强化情况中进行学习的过程。因此，人的学习主要是观察学习，即社会学习，人所获得的强化主要是间接强化或替代性强化。个体主要通过观察他人行为、得到间接强化来获得新的行为。为了证明成人榜样对于儿童发展的影响，美国心理学家米斯切尔等人于1966年进行了滚木球游戏实验。该实验的假设是成人言行不一对儿童具有重要影响。该实验的具体过程如下：实验者把儿童放在游戏情境中，让他们玩小型滚木球游戏。游戏的玩法是按一定规则将木球投入球门，投中者得分，得到二十分以上就可得奖。如果严格按标准，即遵守规则来进行，得奖机会很少；但如果不严格按规则或违

---

① ［美］R. J. 斯腾伯格、J. A. 霍瓦斯：《专家型教师教学的原型观》，高民、张春莉译，载《华东师范大学学报（教育科学版）》，1997(1)。

② 同上。

反规则，就很容易把球投中，因而得分、得奖励。这就是高标准和低标准。实验分三个阶段进行。在实验开始阶段，儿童与成人一起玩游戏。该阶段，实验者把儿童分为两组。在第一组，成人的言行是一致的，成人不仅要求儿童遵守规则，而且严于律己；第二组，成人是言行不一的，他们要求儿童严格遵守规则，而自己当着儿童的面按低标准去玩游戏。在开始阶段，第二组儿童虽看到成人言行不一，但当成人在场时，还是严格按规则去做，并没有立即跟着成人的低标准去行动。在实验的第二阶段，让儿童独自玩此游戏，研究者可通过观察窗口看到儿童的行动。结果发现，第一组儿童得奖的次数很少，只占总次数的1%左右，这说明大多数儿童是严格遵守规则的。第二组儿童得奖次数为50%以上，这说明他们一旦离开成人，就会按照成人的那种低标准去行动，而不严格地执行规则。在实验的第三阶段，让两组儿童在一起玩，结果第一组的儿童由于常常看到第二组的儿童不严格遵守规则，因而自己也降低了标准，甚至把办法介绍给其他儿童。实验表明，成人言行不一，会降低儿童的标准，使他们违反规则，同时，由于同伴的榜样，其他儿童也会出现同样的情况。[①] 在对儿童的影响中，当成人言行不一时，成人的行动对于儿童的影响要比其言语更大。此即所谓"身教重于言教"。教师在专业发展过程中所付出的努力状况、教师为了自己的专业发展而勤奋学习的榜样，会对学生认真学习进而获得更好的发展产生潜移默化的促进作用。

第二节
教师专业发展对于社会发展的意义

当前我国党和政府高度重视教师在国家建设中的重大作用。"百年大计，教育为本；教育大计，教师为本。"这几乎已经成为全社会的共识。古今中外的有识之士对此也有充分的认识。我国乃至世界最早的教育学文献《学记》指出，"建国君民，教学为先"。荀子认为："国将兴，必贵师而重傅；贵师而重傅，则法度存。国将衰，必贱师而轻傅；贱师而轻傅，则人有快；人有快则法度坏。"（《荀子·大略》）法国社会学家涂尔干高度重视教育的社会化功能，强调教师在社会和谐稳定中的作用。他说："教师是他的时代和他的国家的伟大的道德观念的代言人，教师决不能用传授他个人的价值观和信仰来扰乱社会，因为这样会把他的民族变为互相冲突的、分崩离析的乌合之众。"[②]社会的稳定和发展离不开高素质的教师队伍，而高素质的教师队伍必然依赖于教

---

① 何兰芝：《"社会学习理论"及其对学校德育工作的启示》，载《渤海学刊》，1996(1)。

② 转引自郝德永：《课程与文化：一个后现代的检视》，126页，北京，教育科学出版社，2002。

师专业发展。

　　教师专业发展对于社会发展的意义主要是通过教师专业发展影响国民的素质这一中介而实现的。有关国民素质对于社会发展的意义，以研究现代化而闻名的美国社会学家英格尔斯进行了充分的阐述。他指出，人的现代化是国家现代化必不可少的因素。它并不是现代化过程结束后的副产品，而是现代化制度和经济赖以长期发展并取得成功的先决条件。一个国家，只有当它的人民是现代人，它的国民从心理和行为上都转变为现代的人格，它的现代政治、经济和文化管理中的工作人员都获得了某种与现代化发展相适应的现代性，这样的国家才可能真正成为现代化国家。否则，高速稳定的经济发展和有效的管理，都不会得以实现。即使经济已经起飞，也不会持续长久。① 英格尔斯的这个研究成果是历经三年时间，对六个发展中国家进行调查而得出的。他在每个国家选择了 1000 个调查对象，从职业类型角度说，这些调查对象包括农民、产业工人和其他阶层的人员。因此，该研究结果具有较强的权威性。从影响国民的不同群体角度来说，教师专业发展对于社会发展的意义主要表现在以下三个方面。

一、教师专业发展通过提高自身职业群体的素质来促进社会发展

　　前文已经写到：根据教育部网站 2021 年 3 月 1 日提供的信息，2020 年，我国专任教师数量将近 1800 万人②，甚至比大多数欧洲国家的人口还要多。许多人口数量不多的欧洲国家依靠高素质的国民创造了大量的优秀文明成果，我国庞大的教师队伍如果能够实现高质量的专业发展，必将能够为我国的现代化建设做出重要贡献。

二、教师专业发展通过提高学生的素质来促进社会发展

　　教育的基本功能有两个：一是促进学生发展，二是促进社会发展。其中，前者是教育的固有功能、内在功能或本体功能，后者是教育的衍生功能、外在功能或工具功能。教育促进社会发展的功能是通过其促进学生发展的功能而实现的。因此，教师专业发展能够通过提高学生的素质而促进社会发展。年轻一代是国家的未来和希望，正如梁启超在《少年中国说》一文中所指出的那样："少年智则国智，少年富则国富；少年强则国强，少年独立则国独立；少年自由则国自由；少年进步则国进步；少年胜于欧洲，则国胜于欧洲；少年雄于地球，则国雄于地球。"在当今班级授课制教学组织形式

---

　　①　殷陆君编译：《人的现代化：心理·思想·态度·行为》，8 页，成都，四川人民出版社，1985。
　　②　《教育部：2020 年全国高等教育毛入学率 54.4%》，https://www.thepaper.cn/newsDetail_forward_11504953，2022-03-02。

下，我国庞大的专任教师队伍正在培养着规模更为巨大的学生群体。根据教育部网站
2021 年 3 月 1 日发布的信息，2020 年全国共有各级各类学校 53.71 万所，在校生 2.89
亿人。① 当前我国学生数量占全国 14 亿人口数量的比例超过 20%。经过专业发展，高
素质的教师队伍培养出一代代高素质的未来国民，必然能够为我国的社会发展提供重
要的人力资源保障。

三、教师专业发展通过影响其他国民的素质来促进社会发展

教师扮演诸多角色，教师生活在"角色丛"之中。除了学生之外，较为直接地受教
师影响的人还有许多。其一，教师生活在其家庭之中，教师专业发展状况会影响其家
庭成员的素质；其二，教师生活在社区之中，教师专业发展状况会影响其周围社区成
员的素质；其三，教师还会经常与学生家长进行交流沟通，教师专业发展状况还会对
众多学生家长产生重要影响。与我国将近 1800 万人的专任教师规模和 2.89 亿人的学
生规模相比较，教师较为直接影响的其他国民的规模同样非常庞大。因此，教师专业
发展通过影响其他国民的素质而促进社会发展的意义同样非常重要。当前，教师专业
发展对社会发展的这方面的意义在思想上亟须受到重视，在实践上亟待系统开发。

第三节
教师专业发展对于教师职业发展的意义

一、教师职业发展的阶段

教师教育界一般认为，教师职业发展大致经历了四个阶段，不同阶段对教师从教
素质提出了不同的要求。

（一）非职业化阶段

在非职业化阶段，教师作为一种职业还没有从其他职业中独立出来。教师的教育
活动具有业余性质，教师也不依靠教育活动谋生。因此，这时的教师是广义的教师，

---

① 《教育部：2020 年全国高等教育毛入学率 54.4%》，https://www.thepaper.cn/newsDetail_forward_115
04953，2022-03-02。

是教育者。

教师职业发展的非职业化阶段主要处于学校出现之前的原始社会时期。这时的教师主要是部落氏族中的首领、老人或能人，教育对象主要是与教师有血缘关系的年轻一代或有隶属关系的下属，教育内容主要是笼统的生产经验和生活经验。譬如，在我国原始社会时期，传说伏羲氏"教民以猎"、神农氏"教民耕种"、燧人氏"教民钻木取火"，他们都是掌握了先进生产经验的部落首领。在教师职业发展的非职业化阶段，能够成为教师的重要条件是拥有丰富的生产经验或生活经验，这些经验属于教育内容范畴。

原始社会时期的非职业化教师在当今社会仍然存在着，并且有其重要价值。譬如，家长在带领孩子从事生产劳动的过程中传授给孩子生产经验，在带领孩子参加社会生活的过程中传授给孩子生活经验，这些经验对于孩子的健康成长不可或缺。当然，家长作为非职业化教师对孩子的教育属于家庭教育。虽然家校合作是促进学生全面发展的必然要求，但是，学校教育在学生的发展中起主导作用。

(二)职业化阶段

在教师职业发展的职业化阶段，教师作为一种职业出现在社会分工中。教师从其他职业中独立出来，教师的工作以教育活动为主，在一定程度上教师依靠教育活动谋生。

教师职业发展的职业化阶段主要始于学校出现后的古代社会。学校的出现意味着教育有了相对稳定的教师、学生、教育场所和教育内容。在我国教育史上，最早的职业化教师以私学教师为代表，其中，最重要的代表是孔子。在西方教育史中，最早的职业化教师以古希腊"智者"为代表。所谓"智者"，在当时是指收费授徒的教师。

在教师职业发展的职业化阶段，教师的教育内容不再是笼统的经验，而是更具有抽象性的理论。《史记·孔子世家》认为孔子的教育内容主要是四部经书："孔子以《诗》、《书》、《礼》、《乐》教弟子。"[1]而"智者"的教育内容主要是"三艺"，即文法、修辞学和辩证法。[2] 无论是"四经"，还是"三艺"，它们都是抽象程度比较高的理论性知识。因此，在教师职业发展的职业化阶段，能够成为教师的重要条件是拥有比较渊博的理论性知识，这些知识同样属于教育内容范畴。

(三)专门化阶段

这里的"专门"，指的是从事教育工作的人需要由"专门"的教师培养机构加以培养。

---

[1]　孙培青：《中国教育史》4 版，34 页，上海，华东师范大学出版社，2019。
[2]　吴式颖、李明德：《外国教育史教程》3 版，38 页，北京，人民教育出版社，2015。

教师职业发展的专门化阶段始于近代社会。从世界范围来说，1681年，法国的拉萨尔创办了世界上第一所师资训练学校。在我国，清末状元、近代实业家、教育家张謇于1902年创建了我国第一所独立设置的师范学校——通州师范学校。教师职业发展迈入专门化阶段的主要社会背景是近代社会生产力得到了迅速发展，机器大生产代替了手工生产。机器大生产对劳动者的素质提出了更高的要求，这就使近代教育逐渐普及，出现了义务教育。近代教育的普及进而引起了教学组织形式发生革命性变化，即由古代社会的个别教学转变为近代社会的班级教学。显然，班级教学比个别教学更为复杂。国外有研究人员发现，在一个有20到40名学生的班级中，教师每小时做出与工作有关的重大决定为30个，师生互动每日达1500次。根据这一事实，他们得出以下结论：医生所遇到的可以与教师所遇到的复杂情况相比拟的只有一种，即在发生自然灾害时或之后的医院急诊室中。[1] 美国当代教育家舒尔曼强调指出："在从事了30年教学工作后，我得出了这样的结论：课堂教学……可能是我们人类发明中最复杂、最具挑战性，以及要求最高、最微妙，甚至是最让人感到恐惧的活动。"[2]

班级教学比个别教学更为复杂的表现主要不在于教育内容方面，而在于教育方法方面。因此，在教师职业发展的专门化阶段，教师需要具备更高的教育方法方面的素质。在这一阶段，师范教育机构培养教师教育方法的主要方式是"学徒制"，即师范生主要通过见习和实习，观察和模仿有经验教师的教育活动，从而获得笼统的感性教育经验。在该阶段，师范教育机构对教师教育方法方面的理论不够重视，这与该阶段教育理论的发展不够成熟有重要关系。拉萨尔于1681年创办了世界上第一所师资训练学校，然而，直到1806年德国教育家赫尔巴特出版《普通教育学》，教育学才真正成为一门独立的学科。心理学是与教育方法有关的一门非常重要的学科，而现代心理学建立的时间是1879年。在这一年，德国心理学家冯特在莱比锡大学创办了世界上第一个心理学实验室，标志着心理学脱离哲学而成为一门独立学科。与教育方法有关的另一门非常重要的学科是教育心理学，该学科建立的时间是1903年。在这一年，美国教育心理学家桑代克出版《教育心理学》一书，标志着教育心理学这门学科的诞生。

(四)专业化阶段

经过专门化阶段之后，教师在数量上逐渐满足了教育实践发展的需要。之后，教师的质量越来越受到重视，于是，教师职业逐渐迈向专业化阶段。教师教育界一般认为，教师职业发展的专业化阶段处于现代社会。它正式开始于20世纪60年代，其标志是1966年国际劳工组织和联合国教科文组织联合颁布《关于教员地位的建议》文件。

---

① 王艳玲：《教师形象的内源性考察》，载《中国教育学刊》，2011(2)。
② 转引自章勤琼、谭莉：《课堂录像促进教师专业研修：框架、应用及反思》，载《全球教育展望》，2019(1)。

该文件提出，教师职业应该被视为一种专业。该文件拉开了教师职业走向专业化的序幕。我国从 20 世纪 80 年代后期开始关注教师专业化。我国于 1993 年颁布的《中华人民共和国教师法》指出，教师是履行教育教学职责的专业人员。

与教师职业发展的专门化阶段相比较，教师职业发展的专业化阶段更强调教师具备教育方法方面的理论。与教育经验相比较，教育理论的科学性更强，更能反映教育的本质和规律。教师职业发展的专业化阶段更重视教师掌握教育方法方面的理论，这与现代社会教育理论得到迅速发展有重要关系。譬如，在现代社会，教育理论发展出众多学科，如教育学原理、教育哲学、教育心理学、教育社会学、学校卫生学、中国教育史、外国教育史、教育管理学、课程论、教学论、德育论以及各门学科教育学等。这些理论能够为教师开展教育实践提供更为先进、更为科学、更为有效的指导。

二、教师专业发展是教师职业走向专业化的根本前提条件

从上述教师职业的发展阶段可以看出，专业化是教师职业发展的历史趋势。专业是研究社会分工时所用的一个重要社会学概念。社会学认为，在社会分工中，从工作的复杂程度和重要程度角度说，职业可以分为普通职业和专门职业两大类。其中，专门职业简称为专业。当代社会分工越来越细，职业种类也越来越多。然而，能够成为专业的职业只是少数。

专业是职业发展到较高阶段的产物。从社会分层角度说，专业比普通职业拥有更高的社会地位，享有更多的权利、财富和声望。因此，当今时代，几乎所有职业的从业者都希望本职业能够成为一种专业。美国哲学家、教育家舍恩在《反映的实践者：专业工作者如何在行动中思考》一书中写道："专业化的事业是最令人羡慕且拥有最好的酬劳的事业，甚少有职业不去追求其专业形象。正如某位著者曾问到：我们是否看见，几乎每个人都专业化了？""60 年前的旧梦——一个专业化运行的社会——从未像现在这样如此地接近我们。"[①]然而，某种职业是否为专业，既不是自封的，也不是他封的。某种职业成为专业需要具有一系列的专业特征。关于专业的特征，社会学家一般是从医生、律师等成熟专业概括而来的。前文已经指出，由于侧重点不同，不同的学者往往对专业的特征有不同的描述。在专业的特征中，既有内部的特征，如从业者掌握专门知识（以及以其为基础的专门技能），从业者具备高尚的职业道德等；又有外部的特征，如有专门的培养机构对从业者进行长时间的培养，外部管理者要赋予从业者充分的专业自主权，要形成专业组织来监督和评价从业者的职业行为，要保障从业者获得更高

---

① ［美］唐纳德·A. 舍恩：《反映的实践者：专业工作者如何在行动中思考》，夏林清译，3、5 页，北京，教育科学出版社，2007。

的劳动报酬等。

在以上诸多特征中，专业的内部特征，尤其是从业者掌握高深的专门知识更为根本。从一定程度上说，掌握高深的专门知识是专业最为核心的特征。"以特质模式来看，能否被社会认可为专业的关键在于其所掌握的理论、技能及其符号程序是否制度化为一套围内知识。以此为核心，专业人士才有资质享受到自主执业的权力，并因此承诺无私而公正地发挥专业知识之长以回报社会、服务大众。"①我们认为，正是由于从业者拥有高深的专门知识，他们才需要具有高尚的职业道德，以保证在面对与自己知识不对等的服务对象时不滥用自己的专门知识。正是由于从业者应该拥有高深的专门知识，才需要外部有专门的培养机构对从业者进行长时间的培养。正是由于从业者拥有高深的专门知识，外部管理者才应该赋予从业者充分的专业自主权，而不能对其进行事无巨细的行为干预。正是由于从业者拥有高深的专门知识，才需要由外部的专业组织来监督和评价其职业行为。正是由于从业者拥有高深的专门知识，他们能够提供高质量的服务，所以，社会相关机构才应该保障其获得更高的劳动报酬。因为拥有高深的专门知识是教师专业发展的重要内容，所以教师专业发展是教师职业走向专业化的根本前提条件。

第四节
教师专业发展对于教育理论发展的意义

教育实践既具有艺术性，又具有科学性。教育实践的这两个特点对教师素质提出的要求不同。教育实践的艺术性意味着教育实践千变万化，动态生成。它要求教师应具有教育机智，要求教师在实践过程中，运用教育机智，灵活应对不断变化的教育实践情境。教育实践的科学性意味着教育实践有其特定的本质属性和内在的客观规律。它要求教师深刻理解教育本质，掌握教育规律，在教育实践过程中，恪守教育的本质追求，自觉运用教育规律。而能够体现教育本质和教育规律的思维成果主要就是教育理论。因此，教育理论对于教育实践具有重要指导价值。为了促进教育事业健康发展，教育工作者必须高度重视和大力发展教育理论。教师专业发展对于教育理论发展的意义主要表现在以下两个方面。

---

① 王晓莉：《教师专业发展的内涵与历史发展》，载《教育发展研究》，2011(18)。

一、教师专业发展直接促进教育理论发展

从职称角度说，中小学教师专业发展的阶段包括三级教师、二级教师、一级教师、高级教师和正高级教师。关于正高级教师的标准条件，2015年人力资源社会保障部、教育部联合印发的《关于深化中小学教师职称制度改革的指导意见》(见附录D)在基本标准条件的基础上提出了五条具体的标准条件。其中第三条明确指出：正高级教师应"具有主持和指导教育教学研究的能力，在教育思想、课程改革、教学方法等方面取得创造性成果，并广泛运用于教学实践，在实施素质教育中，发挥了示范和引领作用"[1]。该标准条件要求正高级教师应该开展教育教学研究，应该为教育理论发展做出贡献。

从理论角度说，获得比较充分专业发展的教师拥有丰富的教育实践经验，这些教育经验为他们进行理论抽象和概括提供了必要的材料。这些教师有自己的学生，能够比较方便地开展教育实验，从而验证假设，构建教育理论。教师获得比较充分的专业发展之后，往往具有崇高的职业理想和坚定的职业信念，具有较强的事业心和责任感，因而，他们也可能更愿意将自己的教育经验提炼成具有普遍性的教育理论，进而通过对其他教师产生积极影响而促进教育事业的进步。因此，从理论角度说，教师专业发展可能会直接促进教育理论发展。

从事实角度说，教育发展历史上确实存在从事一线教育实践工作的教师对教育理论发展做出重要贡献的生动案例。例如，苏霍姆林斯基在从事中小学教育工作的同时，建立了个性全面和谐发展的教育理论，并成为闻名世界的教育家。据统计，苏霍姆林斯基总共撰写了50多部专著和小册子、600多篇论文，还有1500多篇文艺作品——供孩子们阅读的故事和童话。他的许多著作被译成了30多种文字出版，在世界范围产生了广泛的影响。[2] 我国当代著名教育改革家魏书生获得"全国优秀班主任""全国优秀教育工作者""全国劳动模范""全国中青年有突出贡献的专家"等荣誉称号。他在从事语文教学过程中创立了"六步课堂教学法"，该教学模式中的六步即定向—自学—讨论—答疑—自测—自结。[3] 他在从事班级管理的过程中创立了具有法治精神的"班级科学管理"模式，该模式由具有内在密切联系的"计划立法系统""检查监督系统"和"反馈系统"三部分构成。[4] 魏书生的"六步课堂教学法"教学模式和"班级科学管理"模式虽然创建于

① 《人力资源社会保障部 教育部关于印发〈关于深化中小学教师职称制度改革的指导意见〉的通知》，http://www.moe.gov.cn/jyb_xxgk/moe_1777/moe_1779/201509/t20150902_205165.html，2022-01-30。

② 吴式颖、李明德：《外国教育史教程》3版，507页，北京，人民教育出版社，2015。

③ 魏书生：《魏书生文选》第1卷，2页，桂林，漓江出版社，2002。

④ 魏书生：《魏书生文选》第2卷，143页，桂林，漓江出版社，2002。

30

20 世纪 80 年代，但至今对广大一线教师的课堂教学和班级管理仍然具有重要指导意义。

二、教师专业发展间接促进教育理论发展

教师专业发展间接促进教育理论发展，指的是教师在专业发展的基础上，通过助推专业教育理论工作者的理论构建而促进教育理论发展。一般来说，教育理论发展的路线有两条：一条是归纳，即从大量的教育经验中概括出教育理论；另一条是演绎，即从一般的教育公理出发推导出个别的教育理论。① 在这两条路线中，教师专业发展都能够为专业理论工作者提供重要支持，从而帮助其构建教育理论。

在通过归纳发展教育理论的过程中，教师专业发展能够为专业理论工作者提供先进的教育实践经验。中国最早的关于教育、教育活动的论著《学记》是对先秦儒家教育经验的高度概括，捷克教育家夸美纽斯的班级授课制建立在对欧洲一百多年集体教育经验的概括的基础上。专业教育理论工作者进行归纳所需要的先进教育经验主要来自那些专业发展水平高且不甘于机械重复落后教育行为的教师所进行的创造性实践探索。他们在教育实践中所创造的先进教育经验为专业理论工作者进行科学归纳提供了宝贵素材。

在通过演绎发展教育理论的过程中，教师专业发展能够帮助专业理论工作者检验和完善教育理论。专业理论工作者所演绎出来的教育理论还只是一种逻辑假设，这些假设只有通过实践检验，才能得到根本的检验和修正，并不断得以完善。如果专业理论工作者演绎出的教育理论与教育实践"绝缘"，专业理论工作者在演绎教育理论的过程中"自娱自乐"，如此教育理论终将成为无根之木，并自生自灭，而教师自觉学习和运用教育理论又离不开其专业发展。

一方面，教师自觉学习和运用教育理论要求教师具有较强的专业能力。有学者指出，制约教育理论对教育实践发挥作用的主要因素有两个：一是教育理论自身因素的限制，主要包括教育理论的明晰性、科学性、时代性和文化适应性；二是教育实践主体的限制，主要包括实践者理性的反思意识和能力，实践者的理论素养和思维能力，实践者是否具有创造性地应用理论开展实践的能力。如果实践者根本就不具备体味、理解、领悟理论和将其运用于实践的能力，那么，无论多么先进和符合现实的理论都根本不可能发挥作用。② 该研究者强调的是教师理解和运用教育理论的能力。教育理论具有抽象性、概括性，它在应用于教育实践过程中时，必然要求教师具有较高的专业

---

① 叶澜：《教育研究及其方法》，212、221 页，北京，中国科学技术出版社，1990。
② 彭泽平：《对教育理论功能的审视和思考》，载《教育研究》，2002(9)。

发展水平。关于这一方面，苏霍姆林斯基有深刻的见解，他指出，科学著作给实际工作者回答了许多问题，然而，每个理论性的真理都要用具体的教学方式和方法去加以体现。"把科学真理变为创造性的劳动，这是科学与实践相结合的一个极其复杂的领域。教师的创造性劳动正在于选择方法，在于把理论原理变成人的活生生的思想和感情。"①

另一方面，教师自觉学习和运用教育理论要求教师具有较高的职业道德。笔者认为，较强的专业能力决定着教师"能不能"学习和运用教育理论，较高的职业道德则决定着教师"愿不愿"学习和运用教育理论。而具有较高的职业道德显然是教师专业发展的重要构成要素。在某种程度上，对于学习和运用教育理论，教师不是"不能"，而是"不为"或"不愿"。当前真正的教育理论中没有一个鼓励"应试教育"的，而有关素质教育的理论却非常多。然而，当前仍然有一些教师出于某种不符合职业道德的动机，拒绝学习和运用那些体现教育本质、合乎教育规律的素质教育理论，而执着于那些能够立竿见影的所谓"应试教育"经验。这就与教师的职业道德有直接关系。因此，教师通过专业发展而具有较高的职业道德，是其自觉学习和运用教育理论，从而帮助专业理论工作者检验和完善教育理论的又一必要前提条件。

在教师专业发展促进教育理论发展的上述路线中，笔者认为，教师专业发展间接促进教育理论发展更为重要。较好实现专业发展的教师固然能够通过亲自构建教育理论而直接促进教育理论发展，然而，教育实践是非常复杂的工作，教师将其所有的精力投入进去都可能不够，而教育理论研究同样是非常复杂的工作，它对研究者的精力要求几乎也没有止境。因此，在现实教育实践中，能够在做好教育实践工作的同时做好教育理论研究工作的教师只能是少数。而教师专业发展间接促进教育理论发展却大有可为。教师的本职工作是教书育人、促进学生全面发展。教师通过专业发展，不仅可能具备学习和运用教育理论的能力，而且具备为了学生全面发展而自觉学习和运用教育理论的意愿。而教师在学习和运用教育理论的过程中可以一举两得，不仅能够更为优质、高效地完成本职工作，而且能够帮助专业理论工作者检验和完善教育理论。

第五节
教师专业发展对于自身的意义

教师专业发展的前四方面意义属于工具性意义或外在性意义，而教师专业发展对

---

① ［苏联］瓦·阿·苏霍姆林斯基：《和青年校长的谈话》，赵玮等译，9页，上海，上海教育出版社，1983。

于自身的意义则是其本体性意义或内在性意义。教师深刻认识其专业发展的工具性意义或外在性意义固然重要，但还不够。我国哲学家赵汀阳指出："假如把牺牲性的行为看成是只对别人有意义而对自己毫无意义的行为，这恰恰意味着自己只不过是一件工具而不是显示着人的价值的人。如果一个人自身是毫无价值的，那么他所做的牺牲也就成为无道德的价值的贡献。"[①]因此，教师还应该深刻认识其专业发展对于自身所具有的重要意义。

教师是一种生命存在，教师的生命是多维的。教师的生命包括三种，即物质生命、社会生命和精神生命。这三种生命相互关联，相互影响，共同构成教师完满的生命。教师专业发展对于自身的意义也主要表现在其对教师自身的这三种生命的意义方面。

一、教师专业发展对于自身物质生命的意义

教师的物质生命是指那种与教师的衣食住行和医疗健康等物质生活直接相关的生命状态。这种生命状态是教师生命的最低状态，同时是教师社会生命和精神生命的基础和载体。如果仅有物质生命，那么教师的生命是可怜的或低俗的；然而，如果没有物质生命，那么教师的生命可能会更可怜，甚至无从谈起。根据美国人本主义心理学家马斯洛的需要层次理论，教师的物质生命主要表现为两个方面：一是教师的生理需要，即教师对眼前的衣食住行和医疗健康等物质生活的需要；二是教师的安全需要，即教师对未来的衣食住行和医疗健康等物质生活的需要。虽然教师的生理需要和安全需要是低层次需要，但是，它们是教师产生高层次需要的基础。如果这些需要没有得到适当的满足，教师的高层次需要就难以出现。

教师获得外在的某种职称或荣誉称号（如"正高级教师""特级教师""学科带头人""名师""有突出贡献的专家""功勋教师""全国优秀班主任""全国优秀教育工作者""国家级教学成果奖"等）是教师专业发展静态结果的表现。在当前我国大力发展社会主义市场经济和推进全面依法治国的时代背景下，党和政府既重视教师的义务又重视教师的权利，既鼓励教师的贡献又给予教师相应的报酬。教师在专业发展之后所获得的上述职称和各种荣誉称号都会为教师带来相应的物质利益，这些物质利益对于教师提升自身的物质生命质量具有直接的促进作用。另外，当前许多学校积极实施"人才强校"措施，高薪聘请各种"名特优"教师，并且我国鼓励人才流动，越来越重视实行聘任制，这就为各种"名特优"教师流动提供了宏观的制度条件。在这种大环境中，专业发展水平高的教师在流动之后所带来的物质生活的改善更为明显。因此，教师专业发展对于自身物质生命具有重要意义。

---

① 赵汀阳：《直观：赵汀阳学术自选集》，43页，福州，福建教育出版社，2000。

二、教师专业发展对于自身社会生命的意义

教师的社会生命是指教师在人际交往和社会制度环境中所表现出来的生命状态，这种生命状态往往由他人和社会制度对教师的情感态度以及教师由此产生的内心体验两部分构成。在教育实践中，教师除了与社会制度之间具有密切的关系之外，还有着丰富的人际关系，担当多种社会角色。具体来说，教师在教育实践中的人际关系主要包括教师与学生的关系、教师与同事的关系、教师与学生家长的关系、教师与教育管理者的关系等。在日常工作中，教师时常能够体验到上述相关个人或群体对自己的情感与态度，并产生相应的内心体验。根据马斯洛的需要层次理论，教师的社会生命主要表现在归属与爱的需要、尊重需要两个方面。其中，归属与爱的需要表现为教师需要与学生、同事、学生家长、教育管理者等建立亲密的感情。尊重需要表现为教师希望自己有稳固的地位、得到别人的高度评价、为他人所尊重。教师的归属与爱的需要、尊重需要是在生理需要和安全需要得到相对满足之后才会产生的比较高级的需要。马克思不仅认为社会是人的社会，而且认为人是社会的人。他说，人的本质不是单个人所固有的抽象物，在其现实性上，它是一切社会关系的总和。① 因此，教师的社会生命是其重要的生命维度。

教师专业发展对于自身社会生命的意义主要表现在以下两个方面。一方面，教师专业发展有助于教师在教育实践过程中与他人建立起亲密的情感，从而满足其归属与爱的需要。专业发展程度较高的教师善于沟通与合作，能够与学生进行有效沟通，并建立亲密的师生关系；善于与同事合作交流、分享经验和资源、共同发展，进而建立亲密的同事关系；善于与学生家长进行有效沟通与合作，并建立良好的家校关系。"没有爱，就没有教育。"在教育实践中，教师专业发展不仅促使教师付出爱，而且使教师获得爱。另一方面，教师专业发展有助于教师在教育实践过程中获得他人的充分肯定和高度评价，从而满足尊重需要。专业发展水平高、德才兼备的教师更容易获得学生的衷心爱戴，更容易获得学生、家长的诚挚敬重，更容易获得同事的充分肯定，更容易获得教育管理部门乃至国家所给予的荣誉称号。教师专业发展在帮助教师获得他人和社会尊重的同时，也帮助教师获得更多的自尊，从而促进教师社会生命的不断充实和完善。

三、教师专业发展对于自身精神生命的意义

教师的精神生命是指那种与教师精神上的自主性、独特性、创造性等特征密切相

---

① 《马克思恩格斯选集》第 1 卷，60 页，北京，人民出版社，1995。

关的生命状态，该生命状态的核心是意志自由。这种生命状态是教师的最高生命状态。舍勒认为，精神是使人成为人的那种东西，精神的本质是它的存在的无限制和自由，精神不受本能和环境的控制而表现出对世界的开放。① 意志自由或自由在人的存在中的意义得到众多思想家、哲学家、心理学家等的认同。卢梭指出，放弃自己的自由，就是放弃自己做人的资格，就是放弃人类的权利甚至放弃自己的义务。② 英国哲学家和经济学家密尔在继承边沁的"追求最大多数人的最大幸福"这一道德基本原则的基础上，把个人幸福分为低质量的肉体快乐和高质量的精神快乐，并认为作为精神快乐要素之一的个性自由是幸福的首要因素。③ 马克思认为，一部人类社会的历史就是一部人类不断由"人的依赖"阶段走向"物的依赖"阶段并最终达到"自由个性"阶段的历史。马克思主义全面发展学说是当前我国制定教育目的的基本理论基础，而马克思关于全面发展思想的本质不在"全面"二字，全面发展的实现表现在个性发展、自由发展以及自由个性（即独立个性）的发展上。④ 根据马斯洛的需要层次理论，教师的精神生命主要表现在自我实现需要方面。马斯洛通过实证研究概括了自我实现者的诸多特征，其中一条重要特征就是"意志自由：对于文化与环境的独立性"，即他们自己的发展和持续成长依赖于自己的潜力以及潜在的资源，荣誉、地位、奖赏、威信以及人们所给予的爱，比起自我发展以及自身成长来说，都变得不重要。这种意志自由，"这种对于环境的相对独立性意味着面临遭遇、打击、剥夺、挫折等时的相对稳定。在可能促使他人去自杀的环境中，这些人也能保持一种相对的安详与愉快"。⑤ 在马斯洛的需要层次理论中，自我实现的需要是人的最高层次的需要，自我实现是人的发展的最高阶段。根据诸多学者的思想，教师的物质生命、社会生命和精神生命虽然相辅相成，然而，精神生命是教师最高层次的生命状态。

教师专业发展对于自身精神生命的意义主要表现在以下方面。首先，专业发展有助于教师追求教育的真理。高尚的师德是教师专业发展的重要目标之一。高尚的师德能够使教师超越世俗的名利，自觉抵制不合理的制度和习惯，坚定崇高的教育信仰，树立高尚的教育理想。其次，专业发展有助于教师迈向教育的"自由王国"。教育的"必然王国"是指教师在教育实践活动中，对教育规律还没有形成真正的认识而不能自觉地支配自己和外部世界的一种状态。在教育的"必然王国"中，教师缺乏意志自由。而教育的"自由王国"则是指教师掌握了教育规律并自觉依照教育规律来支配自己和外部世界的一种状态。通过专业发展，教师能够更为深刻地理解、掌握和运用教育规律，从

① ［德］马克斯·舍勒：《人在宇宙中的地位》，李伯杰译，34 页，贵阳，贵州人民出版社，1989。
② 吴义昌：《如何做研究型教师》，60 页，上海，华东师范大学出版社，2014。
③ 同上。
④ 同上。
⑤ ［美］马斯洛：《自我实现的人》，许金声、刘锋等译，25 页，北京，生活·读书·新知三联书店，1987。

而在教育实践中获得自由。最后，专业发展有助于教师实现专业自主。掌握丰富的专业知识是教师专业发展的一个重要表现。加拿大教育家康纳利和克兰迪宁指出："优秀的教师希望做出合理的课程决策并且保护自己的行为。如果缺乏一些指导性知识和对职业产生影响的相关因素的力量，他们就不能指望获得专业的自主。教师的具体知识的缺乏造成知识的真空，其他人——理事、研究者、管理者、父母、顾问、出版人和学生——渴望填补这一真空……如果我们因为缺乏知识而不能在众多相互冲突的假设之间做出判断，那么，持各种立场的相关的政治力量将决定哪一立场取得胜利。"[①]而无论哪一种立场取得胜利，教师都将成为被支配者。教师通过专业发展，掌握渊博的专业知识。这样教师就能够运用这些专业知识为自己的教育行为提供有力的解释和辩护，从而获得专业自主，在专业实践中实现精神上的意志自由。

本章小结

　　教师专业发展的意义大致分为工具性意义和本体性意义两大方面。教师专业发展的工具性意义主要包括教师专业发展对于学生发展的意义、对于社会发展的意义、对于教师职业发展的意义和对于教育理论发展的意义，教师专业发展的本体性意义是指教师专业发展对于教师自身的意义。教师的根本职责是促进学生全面发展，教师专业发展的结果和过程对于学生全面发展都具有重要意义。教师专业发展具有重要社会意义，该意义是教师专业发展通过提高自身职业群体的素质、提高学生的素质和影响其他国民的素质而实现的。教师职业发展的时代趋势是专业化，教师专业发展对于教师职业发展的意义主要表现为教师专业发展是教师职业走向专业化的根本前提条件。教育理论在当代教育领域不可或缺。教师专业发展对于教育理论发展的意义表现为教师专业发展直接和间接促进教育理论发展两个方面。直接促进教育理论发展表现为它有助于教师直接构建教育理论；间接促进教育理论发展表现为它有助于教师通过学习和应用教育理论，进一步检验和完善教育理论。教师不仅是工具性存在，而且是本体性存在，教师专业发展对于其自身同样具有重要意义。该意义主要表现在教师专业发展有助于教师物质生命、社会生命和精神生命质量的提升。

---

　　①　[加拿大]F. 迈克尔·康纳利、D. 琼·克兰迪宁：《教师成为课程研究者：经验叙事》2版，刘良华、邝红军等译，102～103页，杭州：浙江教育出版社，2004。

章后练习

1. 如何理解教师专业发展对于学生发展的重要意义？

2. 教师专业发展与教师职业发展之间的关系是什么？

3. 教师专业发展对于教育理论发展的促进作用是什么？

4. 教师专业发展对于自身的意义表现在哪些方面？

5. 如何看待教师专业发展的工具性意义和本体性意义之间的关系？

延伸阅读

1. ［美］R. J. 斯腾伯格、J. A. 霍瓦斯：《专家型教师教学的原型观》，高民、张春莉译，载《华东师范大学学报(教育科学版)》，1997(1)。

2. 彭泽平：《对教育理论功能的审视和思考》，载《教育研究》，2002(9)。

3. 冯建军：《生命教育与生命统整》，载《教育理论与实践》，2009(22)。

4. 杨成波：《韦伯社会行动的理想类型及当代启示》，载《山西师大学报(社会科学版)》，2011(1)。

5. 刘捷：《专业化：挑战 21 世纪的教师》，北京，教育科学出版社，2002。

第三章

教师专业发展的内容

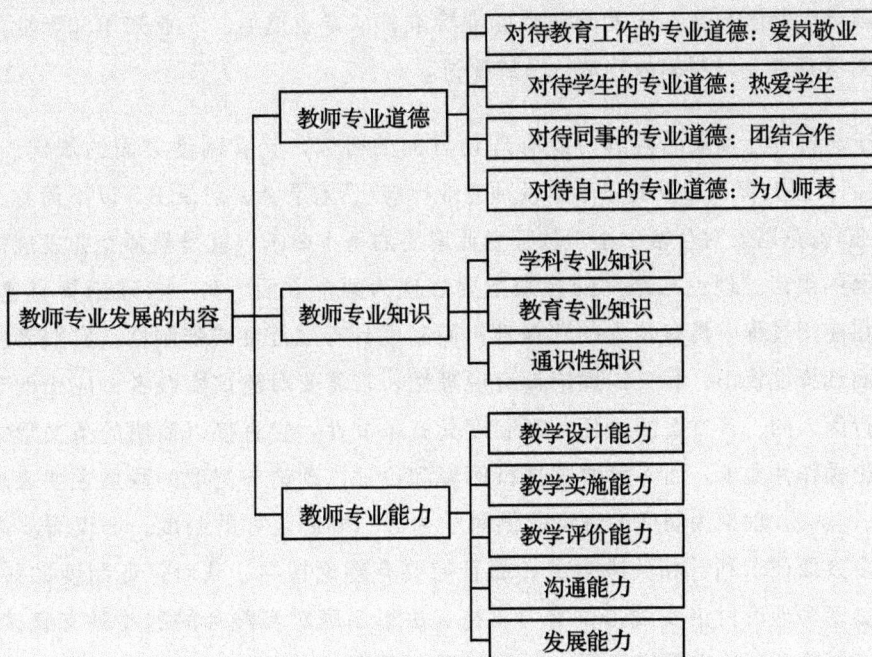

教师专业发展的内容
├─ 教师专业道德
│ ├─ 对待教育工作的专业道德：爱岗敬业
│ ├─ 对待学生的专业道德：热爱学生
│ ├─ 对待同事的专业道德：团结合作
│ └─ 对待自己的专业道德：为人师表
├─ 教师专业知识
│ ├─ 学科专业知识
│ ├─ 教育专业知识
│ └─ 通识性知识
└─ 教师专业能力
   ├─ 教学设计能力
   ├─ 教学实施能力
   ├─ 教学评价能力
   ├─ 沟通能力
   └─ 发展能力

　　教师专业发展的内容是指教师专业发展所包含的有关教师专业素质的构成部分。教师专业发展的内容是教师专业发展这一研究领域的重要主题之一。教师专业发展研究领域的主题主要包括三部分：一是教师专业发展的内容，它侧重于从横向维度对教师专业发展进行研究；二是教师专业发展的阶段，它侧重于从纵向维度对教师专业发展进行研究；三是教师专业发展的实现路径，它侧重于从策略维度对教师专业发展进行研究。本教材在后面的章节中将对教师专业发展的阶段和教师专业发展的实现路径进行探讨。教师专业发展的内容常被称为教师素养、教师专业素质。教育学以及教育心理学对教师专业发展的内容虽然有多种不同的观点，但是，这些观点大多体现我国传统的德才兼备人才观。教育制度往往是教育理论转化为教育实践的中介，为此，本章将主要参考我国教育部印发的教师专业标准，从专业道德、专业知识和专业能力三个方面对教师专业发展的内容进行系统探讨。

　　关于教师专业发展的内容，既有理论方面的研究，又有制度方面的规定。譬如，2012 年，我国教育部印发的中小学教师专业标准（见附录 A、附录 B，以下简称为教师专业标准）就是国家对合格中小学教师专业素质的基本要求，就是教师专业发展内容的制度方面的规定。理论与制度的区别主要表现为两个方面。其一，理论具有建议性，实践者在应用过程中具有较大的选择性；而制度具有规范性或强制性，实践者在执行制度方面选择性较小。其二，理论具有说理性，它需要对建议实践者去应用的观点或命题进行深入的、多方面的论证；而制度具有条文性，它直接以简明的条文形式对实践者提出操作性要求，而不对要求进行阐释和论证。理论与制度的联系主要表现为两个方面。其一，理论为制度的制定提供科学指导。要制定好的制度，不仅需要有民主程序，多方面征求利益相关方意见，而且需要有理论指导，从而保证制度的科学性。其二，制度为理论付诸实践提供有力支持。由于制度对实践者的利益具有直接影响，实践者在制度和理论方面往往更为看重制度，因此，科学的理论成果在转化为制度之后，就更容易得以推广应用。因此，从一定程度上说，制度是理论与实践的中介。鉴于以上考虑，本教材将兼顾教师专业发展的理论和制度两个方面来分析教师专业发展的内容。由于教师专业标准是国家对合格教师专业素质的基本要求，因此，本章中的教师专业发展制度主要指的是 2012 年我国教育部印发的教师专业标准，并主要参照小学教师专业标准。需要说明的是：我国中学教师专业标准和小学教师专业标准在"基本理念"方面完全一样，这些理念包括师德为先、学生为本、能力为重和终身学习；在"维度"方面完全一样，都包括三个维度，即专业理念与师德、专业知识、专业能力；

在"领域"和"基本要求"方面也是大同小异。

概括来说，教师专业发展的内容包括教师的专业道德、专业知识和专业能力三个方面。

第一节
教师专业道德

教师专业道德是指教师在专业实践过程中所应该具有的道德品质。与专业道德相近的概念是专业伦理和职业道德。本教材在此选用专业道德概念，主要基于以下两方面缘由。

一方面，道德与伦理的共同之处在于它们都是调节人与人的关系、人与社会的关系的行为准则，二者的区别在于伦理属于外在的社会规范范畴，而道德属于内在的个人品质范畴。二者的联系在于道德是伦理的个人内化结果，伦理是道德的外在社会来源。因为此处所探讨的教师专业发展内容属于个人品质范畴，所以本教材选用专业道德这一概念。

另一方面，虽然我国教育学在研究教师专业素质时多使用职业道德这一概念，教师专业标准也提出教师应"具有良好的职业道德"，但是，鉴于专业是专门职业的简称，专业性是教师工作的重要特点，教师专业发展已经成为时代趋势，因此，为了彰显教师工作的专业性，使用专业道德这一概念更为恰切。需要指出的是，由于上下文语境的需要，本教材有时也将教师专业道德、教师职业道德、教师道德品质等概念替代使用，但从概念的严谨性角度来说，本教材更倾向于使用教师专业道德这一概念。

教师专业道德不仅指引着教师学习和运用专业知识、提升和发挥专业能力的方向，而且是教师学习和运用专业知识、提升和发挥专业能力的重要内在动力。在制定教师专业标准过程中，"师德为先"被作为第一个基本理念。当前在对教师的管理和评价中，师德也被作为具有"一票否决"性质的首要因素。因此，教师专业道德是教师专业发展的重要内容之一。

根据所涉及的对象不同，教师专业道德大致包括以下四个方面。

一、对待教育工作的专业道德：爱岗敬业

《小学教师专业标准（试行）》有关教师对待教育工作的专业道德的主要要求是：贯彻党和国家教育方针政策，遵守教育法律法规；理解小学教育工作的意义，热爱小学

教育事业，具有职业理想和敬业精神。笔者认为，教师对待教育工作的上述专业道德集中体现为爱岗敬业。教师的爱岗敬业主要表现为教师在教育工作中具有责任感和事业心，恪尽职守，精益求精，把对学生发展和社会进步的贡献看作无上光荣。教育部和中国教科文卫体工会全国委员会于2008年修订的《中小学教师职业道德规范（2008年修订）》把"爱岗敬业"作为六条职业道德规范之一，要求教师应"忠诚于人民教育事业，志存高远，勤恳敬业，甘为人梯，乐于奉献。对工作高度负责，认真备课上课，认真批改作业，认真辅导学生。不得敷衍塞责"。

把爱岗敬业作为教师对待教育工作的专业道德，主要是基于教师的劳动价值所具有的多方面的鲜明特点。首先，教师的劳动价值具有模糊性。影响学生发展的因素是多方面的，主要包括遗传、环境、教育和个人主动性因素等。其中，教育因素又包括家庭教育、学校教育、社会教育和自我教育等方面，而学校教育又包括横向和纵向多位教师的影响。因此，在学生发展的结果中，较难准确评价每一位教师的劳动价值。其次，教师的劳动价值具有滞后性。该特点主要是指教师的劳动价值要在学生进入社会，并为社会做出贡献之后才能得到最终体现。正如春秋初期著名政治家管仲所说的那样，"一年之计，莫如树谷；十年之计，莫如树木；终身之计，莫如树人"，教师的劳动价值难以进行即时评价。最后，教师的劳动价值具有隐蔽性。教师劳动所创造的价值大多作为一种潜在的价值因素寓于学生身上，只有借助于学生外显行为表现或对社会做出的贡献才能得到证明，因而缺乏自明性，所以，教师的劳动价值往往很难为人们所充分了解、正确评价，并给予恰当报酬。[①] 从心理学角度说，学生的全面发展既包括认知、情感和意志等一般心理过程的发展，又包括需要、动机、兴趣、理想、信念、世界观等个性倾向性以及性格、能力、气质等个性心理特征等方面的发展。其中，学生许多方面的发展是难以用纸笔测验进行准确量化评价的。教师劳动价值的模糊性、滞后性、隐蔽性特点意味着教师工作在一定程度上说是"良心活"，因而它非常需要教师爱岗敬业这一专业道德。

二、对待学生的专业道德：热爱学生

《小学教师专业标准（试行）》有关教师对待学生的专业道德的主要要求是：关爱小学生，重视小学生身心健康，将保护小学生生命安全放在首位。尊重小学生独立人格，维护小学生合法权益，平等对待每一位小学生。不讽刺、挖苦、歧视小学生，不体罚或变相体罚小学生。信任小学生，尊重个体差异，主动了解和满足有益于小学生身心发展的不同需求。其中，关爱学生主要指的是教师要关爱学生的身心健康，尊重学生

---

① 王道俊、郭文安：《教育学》7版，395页，北京，人民教育出版社，2016。

主要指的是教师要尊重学生的独立人格，信任学生主要指的是教师要信任学生的善良本质。在此，笔者用教育学界普遍认可的热爱学生这一概念来概括教师对待学生的专业道德。

热爱学生一般被认为是教师最重要的专业道德。许许多多的教育家认同"没有爱，就没有教育"这一命题。把热爱学生作为教师对待学生的专业道德，主要原因有以下两个方面。

一方面，教师热爱学生有助于调动学生的学习主动性。学生是有感情的能动主体，教师对学生的关爱、尊重和信任会激发起学生的学习热情和主动性，从而促使其获得更大发展。教育心理学和教育社会学都非常重视教师期望效应。该效应是指如果教师对学生抱有良好的期望，学生往往就会出现教师所期望的发展结果。该效应又被称为"罗森塔尔效应"，它被美国心理学家罗森塔尔等人通过实验所证实。

罗森塔尔效应又叫皮格马利翁效应。相传古代的塞浦路斯岛有位俊美的青年国王叫皮格马利翁，他精心雕刻了一具象牙少女像，每天都含情脉脉地打量"她"，精诚所至，少女真的活起来了。这是一个美丽的神话故事。在现实生活中也发生了这样的事，这就是皮格马利翁效应。1968年，心理学家罗森塔尔和雅各布森来到美国的一所小学，从1至6年级中各选三个班级，对18个班的学生"煞有其事"地作发展预测，然后以赞赏的口吻将"有优异发展可能"的学生名单通知有关教师。名单中的学生，有的在教师的意料之中，有的却不然。对此，罗森塔尔作过相应的解释："请注意，我讲的是他们的发展，而不是现在的基础。"并叮咛不要把名单外传。8个月后，他俩又来对这18个班进行复试。结果是，他们提供的名单里的学生成绩增长比其他同学快，并且在感情上显得活泼开朗、求知欲旺盛，与老师的感情也特别深厚。原来，这是一项心理学实验。所提供的名单纯粹是他俩通过自己"权威性的谎言"暗示教师，坚定了教师对名单上学生的信心，调动了教师独特的深情……通过眼神、笑貌、嗓音，滋润着这些学生的心田，使这些学生更加自尊、自信、自爱、自强。这就是教育心理学上的罗森塔尔效应。①

学生不仅是教育的客体，而且是学习和发展的主体。影响学生发展的因素主要有遗传素质、环境、教育和主观能动性。马克思主义唯物辩证法告诉我们，内因是事物变化的根据，外因是事物变化的条件，外因通过内因起作用。主观能动性是学生发展的内因，因此，它在一定程度上对学生的发展起到决定性作用。教师热爱学生有助于调动学生的学习主动性，从而使得教师更为有效地促进学生全面发展。

另一方面，教师热爱学生有助于学生健全人格的养成。在学生成长过程中，"成

---

① 焦爱民：《罗森塔尔效应及其合理运用》，载《当代教育科学》，2010(12)。收入本书时有改动。

人"比"成才"更重要，要"成才"，先"成人"。教师是否热爱学生，对于学生人格的养成具有重要影响。一般来说，学生会跟随相对固定的教师学习较长时间，尤其是在实行"循环制"教学工作安排制度的学校，学生会跟随相对固定的教师学习若干年时间。在多年与教师的交往过程中，通过长时间地感受教师对待自己的情感，学生可以体验到人世间的冷暖。从教师那里获得持续热爱的学生，可以萌发出热爱他人、热爱人生的积极态度。珍妮特·沃斯和戈登·德莱顿在《学习的革命：通向 21 世纪的个人护照（修订版）》一书中用诗一般的语言写道：

> 如果一个孩子生活在批评之中，他就学会了谴责。
>
> 如果一个孩子生活在敌意之中，他就学会了争斗。
>
> 如果一个孩子生活在恐惧之中，他就学会了忧虑。
>
> 如果一个孩子生活在怜悯之中，他就学会了自责。
>
> 如果一个孩子生活在讽刺之中，他就学会了害羞。
>
> 如果一个孩子生活在妒嫉之中，他就学会了嫉妒。
>
> 如果一个孩子生活在耻辱之中，他就学会了负罪感。
>
> 如果一个孩子生活在鼓励之中，他就学会了自信。
>
> 如果一个孩子生活在忍耐之中，他就学会了耐心。
>
> 如果一个孩子生活在表扬之中，他就学会了感激。
>
> 如果一个孩子生活在接受之中，他就学会了爱。
>
> 如果一个孩子生活在认可之中，他就学会了自爱。
>
> 如果一个孩子生活在承认之中，他就学会了要有一个目标。
>
> 如果一个孩子生活在分享之中，他就学会了慷慨。
>
> 如果一个孩子生活在诚实和正直之中，他就学会了什么是真理和公正。
>
> 如果一个孩子生活在安全之中，他就学会了相信自己和周围的人。
>
> 如果一个孩子生活在友爱之中，他就学会了这世界是生活的好地方。
>
> 如果一个孩子生活在真诚之中，他就会头脑平静地生活。[①]

需要指出的是，教师对待学生的热爱不是无原则的溺爱，它与其对学生的严格要求分不开。俗语说，"严是爱，宽是害，不管不问要变坏"。每一位真心热爱学生的教师都不可能让自己的学生变坏，因此，教师在热爱学生的同时，还必须严格要求学生。美国发展心理学家包林得（D. Baumrind）认为儿童抚育方式主要有三种，即独裁模式、权威模式和容让模式。其中，独裁模式的特点是父母对孩子高度控制、低度交往透明度、高度成熟要求、低度养育，权威模式的特点是父母对孩子高度控制、高度交往透

---

① ［美］珍妮特·沃斯、［新西兰］戈登·德莱顿：《学习的革命：通向 21 世纪的个人护照（修订版）》，顾瑞荣、陈标、许静译，76 页，上海，上海三联书店，1998。

明度、高度成熟要求、高度养育，容让模式的特点是父母对孩子低度控制、高度交往透明度、低度成熟要求、中度养育。她通过对100多个家庭的研究发现，权威模式抚育下的孩子发展最好。这些孩子能与同伴友好相处，与父母合作相待，自我决断、独立。他们的智力、社会性等发展都是成功的，对于成就有强烈的趋向力。[①] 在权威模式下，父母既爱孩子，又严格要求孩子。借鉴包林得的儿童抚育方式理论，要促进学生全面和谐发展，在对待学生的专业道德方面，教师在热爱学生的同时，还必须严格要求学生。

三、对待同事的专业道德：团结合作

《小学教师专业标准（试行）》有关教师对待同事的专业道德的主要要求是：具有团队合作精神，积极开展协作与交流。把团结合作作为教师对待同事的专业道德，主要原因有以下两个方面。

一方面，教师工作安排的科任制形式要求教师团结合作。从教师工作安排的组织形式上说，教师工作安排大概有级任制和科任制两种形式。级任制又称包班制，它是指一位教师全面负责一个班级学生的所有教学、辅导与管理工作的教师工作安排制度。科任制是指一位教师主要负责班级学生的一门或两门课程的教学与辅导工作，在一个班级中，安排多位教师分科负责某一个班级中的学生发展，每位教师以个人所负责的学科教学为载体，通过本学科教学，促进学生全面发展。早期学校教育较多采用级任制形式，当代学校教育以科任制形式为主。在科任制形式下，学生的全面发展是多位教师团结协作的结果。在班级中一个学生在某方面出现问题的情况下，如果这个班级中的所有教师相互沟通、相互合作，共同教育和帮助这个学生，这要比仅仅依靠班主任或个别任课教师的教育效果有效得多。

另一方面，教师权威的维护要求教师团结合作。涂尔干在《教育与社会学》一书中认为："教育在本质上是一种权威性的活动。教师乃是社会的代言人，是他所处的时代和国家的重要道德观念的解释者；与此同时，教师必须是具有坚强意志和权威感的道德权威。"[②] 只有在学生面前有权威，教师才可能有效地开展教育工作，才可能使引导学生社会化的过程得以顺利展开。而教师之间的团结合作是每位教师维护其在学生面前的权威的重要前提条件。社会学家贝克尔研究发现：教师认为，如果他们要维护在学生面前有能力、有权威的形象，校长在处理教师与学生的矛盾，以及教师与家长的矛盾时，就必须站在教师的立场上；教师不应该在学生面前否决其他教师的意见，否则，

---

① 鲁洁：《教育社会学》，590～591页，北京，人民教育出版社，2001。

② 吴康宁：《教育社会学》，207页，北京，人民教育出版社，1998。

学生就会立即对该教师产生轻视。一些国家的教师道德规范对此提出了非常明确的要求。譬如，美国全国教育协会颁布的《教育专业伦理规范》规定：如果不是出于令人信服的专业目的或者出于法律的要求，不得泄露专业服务过程中获得的有关同事的信息；不得造谣中伤或诽谤同事。[①] 因此，要维护在学生面前的权威性，教师之间必须团结合作，教师要相互"补台"，坚决避免相互"拆台"。

从教育主体角度说，教师团结合作的对象以同事为主，但不限于同事。朱永新教授指出，我们的学生，处在非常复杂的社会环境中，时时刻刻接受多方面、多层次的影响。教师的影响施加得如何，取决于力的平衡。教师的影响在多大程度上能够成功，取决于教师在多大的层面上协调各方面的力量，共同对学生施加影响。[②] 在同事之外，教师团结合作的最为重要的对象就是学生家长。作为学生成长中的"重要他人"，家长对于学生全面发展的影响绝不亚于教师。教师与学生家长只有团结合作、同心协力，才能有效促进学生健康成长。

四、对待自己的专业道德：为人师表

《小学教师专业标准（试行）》有关教师对待自己的专业道德的主要要求是：具有良好职业道德修养，为人师表。本教材将教师该方面的专业道德概括为人师表。《中小学教师职业道德规范（2008 年修订）》把为人师表作为六条职业道德规范之一，要求教师应"坚守高尚情操，知荣明耻，严于律己，以身作则。衣着得体，语言规范，举止文明。关心集体，团结协作，尊重同事，尊重家长。作风正派，廉洁奉公。自觉抵制有偿家教，不利用职务之便谋取私利"。把为人师表作为教师对待自己的专业道德，主要原因有以下四个方面。

首先，为人师表是教育本质对教师的必然要求。从本质上说，教育是有目的地引导学生向善的社会实践活动。《学记》指出："教也者，长善而救其失者也。"东汉许慎在《说文解字》中说："教，上所施，下所效也。""育，养子使作善也。"要引导学生向善，教师必须为人师表，必须在人品、学问方面做学生学习的榜样。作为教师，不能仅仅把自己的修养水平定位于合格公民的层次，而应该定位于优秀公民的层次。

其次，为人师表是教师树立权威的必然要求。教师权威是指教师所拥有的使学生信从的力量。在教育实践中，无论教师多么民主，他在学生面前都必须有权威。根据克利夫顿和罗伯兹关于教师权威的研究，教师权威包括四种，即传统权威、法定权威、

① 郑金洲：《教育通论》，327 页，上海，华东师范大学出版社，2002。
② 朱永新：《新教育之梦》，177～178 页，北京，人民教育出版社，2002。

感召权威和专业权威。① 其中，传统权威和法定权威属于外在的制度权威，感召权威和专业权威属于教师内在的个人权威。感召权威是指教师由于个人高尚的道德品质而产生的权威，专业权威是指教师由于个人的专业知识和专业能力而产生的权威。在外部社会环境一定的情况下，在道德品质、专业知识、专业能力方面为人师表的教师能够有效地巩固和提高自己在学生心目中的权威。

再次，教师榜样的重要性要求教师为人师表。德国教育家第斯多惠指出，教师本人是学校里最重要的师表，是直观的最有教益的模范，是学生活生生的榜样。俄国教育家乌申斯基认为，教师个人的范例，对待青年人的心灵，是任何人都不可能代替的最有用的阳光。根据所采用的手段不同，教师的教育方式可以分为身教与言教两种方式。身教不仅更具有直观性，而且更具有真实性。当教师的身教与言教不一致时，学生更相信的是教师的身教。正如孔子指出的那样："其身正，不令而行；其身不正，虽令不从。"

最后，学生的模仿性要求教师为人师表。作为未成年人，学生的心理发展还不够成熟，他们较为缺乏独立意识和判断能力，这使得他们表现出很强的模仿性。事实上，模仿也是学生学习的一种重要方式。美国教育史学家孟禄提出教育的心理起源说，认为教育起源于儿童对成人的无意识的模仿，儿童对成人的模仿是教育的基础。② 由于学生具有很强的模仿性，且与教师朝夕相处，因此，教师要高度重视为人师表，给学生树立良好的学习榜样。

第二节
教师专业知识

教师专业知识是指教师所拥有的用于教育实践的较为精深的专门性认识成果。这些认识成果较难为教育实践之外的人所了解和掌握，所以又可以称为教师的"圈内知识"。从与教育实践的切近程度来说，教师专业知识大致分为基础性专业知识和应用性专业知识。基础性专业知识主要反映教育实践的本质和规律，离教育实践的距离相对较远。应用性专业知识主要是指与教育实践的具体开展密切相关的专业知识，它以基础性专业知识为指导，更关注教育实践如何开展。在一定程度上，应用性专业知识比较接近专门技能。研究专业的学者大多认为，掌握和运用专门知识及技能是专业最为

---

① 吴康宁：《教育社会学》，209 页，北京，人民教育出版社，1998。
② 张人杰：《大教育学》2 版，44 页，广州，广东教育出版社，2003。

重要的核心特征。因此，教师的专业知识是教师专业发展极其重要的内容。

教师专业知识与专业道德既有联系，又有区别。从联系方面来说，教师专业道德中往往含有一定的专业知识成分。苏格拉底提出"知识即道德""智慧即德行"命题，认为道德不是天生的，正确的行为基于正确的判断，做坏事的人按照错误的判断行事，没有人会明知故犯。"正义的事和一切道德行为都是美而好的；凡认识这些事的人决不会愿意选择别的事情；凡不认识这些事的人也绝不可能把它们付诸实践。……正义的事和其他一切道德的行为，就都是智慧。"①我国教育学和教育心理学一般认为，人的道德品质由道德认知、道德情感、道德意志和道德行为四部分构成。其中，道德认知是基础，而有关道德的知识又是道德认知的重要组成部分。由此来看，教师专业道德中就含有一定的专业知识成分。然而，教师的专业知识与专业道德又存在区别。亚里士多德曾批评苏格拉底说："说美德就是知识，这是不对的；但是说美德不能没有识见（不能没有知识），这句话却有道理。"②包含道德知识的道德认知仅仅是一个人道德品质的构成要素之一，一个人有了道德知识，未必就能够自然产生道德情感，未必就能够产生相应的道德行为，此即"知行不一"。况且，教师的专业知识远不止于道德知识。因此，将教师专业道德与专业知识相提并论具有逻辑合理性。

在教育学界和教师教育理论界对教师专业发展内容的研究中，成果最为丰富、研究最为成熟的部分就是教师专业知识这一维度，这与专业知识是专业最为核心的特征有重要关系。概括来说，有关教师专业知识的有代表性的观点主要有以下六种。

第一种观点是"一要素观"。该观点认为，教师专业知识只有一种，那就是教育内容方面的知识，即"教什么"的知识，当前这种知识多被称为"学科专业知识"。该观点认为，"学者即良师"。该观点流行的时代主要是教师培养机构出现之前的古代社会。

第二种观点是"二要素观"。该观点认为，教师专业知识不仅包括教育内容方面的学科专业知识，而且包括教育方法方面的教育专业知识，即教师不仅要有"教什么"的知识，而且要有"怎么教"的知识。该观点较好地体现了教师职业的"双专业性"。

第三种观点是"三要素观"。该观点认为，教师专业知识包括通识性知识、学科专业知识和教育专业知识。这是当前我国教育理论界和教育行政管理部门较为认可的教师专业知识观。国外教师教育机构在设置理论性课程时也大多依据该观点。

第四种观点是"四要素观"。该观点认为，教师专业知识包括本体性知识、文化知识、实践知识和条件性知识。本体性知识是指教师所具有的特定的学科知识；文化知识相当于前面所说的通识性知识；实践知识指教师在面临实现有目的的行为时所具有的课堂情景知识以及与之相关的知识，或者更具体地说，这种知识是教师教学经验的

---

① 转引自吴式颖、李明德：《外国教育史教程》3 版，45 页，北京，人民教育出版社，2015。
② 同上。

积累；条件性知识是指教师所具有的教育学与心理学知识。[①] 该观点重视教师的实践知识这一要素，在我国教师专业知识观研究中具有较强的创新性。

第五种观点是"七要素观"。该观点由美国当代教育家舒尔曼提出。他认为，教师专业知识主要包括：①学科内容知识；②一般教学法知识，特指超出学科内容的有关教室组织和管理的主要原则与策略；③课程知识，特指掌握适用于教师作为"职业工具"的材料和程序；④学科教学法知识，指学科内容知识与教育专业知识的混合物；⑤有关学生及其特性的知识；⑥有关教育脉络的知识，包括班级或小组的运转、学区的管理与财政、社区与文化的特征等；⑦有关教育的目的、目标、价值、哲学与历史渊源的知识。[②] 在上述知识中，舒尔曼认为，教师最重要的知识是学科教学法知识，它最能区分教师与学科专家的不同。当前该观点是有关教师专业知识研究中影响较为广泛的观点之一。

第六种观点是"新二要素观"。该观点认为，教师专业知识包括理论性知识和实践性知识两类。在我国，该观点的主要代表人是陈向明教授。她认为，教师既拥有理论性知识，又拥有实践性知识。不仅如此，在她看来，直接指导教师教育教学行为的知识不是教师的理论性知识，而是其实践性知识。为此，她提出实践性知识是教师专业发展的知识基础。[③] 该观点将实践性知识与理论性知识相提并论，更具有合理性。由于高度重视教师的实践性知识，该观点也更具有前沿性。

根据内容的领域不同，结合教师专业标准，本教材认为，教师专业知识主要包括以下三个方面。

一、学科专业知识

这里所说的学科专业知识是指教师所拥有的任教学科方面的专业知识。《小学教师专业标准（试行）》对教师的学科专业知识的基本要求是：适应小学综合性教学的要求，了解多学科知识。掌握所教学科知识体系、基本思想与方法。了解所教学科与社会实践、少先队活动的联系，了解与其他学科的联系。在当代中小学教育中，虽然有一些教师任教的学科不止一门，但是，从教师工作的专业性发展趋势来说，越来越多的教师将会以专门承担一门学科的教学任务为主。以前中小学中的所谓"副科"往往由相近的"主科"教师兼任，然而，在全面发展教育中，"副科"现象将会逐渐消失。譬如，小学中的音乐、体育、美术、信息科技等课程的教学都会逐渐由专业教师来承担。事实

①　林崇德：《教育的智慧：写给中小学教师》，29～31页，北京，北京师范大学出版社，2005。
②　教育部师范教育司：《教师专业化的理论与实践》2版，55页，北京，人民教育出版社，2003。
③　陈向明：《实践性知识：教师专业发展的知识基础》，载《北京大学教育评论》，2003(1)。

上，中小学教育中的专家型教师往往有明确的学科归属，现行的中小学教师职称评审制度也强调教师职称的学科性。

从数量和质量方面说，教师的学科专业知识必须渊博。苏霍姆林斯基把掌握渊博的学科专业知识作为教师非常重要的教育素养。他说，"只有当教师的知识视野比学校教学大纲宽广得无可比拟的时候，教师才能成为教育过程的真正的能手、艺术家和诗人"，那种直接诉诸儿童的理智和心灵的境界"只能是教师具备深刻的知识的结果。他的知识要如此深刻，以至处于他的注意中心的并不是教材内容，而是儿童们的脑力劳动"。[①] 教师掌握渊博的学科专业知识，能够为学生指出本学科的发展方向，进而激发学生的求知欲、好奇心，乃至探索的志向。

与教师学科专业知识的数量和质量相比较，教师学科专业知识的结构更为重要，它体现了任教某一学科的教师与同学科的非教育工作者在专业知识方面的差异。关于教师学科专业知识结构，叶澜教授指出：首先，教师应该对学科的基础性知识、技能有广泛而准确的理解，熟练掌握相关的技能、技巧。这不仅是因为不能把不准确和错误的东西教给学生，还因为只有在对知识和技能准确、熟练掌握的基础上，教师才有可能花更多的精力去设计教学，在课堂上更多关注学生和整个教学的进展状态，而不是把注意力集中到自己不要把知识讲错、习题做错上。其次，教师要对与该学科相关的知识，尤其是相关点、相关性质、逻辑关系有基本了解。这使教师有可能与传授相关学科知识的教师在教学上取得协调，在组织学生开展的综合性活动中相互配合。再次，教师需要了解该学科发展历史和趋势，了解推动其发展的因素，了解该学科对于社会、人类发展的价值以及在人类生活实践中的多种表现形态。这些知识的意义在于使教师能在教学中把学科知识与人类的关系、与现实世界的关系揭示出来，使科学具有更丰富的人文价值，同时也能激起学生发现、探索和创造的欲望、为人类和社会的发展做贡献的愿望。最后，教师需要掌握每一门学科所提供的独特的认识世界的视角、域界、层次及思维的工具与方法，熟悉学科内科学家的创造发现过程和成功原因，在他们身上展现的科学精神和人格力量，这对于增强学生的精神力量和创造意识具有重要的、远远超出学科知识所能提供的价值。[②] 在学科教学中，教师引导学生学习的目的绝不仅仅是掌握学科知识，而是以本学科知识为基础，促进学生德智体美劳全面发展。教师的学科专业知识只有具有上述合理的结构，教师才能够更好地实现"知识与技能、过程与方法、情感态度与价值观"的三维教学目标。

---

① [苏联]瓦·阿·苏霍姆林斯基：《给教师的建议（修订本全一册）》，杜殿坤编译，426页，北京，教育科学出版社，1984。

② 叶澜：《新世纪教师专业素养初探》，载《教育研究与实验》，1998(1)。

二、教育专业知识

这里所说的教育专业知识是指教师所拥有的如何对学生进行教育的专业知识。在教师的专业知识中，我国教育理论界一直存在以下争论：到底是学科专业知识更重要，还是教育专业知识更重要？这就是师范教育的"学术性"与"师范性"之争。"我国独立的师范教育是以1902年张謇创办通州师范学校为发端的，也就是说我国的师范教育已经有100多年的历史了。但从师范教育诞生的那一天起，人们就对这种具有特殊性质的专业教育形式产生了诸多怀疑与争论，其中，'学术性'与'师范性'之争成为诸多争论中的核心问题。"①在当代班级授课教学组织形式下，在一定程度上，教师的教育专业知识要比学科专业知识更重要。在个别教学组织形式中，由于学生人数少，教育活动对教师"如何教"的教育专业知识要求不高；而在班级授课教学组织形式中，由于班级学生人数众多，教师教育专业知识的重要性就得到了凸显。在美国教育家舒尔曼的"七要素观"教师专业知识观中，从知识的类型角度说，教师的教育专业知识占了六种，即除了学科内容知识外，一般教学法知识，课程知识，学科教学法知识，有关学生及其特性的知识，有关教育脉络的知识以及有关教育的目的、目标、价值、哲学与历史渊源的知识都属于教师的教育专业知识范畴。

当代教育理论虽然水平有待提高，但内容颇为丰富，体系基本形成。根据德国元教育学家布蕾津卡（也译作布列钦卡）的教育学分类思想，教师的教育专业知识大致包括三类：其一是教育科学知识，它回答"教育是什么（含做什么）"问题，它的任务是描述和解释教育事实；其二是教育哲学知识，它回答"教育应该是什么"问题，它的任务是为教育提供价值取向和规范取向；其三是实践教育学知识，它回答"教育应当怎么做（含应当做什么）"问题，它的任务是告诉教育者在特定社会文化情境中的教育任务和完成任务所需要的手段。② 在上述三类教育专业知识中，教育科学知识和教育哲学知识是实践教育学知识的基础，换言之，实践教育学知识是在遵循教育科学知识所提供的基本规律和教育哲学知识所提供的教育理想追求的基础上构建起来的。其中，教育科学知识以教育心理学知识和教育社会学知识为主，而实践教育学知识以学科教育学知识为主。对于作为实践者的教师来说，最为直接的、与自己的实践最为切近的、最具有可操作性的教育专业知识是学科教育学知识。舒尔曼将其称为学科教学法知识，并认为它是教师最重要的教育专业知识，通过它最能区分教师与学科专家的不同。③ 当然，

---

① 张正锋：《关于"学术性"与"师范性"之争的原因分析》，载《黑龙江高教研究》，2004(5)。
② 冯建军、周兴国：《略述布蕾津卡的实践教育学思想：兼谈我国教育学的努力方向》，载《比较教育研究》，1995(2)。
③ 教育部师范教育司：《教师专业化的理论与实践》2版，55页，北京，人民教育出版社，2003。

教师掌握教育科学知识进而熟悉教育规律，掌握教育哲学知识进而具有坚定而美好的教育价值追求，对教师恰当开展教育实践也具有重要意义。

三、通识性知识

《小学教师专业标准（试行）》将通识性知识与学科专业知识和教育专业知识并列，把它作为教师的重要专业知识类型之一。教师的通识性知识是指教师所拥有的除了学科专业知识和教育专业知识之外的广泛的基础性知识。《小学教师专业标准（试行）》对教师通识性知识的基本要求是：具有相应的自然科学和人文社会科学知识。了解中国教育基本情况。具有相应的艺术欣赏与表现知识。具有适应教育内容、教学手段和方法现代化的信息技术知识。在上述知识中，"了解中国教育基本情况"和"具有适应教育内容、教学手段和方法现代化的信息技术知识"从本质上说属于教育专业知识范畴。因此，从内容角度说，教师的通识性知识大致包括以下三个方面：一是自然科学知识，主要包括天文学、物理学、化学、地理学、生物学等知识；二是人文社会科学知识，主要包括哲学、经济学、政治学、历史学、法学、社会学、语言学等知识；三是艺术学知识，主要包括美术、音乐、文学、戏剧、电影、舞蹈等知识。

作为教师的专业知识，通识性知识不是就知识的深度方面而言的，而是就知识的广度方面而言的。一个人掌握某一领域的高深知识不容易，同样，一个人掌握很多领域的基础知识也需要付出大量努力，把通识性知识作为教师的一种专业知识来界定具有一定的合理性。不仅如此，把通识性知识作为教师的一种专业知识，也因其与教育活动的诸多方面密切相关。

首先，教师的根本职责要求其具有通识性知识。教师的根本职责是教书育人，促进学生德智体美劳全面发展。无论任教哪门学科，教师都必须在引导学生学习本学科知识的基础上促进学生全面发展。而要促进学生全面发展，教师就必须具有促进学生全面发展所需要的广博的通识性知识。

其次，教师权威的树立要求其具有通识性知识。教育工作内在地需要教师在学生面前具有权威。教师权威的来源有多个方面，其中，拥有广博的通识性知识是重要来源之一，它能够有效帮助教师树立专业权威。作为未成年人的学生，尤其是小学生，好奇心强，求知欲强，往往希望从教师那里获得一切知识。而当教师能够顺利地解答学生所提出的众多方面的问题时，学生很容易由衷地产生对教师的敬佩和信服之情。

再次，课程改革的综合性要求教师具有通识性知识。2001年教育部印发的《基础教育课程改革纲要（试行）》指出，要"改变课程结构过于强调学科本位、科目过多和缺乏整合的现状，整体设置九年一贯的课程门类和课时比例，设置综合课程，以适应不同地区和学生发展的需求，体现课程结构的均衡性、综合性和选择性"。综合课程与分科课程相对，它是指将若干相关联的学科整合在一起而形成的一门更广泛的共同领域的课程。综合课程的实施必然要求教师具有广博的通识性知识。另外，即使是分科课程，其中也必然渗透着多方面的知识。

最后，增强教育效果要求教师具有通识性知识。"知识就是力量。"借助多方面的通识性知识以及在其基础上形成的能力，对于教师提高综合影响力、增强教育效果有重要促进作用。譬如，在对学生进行道德教育时，教师运用哲理知识更能启迪学生，运用科学知识更能说服学生，运用文学艺术知识更能感染学生。否则，道德教育就可能成为枯燥乏味的低效说教。

第三节
教师专业能力

教师专业能力是指教师所拥有的直接影响其教育工作效率，并影响教育工作完成的专门的个性心理特征。教师专业能力与专业知识的主要区别如下：教师专业知识主要涉及的是教师"知不知"或"会不会"，而教师专业能力主要涉及的是教师"能不能"或"善于或不善于"。教师专业能力以专业知识为基础，是专业知识转化为专业技能并经过长时间的综合性实践练习而熟练化之后的结果。教师专业能力与专业道德的主要区别如下：教师专业道德主要涉及的是教师"愿不愿"，而教师专业能力主要涉及的是教师"能不能"或"善于或不善于"。即使具有专业能力，如果缺少专业道德，教师也可能不会将专业能力表现出来，也就不会将其付诸实践，此即"非不能也，实不为也"。因此，教师专业道德是其专业能力的重要内在动力和方向保障。

由于学校的工作、教师的工作皆以教学工作为中心，且教师专业标准对教师专业能力的基本要求也侧重于教学专业能力，因此，本教材着重从教学专业能力角度来探讨教师专业能力。根据教学流程，结合教师专业标准，教师专业能力主要包括以下方面。

一、教学设计能力

教学设计能力是指教师根据课程标准和学生特点，合理安排教学诸要素，制定合适的教学方案的能力。凡事预则立，不预则废。教学工作具有复杂性，要做好教学工作，教师必须具备良好的教学设计能力。教学设计能力主要包括以下三个方面。

一是教学目标设计能力。教学目标包含在课程标准之中。虽然教育行政管理部门制定了绝大多数学科的课程标准，但是，具体的教学目标，尤其是课时教学目标，还需要教师根据学生发展特点、社会发展特点和学科自身发展特点进行恰当而适切的设计。在设计教学目标时，教师既要考虑知识与技能目标，又要考虑过程与方法目标、情感态度与价值观目标；既要考虑学生的当前发展目标，又要考虑学生的未来发展目标；既要考虑学生的现有发展基础，又要促进学生可能实现的未来发展。

二是教学内容设计能力。虽然课程标准和教材已经大致规定了教师的教学内容，但是，仅有这些内容对于教师的教学来说还不够，教师还必须对这些教学内容进行"二次开发"，对课程标准与教材内容进行校本化加工。从所加工的教学内容的实际构成角度说，教师在设计教学内容时应加强课程内容与学生生活以及现代社会和科技发展的联系，关注学生的学习兴趣和经验。从所加工的教学内容的来源角度说，教师应充分发挥学校图书馆、实验室、专用教室及各类教学设施和实践基地的作用，广泛利用校外的图书馆、博物馆、展览馆、科技馆、工厂、农村、部队和科研院所等各种社会资源以及丰富的自然资源，积极利用并开发信息化课程资源。

三是教学方法设计能力。这里的教学方法是广义上的。如果说教学目标指的是"为什么教"，教学内容指的是"教什么"，那么，这里的教学方法指的是"如何教"，它包括教学工具、教学方式、教学途径、教学环节以及教学管理等方面。显然，教师的教学方法设计能力对于良好的教学来说不可或缺。

教学设计能力是一种教学预设能力，教师的这种能力表现在教学前的准备中。虽然教师在教学前的准备没有太大的时间压力，但是，高质量、高效率的教学设计仍然是教师的一种重要专业能力。尤其需要指出的是，高质量、创新性的教学设计常常需要将先进的教育理论应用于其中，这时，教师的教学设计能力就更显重要了。

二、教学实施能力

教学实施能力是指教师将通过教学设计制定的教学方案付诸行动的能力。教师的这种专业能力主要表现为以下三个方面。

(一)传导能力

根据手段不同，教师的传导能力包括以下四种。

①口头语言传导能力。良好的口头语言传导能力不仅表现为能说符合语法规范的流利的普通话，而且表现为善于把握和运用音高、音强、语速、停顿、重音、升降等语调因素。同样的语言，用不同的语调说出来，其含义就会不同，甚至截然相反。苏联教育家马卡连柯认为，当一位教师在学会用20种不同的语调说出"到这边来"之前，

他还不能算是教育的行家里手。[1]

②书面语言传导能力。教师的书面语言传导能力主要表现在板书、板画、批改作业、写评语等方面的书面沟通上。这种能力的基本要求是准确、流利、美观、有条理。

③肢体语言传导能力。肢体语言也可以称为表情，它具有重要的信号功能，可以表达人的思想情感，增强语言的感染力。美国心理学家爱伯特·梅拉别恩经过实验研究得出结论：信息的总效果＝7%的文字＋38%的音调＋55%的面部表情。[2] 由于具有重要的信号功能，人们又把肢体语言称为"非语言交际手段"或"第二交际手段"。在人类的肢体语言中，最为丰富的是面部表情，其次是手势。

④媒体传导能力。这里的媒体主要指当今信息社会的多媒体，它是教育现代化的重要标志。教师应熟练掌握和运用现代信息技术，努力实现信息技术与学科教学的整合，实现教学内容的呈现方式、学生的学习方式、教师的教学方式和师生互动方式的变革，充分发挥信息技术的优势，为学生的学习和发展提供丰富多彩的教育环境和有力的学习工具。

(二)组织管理能力

在这里，教师的组织管理能力主要表现在课堂教学管理方面。班级授课是教学的基本组织形式，要引导几十位学生顺利、高效地进行课堂教学活动，教师就需要具有较强的组织管理能力。事实上，只有在良好的秩序状态中，教师才能领导学生实现教育目的。对新教师来说，与教学技能相比较，他们的教学管理能力更为缺乏，他们在课堂教学管理方面的压力甚至更大。要管理好课堂，教师必须有权威。关于这一方面，日本企业家松下幸之助的见解颇有价值。他认为，管理者需要两种权威，即人格权威和制度权威。其中，人格权威是管理者由于自己的高尚人格和卓越才能所形成的权威，制度权威则是制度所赋予的权威。他认为，有效的管理要求管理者首先应该充分运用人格权威，使部下拥护和佩服，而将制度权威"殿于后"，把它当作一把"未出鞘的剑"，但应让部下知道这把"剑"的存在。当然，教师的制度权威应该具有"合法性"。

(三)灵活应变能力

教学过程既具有预设性，又具有生成性；既具有科学性，又具有艺术性。灵活应变能力是教学的生成性、艺术性对教师专业素质的必然要求。无论教学设计多么周密，教师在教学实施过程中必然会遇到意想不到的情况。《小学教师专业标准（试行）》明确要求教师要"根据小学生的反应及时调整教学活动"，要"妥善应对突发事件"。教学过

---

① 南京师范大学《教育学》编写组：《教育学》，123 页，北京，人民教育出版社，1984。

② 转引自邓美德：《论教师教学肢体语言的突然与应然》，载《大理学院学报》，2012(7)。

程是由几十个具有主观能动性的学生以及其他各种内外环境因素构成的流动性的"场域"。正如赫拉克利特所说的"一个人不可能两次踏进同一条河流"那样，一位教师同样不可能上两节完全相同的课。这就要求教师必须具有灵活应变能力，善于运用教育机智，灵活调整和执行教学方案。

三、教学评价能力

在这里，教师的教学评价能力是指教师对学生的学习状况进行评判的专业能力。教学工作的基本环节包括备课、上课、作业布置与批改、课后辅导和教学评价等基本环节。有研究者指出："从工作性质与内容来分析，教师大概有四分之一到三分之一的专业工作时间从事与评估有关的工作。"[①]因此，教学评价能力是教师的一种重要专业能力。《小学教师专业标准（试行）》把"激励与评价"作为教师专业能力的一个专门领域，要求教师：对小学生日常表现进行观察与判断，发现和赏识每一位小学生的点滴进步。灵活使用多元评价方式，给予小学生恰当的评价和指导。引导小学生进行积极的自我评价。利用评价结果不断改进教育教学工作。

教师的教学评价能力主要表现在以下两个方面。

一方面，教师善于运用多种教学评价方式。教学评价方式多种多样。根据具体作用不同，教学评价分为诊断性评价、形成性评价和总结性评价。诊断性评价是教师在一个阶段的教学活动开始之前对学生进行的学习评价，主要作用是了解学生的学习准备状况或学习基础，以使教师更有针对性地制定教学目标、设计教学内容、选择教学方法。形成性评价是教师在教学过程中对学生的学习情况进行评价，通常在一个单元的教学初步完成后进行，主要作用是了解学生学习本单元的情况，并根据评价所提供的反馈信息，及时调节教学过程，对没有达到教学目标的学生给予必要的辅导和帮助。终结性评价是教师在相对较长的一个教学阶段之后对学生学习情况进行的评价，如学期评价、学年评价等，主要作用是为学生在较长时间段的学习情况进行鉴定、评定成绩。根据评价标准不同，教学评价分为绝对性评价、相对性评价和个体内差异评价。绝对性评价是指教师将学生个体的成绩与既定标准作比较而进行的评价。相对性评价是指教师将学生个体的成绩与所在群体中的他人成绩作比较而进行的评价。个体内差异评价是指教师将学生个体现在的成绩与其以前的成绩作比较而进行的评价，或者是将学生各个方面的成绩作比较而进行的评价。根据评价主体不同，教学评价分为教师评价、学生相互评价和学生自我评价。教师评价即以教师为主体对学生的学习情况进行的评价，学生相互评价是指学生对其他同学的学习情况进行评价，学生自我评价是

---

① 易凌云：《"五唯"问题：实质与出路》，载《教育研究》，2021(1)。

指学生对自己的学习情况进行评价。其中，学生自我评价具有自我教育性质。根据评价工具不同，教学评价分为测验性评价和表现性评价。测验性评价主要是指教师通过纸笔测验对学生的学习情况进行的评价，它具有量化评价性质。表现性评价是指教师通过学生在活动中的行为表现对学生进行的评价，它具有质性评价性质。以上教学评价方式各有优点与不足，教师应针对学生的特点，从帮助学生树立信心、激发出更大的发展动力出发，灵活选择恰当的教学评价方式。

另一方面，教师善于发挥教学评价的改进功能。美国当代课程论专家斯塔弗尔比姆认为，评价是为决策提供有用信息的过程，它应有助于更好地执行和改进我们的方案，评价最重要的意图不是为了证明，而是为了改进。[①] 教学评价的改进功能不仅表现为教师通过教学评价，了解学生的学习情况和获得教学效果的反馈信息，明白自己教学的优缺点，从而改进教学，而且表现为学生通过教学评价，及时得到学习效果的反馈信息，明确自己学习中的长处和不足，以扬长避短。[②] 教师的教学评价能力需要教师在掌握教学评价方式的基础上，通过教学评价实践的锻炼来不断提升。

四、沟通能力

教师的沟通能力是指教师在教育过程中，与其他参与教育的主体有效进行思想与感情的传递和反馈，从而达到思想一致、感情通畅目的的能力。在一定程度上，教育是一种多方面的交往过程，教育过程的参与主体主要有教师及其同事、学生、学生家长、社区相关人员等。为了高质量地开展教育工作，教师必须具有良好的沟通能力。《小学教师专业标准(试行)》把"沟通与合作"作为教师专业能力的一个专门领域，要求教师：使用符合小学生特点的语言进行教育教学工作。善于倾听，和蔼可亲，与小学生进行有效沟通。与同事合作交流，分享经验和资源，共同发展。与家长进行有效沟通合作，共同促进小学生发展。协助小学与社区建立合作互助的良好关系。

在这里，教师沟通能力的重点不在于教师与学生沟通，而在于教师与同事、学生家长和社区相关人员的沟通。在一定程度上，前面所说的教师的教学设计能力、教学实施能力、教学评价能力主要关注的是教师与学生之间的交往与沟通过程。而强调教师与同事、学生家长和社区相关人员的沟通，旨在关注教师走出课堂，协调和凝聚各方面的教育力量，构建系统的教学生态环境，进而更好地促进学生全面发展。关于教师与同事、学生家长的沟通，无论怎样强调，都不为过。由于学生的发展离不开实践活动，而一些实践活动的开展往往需要社区提供场地、人员、物品等多方面的支持，

① 王琰春：《西方教育评价观的演进及对我国的启示》，载《教育与现代化》，2003(1)。
② 王道俊、郭文安：《教育学》7版，246页，北京，人民教育出版社，2016。

因此，教师要顺利组织学生在社区开展实践活动，必须具备与社区相关人员进行有效沟通的能力。

教师的沟通能力主要表现在以下三个方面。

首先，教师善于表达自我。这不仅表现为教师要能够清晰、准确地把自己的想法和态度传递给他人，而且表现为教师在与人沟通时要具有平等的心态和相信他人的心态。只有具有平等的心态，沟通过程才能够顺利地进行。学生与同伴之间的沟通要比与教师或家长之间的沟通更通畅，重要原因之一就是学生与同伴在地位上更为平等。只有具有信任的心态，相信他人会对自己有帮助，或相信他人至少不会害自己，一个人才会更愿意把自己的想法和态度传递给他人。

其次，教师善于倾听他人。沟通需要相互表达与倾听，善于倾听他人不仅意味着耐心地听他人表达，准确地领悟他人表达的内容，而且意味着在沟通过程中能够尊重他人、理解他人、关心他人。

最后，教师善于妥协让步。教师要与他人达成共识、思想一致、感情通畅，就必须在坚持原则的基础上做出必要的妥协和让步，而不能固执己见、一意孤行。

五、发展能力

在这里，教师的发展能力是指教师通过多条路径不断提高自身专业素质的能力。单从能力角度说，教师的教学设计能力、教学实施能力、教学评价能力和沟通能力是教师为了有效履行本职工作而直接运用的专业能力，而教师的发展能力则是教师用于提高上述四种能力的能力。当然，教师专业道德水平的提高、专业知识的丰富与完善同样需要教师具有发展能力。

从时代背景来说，教师的发展能力具有必要性。在迅速发展变化的当代知识社会中，终身学习是最为重要的教育思潮。在当代，文盲不是不识字的人，而是没有学会怎样学习的人。美国文化人类学家玛格丽特·米德根据文化传递方式，将人类文化分为三类：前喻文化、同喻文化和后喻文化。前喻文化是一种传统的文化传递方式，文化自年长一代传递到年轻一代。随着新兴科技的发展，很多长辈无法再以经验指导晚辈，年轻一代只能通过自己探索或向有经验的同伴学习，这就造就了同喻文化。信息技术的兴起与普及打开了数字化时代的大门，年轻一代置身于前所未有的迅猛发展的数字化社会中，文化传递方式发生了翻天覆地的变革，产生了一种与前喻文化截然相反的文化传递过程，即由年轻一代将文化传递给年长一代，这一过程被称为后喻文化。[①] 在后喻文化时

代，如果缺少发展能力，教师将难以指导学生发展。从教师专业发展过程来说，教师发展能力同样具有必要性。教师专业发展是持续整个职业生涯的过程。《小学教师专业标准（试行）》把"反思与发展"作为教师专业能力的一个专门领域，要求教师：主动收集分析相关信息，不断进行反思，改进教育教学工作。针对教育教学工作中的现实需要与问题，进行探索和研究。制定专业发展规划，积极参加专业培训，不断提高自身专业素质。

教师的发展能力主要表现在以下三个方面。一是善于阅读。教师通过阅读，能够得到更多的专业引领。朱永新教授指出，勤于学习，充实自我，这是成为一名优秀教师的基础。一个理想的教师，一个要成为大家的教师，一个想成为教育家的教师，必须从最基础的做起，扎扎实实多读一些书。[①] 二是善于反思。这里的反思是指教师对自己已经做过的教育教学工作进行回顾和思考。教师通过对自己成功的教育工作进行反思，能够积累经验；教师通过对自己不满意的教育教学工作进行反思，能够汲取教训。三是善于研究。教师的研究主要是行动研究，行动研究又被称为准实验研究。在课堂教学中，教师的行动研究即课例研究。如果说教师善于反思侧重的是教师通过"待物之变"而获得发展，那么善于研究侧重的是教师通过"致物之变"而获得发展。教师通过研究，主动发现教育行为与结果之间的规律性联系。尤其是当教师通过将先进的理论应用于实践而开展行动研究时，教师的专业发展将会更为有效。

本章小结

教师专业发展的内容主要包括教师专业道德、专业知识和专业能力三个部分。根据对象不同，教师专业道德包括四个方面，即教师对待教育工作要爱岗敬业，对待学生要热爱学生，对待同事要团结合作，对待自己要为人师表。根据内容的领域不同，教师专业知识包括学科专业知识、教育专业知识和通识性知识。根据教学流程，教师专业能力主要包括教学设计能力、教学实施能力、教学评价能力、沟通能力和发展能力。在教师专业发展的内容中，教师专业知识部分探讨的主题是教师"知不知"，教师专业能力部分探讨的主题是教师"能不能"，教师专业道德部分探讨的主题是教师"愿不愿"。教师专业道德不仅指引着教师学习和运用专业知识、提升和发挥专业能力的方向，而且是教师学习和运用专业知识、提升和发挥专业能力的重要内在动力，因此，教师专业道德在教师专业素质中处于极其重要的位置。

---

① 朱永新：《新教育之梦》，187 页，北京，人民教育出版社，2002。

章后练习

1. 为什么说热爱学生是教师专业道德的核心？
2. 教师的学科专业知识是不是越多越好？
3. 把通识性知识列为教师专业知识范畴的依据是什么？
4. 为什么说教师应该具有较强的发展能力？
5. 如何理解教师专业道德、专业知识和专业能力三者之间的关系？

延伸阅读

1. 叶澜：《新世纪教师专业素养初探》，载《教育研究与实验》，1998(1)。

2. 朱宁波、朱刚琴：《中小学教师职业道德规范新论》，载《教育科学》，2001(1)。

3. 李方：《新课程对教师专业能力结构的新要求》，载《教育研究》，2010(3)。

4. 马云鹏、赵冬臣、韩继伟：《教师专业知识的测查与分析》，载《教育研究》，2010(12)。

5. 李芹：《关于教师专业能力本质的思考》，载《中国教育学刊》，2013(S2)。

6. 陆道坤、张芬芬：《论教师专业道德：从概念界定到特征分析》，载《教师教育研究》，2016(3)。

7. 傅维利、于颖：《教师职业道德的独特品性及其价值实现》，载《教育研究》，2019(11)。

8. 连榕：《教师专业发展》，北京，高等教育出版社，2007。

第四章

教师专业发展的阶段

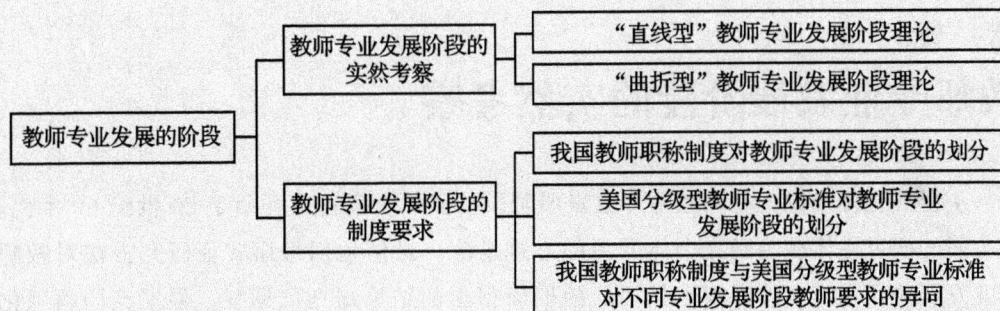

```
                          ┌─────────────────────────┐      ┌──────────────────────────────────┐
                          │ 教师专业发展阶段的        │──────│ "直线型" 教师专业发展阶段理论        │
                          │ 实然考察                 │      └──────────────────────────────────┘
                          │                         │      ┌──────────────────────────────────┐
                          └─────────────────────────┘──────│ "曲折型" 教师专业发展阶段理论        │
┌─────────────────┐                                        └──────────────────────────────────┘
│ 教师专业发展的阶段 │
└─────────────────┘                                        ┌──────────────────────────────────┐
                          ┌─────────────────────────┐──────│ 我国教师职称制度对教师专业发展阶段的划分 │
                          │ 教师专业发展阶段的        │      └──────────────────────────────────┘
                          │ 制度要求                 │──────│ 美国分级型教师专业标准对教师专业        │
                          │                         │      │ 发展阶段的划分                      │
                          └─────────────────────────┘      └──────────────────────────────────┘
                                                           ┌──────────────────────────────────┐
                                                      ─────│ 我国教师职称制度与美国分级型教师专业标准 │
                                                           │ 对不同专业发展阶段教师要求的异同      │
                                                           └──────────────────────────────────┘
```

教师专业发展的阶段指的是教师个体在整个职业生涯中所经历的专业发展过程。有关该领域的研究主要涉及两方面内容：一是教师专业发展包括哪几个阶段，二是教师专业发展各阶段的特征是什么。从纵向角度对教师个体在整个职业生涯中所经历的专业发展过程进行探讨，明确教师专业发展的具体阶段以及各个阶段所具有的特征，具有重要的理论和实践意义。从理论意义角度说，该研究有助于深化教师专业发展理论，并增强教师专业发展研究的科学性。从实践意义角度说，该研究不仅有助于教师更加准确地判断自己专业发展所处的阶段和所面对的问题，更加科学地规划自己的专业发展过程，更为恰当地选择和确定自己专业发展的目标和方法，而且有助于教师教育机构、教育行政管理部门和教师任职学校针对教师专业发展的不同阶段及其特征，提供有针对性的管理、指导和帮助，从而更为有效地促进教师专业发展。

第一节
教师专业发展阶段的实然考察

从世界范围来说，有关教师专业发展阶段的实然考察正式开始于 20 世纪 60 年代。该方面的研究主体多为研究个体发展的心理学家。虽然他们采用实证研究方法对教师专业发展阶段进行实然考察，然而，他们所得出的结论却见仁见智。根据英国物理化学家、哲学家波兰尼的个人知识理论，"无论科学的起因，还是科学研究的过程，都离不开个人的兴趣、热情、价值取向、信念和技巧。……科学知识是个人识知能力的体现，这种体现是个体运用自己的思想力量这一技能而完成的。这种观点与以往那些竭力排斥个人因素、寻求客观的知识的理论是针锋相对的。"[①]不同的心理学家对教师专业发展阶段有不同的研究结果，这些不同的研究结果有助于我们更为全面、更为深入地认识教师专业发展阶段。

概括来说，有关教师专业发展阶段的实然考察结果可概括为两类发展阶段理论：一是"直线型"教师专业发展阶段理论，二是"曲折型"教师专业发展阶段理论。

---

① 周廷勇：《波兰尼个人知识理论述评》，载《贵州大学学报（社会科学版）》，2009(4)。

一、"直线型"教师专业发展阶段理论

在"直线型"教师专业发展阶段理论看来，教师在专业发展过程中可能会遇到问题，但是，总体来说，教师专业发展是持续前进的过程，教师的专业素质会不断得到提升。在此，重点介绍该类型的三个研究成果。

(一)富勒的教师专业发展阶段理论

1969 年，美国学者富勒从"教师关注的问题"角度对教师专业发展阶段进行了开创性的研究，从此拉开了该领域研究的序幕。① 富勒运用"教师关注问卷"进行调查研究。经过研究，她认为教师专业发展分为以下四个阶段。

1. 教学前关注阶段

此阶段是职前培养时期。在此阶段，教师的身份还是师范生。他们沉浸在学生角色中，因为没有教学经历，他们对教师角色的认识还处于想象阶段。他们只关注自己，对其教师经常持批判态度，甚至是敌视态度。

2. 早年生存关注阶段

此阶段是教师的入职时期。在此阶段，教师关注对课堂的控制、是否被学生喜欢和他人对自己的评价等与个人生存密切相关的问题。在此阶段，教师表现出明显的焦虑和紧张，感到有相当大的压力。

3. 关注教学情境阶段

在此阶段，教师关注的中心是教学情境。他们多关注如何顺利地完成教学任务，关注教学时间、教学内容、班级大小等教学情境方面的问题。

4. 关注学生阶段

在此阶段，教师把学生作为关注的中心，关注学生的学习、社会和情感需要，关注如何通过教学更好地影响学生的成绩和表现。

根据富勒的教师专业发展阶段理论，当教师过于关注自身生存时，其专业发展就处于较低阶段，而当教师更多关注学生发展时，其专业发展就处于更高阶段。教师可以根据自己的关注中心来判断自己专业发展所处的阶段，从而制定出适合自己的专业发展目标。譬如，当教师发现自己更多地关注生存问题时，这就说明其专业发展处于第二阶段，因而其专业发展的恰当目标应该是促进自己更多地关注教学情境。富勒的教师专业发展阶段理论对于教师专业发展前两个阶段的时间划分较为明确，而对于后两个阶段的时间划分则不够具体。

---

① 连榕：《教师专业发展》，179～180 页，北京，高等教育出版社，2007。

(二)白益民的教师专业发展阶段理论

受富勒的教师专业发展阶段理论的启发，我国学者提出了有一定新意的教师专业发展阶段理论，共包括五个阶段。[①]

1. 非关注阶段

此阶段是教师接受师范教育之前的时期，可以一直追溯到教师的孩提时代。在此阶段，教师在无意识之中形成了较为稳定的教育信念，具备了一些"直觉式"的"前科学"教育知识。该阶段强调教师的早年成长史对其专业发展的影响。

2. 虚拟关注阶段

此阶段是教师接受师范教育时期。在此阶段，师范生缺少对专业教师的体认，加上"虚拟"的专业学习环境，使得师范生的专业人员意识和自我专业发展意识都十分淡漠。

3. 生存关注阶段

此阶段是教师入职的初期。这一阶段的突出特点是"骤变与适应"，环境的骤变迫使他们特别关注专业发展的最低要求——专业活动的"生存"技能，尚谈不上对"自我更新"能力的关注及其发展。

4. 任务关注阶段

该阶段是教师持续而稳定发展的时期。在此阶段，教师由关注自我生存转移到更多地关注教学任务。教师虽然重视专业发展，但多是因为进修是专业的要求，是为了更好地完成教学任务，以获得职业阶梯的升迁和更高的外在评价。

5. 自我更新关注阶段

在该阶段，教师专业发展的动力转移到专业发展本身，而不再受外部评价或职业升迁的牵制，直接以自身的专业发展为指向。教师更加关注课堂内部的活动及其实效，关注学生是否真的在学习。

该教师专业发展阶段理论提出教师专业发展的非关注阶段具有重要意义。根据该理论，早年成长史为教师专业发展奠定了重要基础，为一个人成为优秀教师提供了重要的潜质。因此，职前教师教育机构在招生过程中应重视面试环节，加大对考生所具有的教师潜质的考查。与富勒的教师专业发展阶段理论一样，该理论对于教师专业发展后两个阶段的时间划分也不够具体。另外，该教师专业发展阶段理论对于研究方法的阐述也不够明确。

---

① 叶澜、白益民、王枬等：《教师角色与教师发展新探》，278～299 页，北京，教育科学出版社，2001。

(三)伯利纳的教师专业发展阶段理论

美国学者伯利纳通过实证研究把教师专业发展分为以下五个阶段。[①]

1. 新手教师阶段

新手教师是指那些经过系统的师范教育而刚刚走上教学工作岗位的教师，所处的时间阶段为入职第一年。新手教师的主要特征是：他们通常是理性的，在分析和思考的基础上处理问题；他们处理问题时缺乏灵活性，常常刻板地依赖特定的规范和计划。

2. 熟练新手教师阶段

随着知识和经验的积累，新手教师经过 2~3 年的时间逐渐成为熟练新手。熟练新手的主要特征是：实践经验和书本知识逐渐整合，他们开始掌握教学过程的内在联系；教学方法和策略方面的知识和经验有所提高，处理问题时表现出一定的灵活性；经验对教学行为的指导作用提高，但他们还不能很好地区分教学情境中的重要信息和无关信息；对自己的教学行为还缺乏一定的责任心。

3. 胜任型教师阶段

大部分熟练新手教师经过 3~4 年的时间就能够成为胜任型教师。胜任型教师的主要特征是：他们的教学行为有明确的目的性；能够区分出教学情境中的重要信息，并选择有效的方法或手段，以达成教学目标；他们对自己的行为结果表现出更强的责任心，对于成功或者失败表现出强烈的情绪反应。

4. 业务精干型教师阶段

经过 5 年左右的时间，有相当部分的胜任型教师会成为业务精干型教师。其主要特征是：具有较强的直觉判断能力。由于在长期的教学实践中积累了丰富的经验，他们对教学中出现的与以往教学情境类似的情况能够根据直觉进行观察和判断，并做出恰当的反应。其教学技能接近认知自动化的水平。在教学活动中，他们不需要太多的有意识的努力，就能够对教学情境做出准确判断和有效处理，但尚未达到完全认知自动化的水平。他们的教学行为已经达到快捷、流畅、灵活的程度，这是积累了丰富的知识和经验的结果。

5. 专家型教师阶段

经过努力，部分业务精干型教师能够发展为专家型教师。其主要特征是：他们观察教学情境和处理问题可不假思索，他们不需要进行仔细的分析和思考，凭借经验就能够准确地发现问题，并采取恰当的解决方法。他们的教学技能完全自动化。他们对教学问题的解决不仅达到了快捷、流畅和灵活的程度，而且达到了完全自动化的水平。在没有意外发生的情况下，他们不需要有意识的努力就能够处理教学中的各种问题。

---

① 张学民、申继亮：《国外教师教学专长及发展理论述评》，载《比较教育研究》，2001(3)。

在一般情况下，他们很少使用反省思维。只有问题的结果与预期不一样，他们才会对问题进行反思。

伯利纳的教师专业发展阶段理论比较明确地界定了教师专业发展过程的时间段。由于我国教育实践界通常把教师专业发展分为新手教师、合格教师、骨干教师和专家型教师等阶段，该划分方法与伯利纳的教师专业发展阶段理论所使用的概念颇为相似，因此伯利纳的教师专业发展阶段理论对于深入理解我国教师专业发展阶段具有重要指导意义。与前两个理论一样，在伯利纳的教师专业发展阶段理论看来，教师专业发展是直线上升的。然而，事实并非如此，教师专业发展会出现波折，甚至倒退。因此，该理论对教师专业发展阶段的描述不够全面和客观。

二、"曲折型"教师专业发展阶段理论

"曲折型"教师专业发展阶段理论认为，教师专业发展的过程不是直线上升的，教师在专业发展的某个阶段可能会出现停顿，甚至出现倒退。经过努力，教师在该阶段之后可能会继续实现专业发展。"天若有情天亦老，人间正道是沧桑。"任何事物的发展过程都不会一帆风顺，出现波折是正常现象，教师专业发展过程也是如此。在此介绍该方面的三个研究成果。

(一)卡茨的教师专业发展阶段理论

美国学者卡茨通过问卷调查和访谈，将教师专业发展阶段分为以下四个时期。①

1. 存活期

该阶段为教师入职时期，持续一到两年。在该阶段，教师对教学的设想与现实情况存在差距，教师关心自己在陌生的环境中能否生存。该阶段的教师迫切需要得到教学技术方面的帮助。

2. 巩固期

这一阶段持续到第三年。在该阶段，教师有了比较丰富的处理教学问题的经验，并开始巩固所获得的教学经验。教师关注个别学生，思考如何有效地帮助学生。该阶段的教师还需要专家、同事和学校领导提供帮助和建议。

3. 更新期

该阶段持续到第四年年底。在该阶段，教师的专业发展出现波折，教师对机械重复的工作感到厌倦，试图寻找新的方法和技巧。在该阶段，教师需要参加研究会，加入教师专业组织，参加进修活动，以学习新的经验、技巧和方法。

① 罗蓉、李瑜：《教师专业发展：理论与实践》，76页，北京，北京师范大学出版社，2012。

4. 成熟期

该阶段延伸到第五年及以后。在该阶段，教师已习惯于自身的角色，能够深入探讨一些教育问题。该阶段的教师适合参加各种促进教师专业发展的活动，包括参加各种研究会，加入教师团体，进修学位，收集并阅读各种教育资料与信息等。

卡茨的教师专业发展阶段理论认为，教师在专业发展过程中存在厌倦时期。该理论比较客观地描述了教师专业发展的曲折性，并对教师专业发展过程的时间进行了明确的划分。该理论的不足之处主要表现为，在该理论看来，教师工作五年之后就进入成熟期，而在其后漫长的职业生涯中似乎不再继续发展。显然，这不符合事实。教师专业发展是持续整个职业生涯的过程。另外，在该理论看来，教师在经过更新期之后必然会走向成熟期，然而事实也并非如此。只有经过必要的努力和恰当的帮助，这一情况才会出现。

(二)休伯曼的教师专业发展阶段理论

休伯曼等人通过对瑞士教师的调查研究，把教师专业发展阶段分为以下几个时期。[①]

1. 入职期

该阶段的时间是教师入职后1～3年，这一阶段为教师的"求生和发现期"。在该阶段，教师一方面由于初为人师，有了属于自己的班级、学生和教学方案，因而积极工作，充满热情；另一方面对复杂的课堂教学感到无所适从，产生理想与现实的失落，急切希望获得实用的教学技能。

2. 稳定期

该阶段的时间是教师入职后4～6年。在该阶段，教师逐渐适应了课堂教学，并可根据实际教育情境以及自己的个性特征探索自己的教学风格。此时的教师对工作比较投入，由关注自己转向关注教学活动，不断改进教学技能，情绪较为稳定。

3. 实验或重估期

该阶段的时间是教师入职后7～25年。在该阶段，教师专业发展出现挫折，不同的教师走上不同的专业发展道路。第一类教师不满于现状，积极进行改革，进行实验，且其改革取得成功。这一类教师专业发展比较顺利。第二类教师满足于现状，对年复一年的课堂生活感到单调乏味，感到厌烦，出现职业倦怠，甚至怀疑自己当初的职业选择。第三类教师虽然积极进行改革，进行实验，但其改革连续受挫。这些教师的专业发展结果同第二类教师相似。在这一阶段，多数教师的专业发展出现危机。

4. 平静或保守期

该阶段的时间是教师入职后26～33年。在该阶段，教师专业发展也出现分化。一

① 连榕：《教师专业发展》，184～185页，北京，高等教育出版社，2007。

部分教师在经历了实验或重估期后，较好地解决了职业倦怠问题。这些教师变得平静，能够更为轻松地完成教学任务，也更有信心。但随着职业与其目标的逐渐实现，这些教师的志向水平开始下降，对教学工作投入也减少，与学生的关系疏远，对学生行为和作业的要求严格。另一部分教师则由于职业倦怠问题没有得到很好解决而变得更加保守，充满抱怨。他们可能会抱怨学生不好，抱怨公众对教育的态度消极，抱怨年轻教师工作不认真等。

5. 退出教职期

该阶段的时间是教师入职后 34～40 年。在这一阶段，教师的专业发展也会产生分化。一部分教师对自己的专业发展比较满意，心情平静；也有些教师由于认为自己没有得到理想的专业发展而伤感。

休伯曼的教师专业发展阶段理论体现了教师专业发展过程的曲折性和复杂多样性，对教师专业发展过程进行了相当全面的概括，对教师在整个职业生涯中的专业发展过程也进行了全程性的描述，且明确界定了不同发展阶段的时间。该理论的不足之处是，对教师专业发展阶段的时间界定过于固定。

(三)申继亮的教师专业发展阶段理论

我国学者申继亮通过对中学教师的访谈，将教师专业发展分为以下四个阶段。[①]

1. 学徒或熟悉教学阶段

该阶段的持续时间是教师入职后 3～5 年。该阶段的主要特点是教师不了解教学，主要任务是熟悉教学内容、教学过程、教学对象和教学任务，以适应环境。

2. 成长或个体经验积累阶段

该阶段的持续时间是 5～7 年。该阶段的主要特点是，教师具备一定的教学能力，主要任务是积累个体经验。在该阶段，教师能够独立、熟练地从事教学，并逐渐形成自己的教学风格，发展出自己的特色。

3. 反思和认识理论阶段

该阶段的持续时间不等。该阶段的主要特点是，教师已经具有丰富的教学经验，工作上驾轻就熟，心态平和稳定，但比较容易满足现状，可能出现职业倦怠。该阶段的主要任务是教师深刻领会理论，接受新知识和新技术。

4. 学者阶段

该阶段的持续时间也不等。该阶段的主要特点是，教师具有较强的教学监控能力和反思能力。一部分教师摆脱前一阶段的麻木和满足，继续成长，学识不断丰富，教学监控能力和反思能力进一步提高，并在不断开展科研的过程中使教育能力达到炉火

---

① 朱旭东：《教师专业发展理论研究》，317 页，北京，北京师范大学出版社，2011。

纯青的地步，从而成为一名学者型教师。

该理论对教师专业发展阶段的时间划分比较明确，比较客观地描述了教师专业发展过程的曲折性和复杂性。该理论把教师专业发展的最高阶段界定为学者阶段，可能不够准确。学者未必是良师。在通过开展科研提高教育能力的过程中，科研活动应是手段，教育能力是根本。

概括来说，"曲折型"教师专业发展阶段理论更符合教师专业发展的实际情况，对教师专业发展过程更具有解释力，更能为教师专业发展提供有效的帮助和建议。然而，该理论对教师专业发展的方向引领和积极鼓励作用不够重视。

第二节
教师专业发展阶段的制度要求

教师专业发展阶段的制度要求是指，教育行政管理部门或教师专业组织从制度层面对教师专业发展阶段的划分以及对处于不同专业发展阶段的教师所提出的具体要求。教师专业发展阶段的制度要求采取"直线型"教师专业发展取向，它具有更强的引导作用。因为制度具有强大、直接、显著的权威性，所以教师专业发展阶段的制度要求对于教师专业发展的促进和激励作用明显。有关教师专业发展的制度包括教师资格证书制度、教师教育机构认证制度、教师教育课程标准、教师职称制度、教师聘任制度、校本培训制度、教师专业标准等多种制度。其中，与教师专业发展阶段密切相关的制度主要有教师职称制度和教师专业标准。本节主要从我国教师职称制度和美国分级型教师专业标准来阐述教师专业发展阶段的制度要求。

一、我国教师职称制度对教师专业发展阶段的划分

中小学教师职称制度是我国教师专业发展制度的一个特色，促进教师专业发展是该制度的根本功能之一。人力资源和社会保障部与教育部印发的《关于深化中小学教师职称制度改革的指导意见》，根据职称把中小学教师专业发展分为三级教师、二级教师、一级教师、高级教师和正高级教师五个阶段，并对处于每个专业发展阶段的教师提出了具体要求。

(一)三级教师

《关于深化中小学教师职称制度改革的指导意见》对教师专业发展阶段的划分是从

教师入职一年之后开始的。它把教师入职第一年称为见习期，在见习期，教师没有职称。一年见习期满并考核合格后，具有大学专科学历的教师被评为三级教师职称。

《关于深化中小学教师职称制度改革的指导意见》对三级教师的要求主要包括两个方面。

一是德育方面的要求，即基本掌握教育学生的原则和方法，能够正确教育和引导学生。

二是教学方面的要求，即具有教育学、心理学和教学法的基础知识，基本掌握所教学科的专业知识和教材教法，能够完成所教学科的教学工作。

三级教师虽然在专业知识和专业能力方面还有不足，但已经能够履行《中华人民共和国教师法》所规定的教书育人的职责了。

(二)二级教师

因为《关于深化中小学教师职称制度改革的指导意见》规定，具备硕士学位或者具备学士学位或者大学本科毕业学历，见习一年期满并考核合格后的教师被评为二级教师职称，所以大学本科毕业的教师不参加三级教师职称评审，而是在一年见习期满并考核合格后直接被评为二级教师。二级教师又被称为初级教师。

《关于深化中小学教师职称制度改革的指导意见》对二级教师的要求主要包括三个方面。

一是德育方面的要求，即比较熟练地掌握教育学生的原则和方法，能够胜任班主任、辅导员工作，教育效果较好。与三级教师该方面的素质要求相比较，二级教师的德育素质增加了能够胜任班主任、辅导员工作。

二是教学方面的要求，即掌握教育学、心理学和教学法的基础理论知识，具有所教学科必备的专业知识，能够独立掌握所教学科的教学大纲、教材，正确传授知识和技能，教学效果较好。与三级教师该方面的素质要求相比较，二级教师的教学素质更高，教学效果更好。

三是研究方面的要求，即掌握教育教学研究方法，积极开展教育教学研究和创新实践。这里的教育教学研究通常简称为"教研"，它以教师自己的教育教学实践为主要研究对象，目的是有效地解决自己在教育教学实践中遇到的问题，改进自己的教育教学方式和方法，提高自己的教育教学质量。

(三)一级教师

一级教师又称中级教师。关于一级教师的学位、学历和任职时间，《关于深化中小学教师职称制度改革的指导意见》规定：具备博士学位；或者具备硕士学位，并在二级教师岗位任教 2 年以上；或者具备学士学位或者大学本科毕业学历，并在二级教师岗位任教 4 年以上；或者具备大学专科毕业学历，并在小学、初中二级教师岗位任教 4 年以上；或者具备中等师范学校毕业学历，并在小学二级教师岗位任教 5 年以上。

《关于深化中小学教师职称制度改革的指导意见》对一级教师的要求主要包括四个方面。

一是德育方面的要求，即具有正确教育学生的能力，能根据所教学段学生的年龄特征和思想实际，进行思想道德教育，有比较丰富的班主任、辅导员工作经验，并较好地完成任务。与二级教师相比较，一级教师的班主任、辅导员工作经验应该更为丰富。

二是教学方面的要求，即对所教学科具有比较扎实的基础理论和专业知识，独立掌握所教学科的课程标准、教材、教学原则和教学方法，教学经验比较丰富，有较好的专业知识技能，并结合教学开展课外活动，开发学生的智力和能力，教学效果好。与二级教师相比较，一级教师不仅课堂教学效果更好，而且要能够有效地组织学生开展课外活动。

三是研究方面的要求，即具有一定的组织和开展教育教学研究的能力，并承担一定的教学研究任务，在素质教育创新实践中积累了一定经验。与二级教师相比较，一级教师应该开展课题研究。在课题研究中，他们主要扮演参与者角色，承担部分课题研究任务。他们所进行的课题研究是与自身实践密切结合的教育教学研究课题，主要目的是改进实践。

四是指导新教师方面的要求，即在培养、指导三级教师提高业务水平和教育教学能力方面做出一定成绩。这是二级教师不具有的专业素质，它赋予一级教师运用自己的知识和经验帮助新教师专业发展的任务。

(四)高级教师

关于高级教师的学位、学历和任职时间，《关于深化中小学教师职称制度改革的指导意见》规定：具备博士学位，并在一级教师岗位任教 2 年以上；或者具备硕士学位、学士学位、大学本科毕业学历，并在一级教师岗位任教 5 年以上；或者具备大学专科毕业学历，并在小学、初中一级教师岗位任教 5 年以上。城镇中小学教师原则上要有 1 年以上在薄弱学校或农村学校任教经历。

《关于深化中小学教师职称制度改革的指导意见》对高级教师的要求主要包括四个方面。

一是德育方面的要求，即根据所教学段学生的年龄特征和思想实际，能有效进行思想道德教育，积极引导学生健康成长，比较出色地完成班主任、辅导员等工作，教书育人成果比较突出。与一级教师相比较，高级教师的班主任、辅导员工作应该更为优秀。

二是教学方面的要求，即具有所教学科坚实的理论基础、专业知识和专业技能，教学经验丰富，教学业绩显著，形成一定的教学特色。与一级教师相比较，高级教师的教学效果不仅非常优秀，而且应该基本形成自己的教学风格。

三是研究方面的要求，即具有指导与开展教育教学研究的能力，在课程改革、教学方法等方面取得显著的成果，在素质教育创新实践中取得比较突出的成绩。与一级教师相比，高级教师不仅应该能够自己开展课题研究，而且应该能够指导年轻教师开展研究。高级教师的研究仍然以教育教学实践研究为主，通过研究，取得更为显著的实践成果。

四是指导年轻教师方面的要求，即胜任教育教学带头人工作，在指导、培养二级、三级教师方面发挥了重要作用，取得了明显成效。与一级教师相比，高级教师指导的年轻教师既包括三级教师，又包括二级教师，且指导效果应该更为显著。

（五）正高级教师

《关于深化中小学教师职称制度改革的指导意见》对正高级教师的学位、学历和任职时间的要求相对较为宽松。该要求是：一般应具有大学本科及以上学历，并在高级教师岗位任教 5 年以上。借鉴西方发达国家教师专业发展的制度经验，为了鼓励优秀教师接受更多的职前教师教育和在职教师教育，进而提升自身专业发展水平，我国正高级教师的学历要求应适当提高。

《关于深化中小学教师职称制度改革的指导意见》对正高级教师的要求主要包括四个方面。

一是德育方面的要求，即具有崇高的职业理想和坚定的职业信念，长期工作在教育教学第一线，为促进青少年学生健康成长发挥了指导者和引路人的作用，出色地完成班主任、辅导员等工作任务，教书育人成果突出。与高级教师相比，正高级教师的班主任、辅导员工作应该非常优秀。

二是教学方面的要求，即深入系统地掌握所教学科课程体系和专业知识，教育教学业绩卓著，教学艺术精湛，形成独到的教学风格。与高级教师相比，正高级教师不仅教学效果优异，而且应该形成自己稳定的教学风格。

三是研究方面的要求，即具有主持和指导教育教学研究的能力，在教育思想、课程改革、教学方法等方面取得创造性成果，并广泛运用于教学实践，在实施素质教育中，发挥了示范和引领作用。与高级教师相比，正高级教师的研究不仅要取得突出的实践成果，而且要取得具有普遍指导意义的理论成果，形成自己的教育思想。

四是指导年轻教师方面的要求，即在指导、培养一级、二级、三级教师方面做出突出贡献，在本教学领域享有较高的知名度，是同行公认的教育教学专家。与高级教师相比较，正高级教师指导的教师既包括三级教师、二级教师，又包括一级教师，且指导效果非常好。

综上，《关于深化中小学教师职称制度改革的指导意见》对教师专业发展阶段的划分及其对不同发展阶段的教师所提出的要求有以下特点。

首先，《关于深化中小学教师职称制度改革的指导意见》对教师专业发展阶段的时间划分非常具体。虽然不同的教师由于主客观条件存在差异，获得某一职称的时间可能会推后，也可能会提前（如破格获得某一职称），但是，该制度对教师不同专业发展阶段的时间给出了较为合理的标准。

其次，《关于深化中小学教师职称制度改革的指导意见》对教师在不同专业发展阶段的专业素质领域的要求非常明确。该制度根据教师专业发展的不同阶段，将教师专业素质的领域由德育素质和教学素质逐步扩展到研究素质、指导其他教师素质。在专业素质领域的要求方面，该制度充分重视德育素质和教学素质，体现了教师的教书育人的职业使命。

最后，《关于深化中小学教师职称制度改革的指导意见》对教师在不同专业发展阶段的专业素质水平的要求非常明确。无论是在德育方面、教学方面、研究方面，还是在指导其他教师方面，其专业素质水平都有明确的要求。例如，在研究素质水平方面，高级教师的研究目的主要是能够取得更为显著的实践成果，而正高级教师在此基础上则要取得具有普遍性的理论成果。

二、美国分级型教师专业标准对教师专业发展阶段的划分

教师专业标准是教育行政管理部门或教师专业组织制定的有关教师专业素质的制度性文件，是对教师专业素质的具体要求。在教师专业标准方面，西方发达国家更为成熟，一个重要表现是它们的教师专业标准属于分级型教师专业标准，即它们制定出了不同级别的教师专业标准，对处在不同专业发展阶段教师的专业素质提出了明确要求。例如，英国制定了合格教师专业标准、新教师入职标准、资深教师标准和高级技能教师标准。澳大利亚制定了毕业阶段教师专业标准、胜任阶段教师专业标准、成熟阶段教师专业标准、领导阶段教师专业标准。比较来说，美国教师专业标准更为完善。"美国在教师专业标准的研究、制定和实施上都走在世界前列，其教师专业标准有全国性的教师专业标准和州级范围的教师专业标准。"[1]在此主要介绍美国全国性的分级型教师专业标准对教师专业发展阶段的划分及其对不同专业发展阶段教师的专业素质所提出的要求。[2]

---

① 张治国：《美国四大全国性教师专业标准的比较及其对我国的借鉴意义》，载《外国教育研究》，2009(10)。
② 熊建辉：《教师专业标准的国际经验》，43～54页，北京，北京师范大学出版社，2014。

(一)职前教师

这里的职前教师指的是教师教育机构培养的尚未入职的准教师。美国职前教师专业标准由美国全国教师教育认证委员会制定。该标准分为总标准和学科标准两部分。

美国职前教师专业发展总标准包括以下六条要求。

①熟悉学科内容。

②具有明确有效的教学策略。

③能够反思自己的教学实践并调整自己的教学。

④能从不同的文化背景角度给学生提供教学。

⑤接受教学导师的监督。

⑥能把教育技术应用于教学中。

美国全国教师教育认证委员会根据上述总标准制定了小学教育、环境教育、健康教育、数学教育、阅读教育、科学教育、社会教育、外语教育等22套学科教师专业标准。对准备任教不同学段、不同学科的职前教师的专业素质提出了具体要求。

(二)新教师

这里的新教师指的是已经入职但尚未拿到永久性教师资格证的教师,新教师的时间跨度一般为入职后一至二年。美国新教师专业标准由美国州际新教师评估与支持联合会制定。该标准分为核心标准和学科标准两部分,经过评估,达到该标准的新教师获得永久性教师资格证。

该标准的核心标准包括以下十条。

①学科知识:教师要基本掌握本学科的核心概念、探询工具和知识结构,并为学生创造学习经历,使学生感到上述各方面的学习有意义。

②学生学习:教师要了解不同年龄阶段学生的学习方法以及发展特点,并能提供有利于学生智力、社会和个人发展的学习机会。

③学生的多样性:教师要了解学生学习方法的差异性,并能创造相应的教学机会,以适应不同文化背景和个体差异的学生。

④教学策略:教师要熟悉并使用各种教学策略来激励学生批判性思维能力、解决问题能力和表现能力的发展。

⑤学习环境:教师要了解并利用学生的个体和群体动机以及学生的个体和群体行为,以便营造一个有利于鼓励学生与社会保持正面互动、主动参与学习和加强内在动力的学习环境。

⑥交流手段:教师要善于利用有效的言语、非言语以及媒体通信手段,营造一个积极探询、相互合作和相互支持的课堂氛围。

⑦教学计划：教师要根据学生、班级、学科知识和课程目标来规划和管理教学。

⑧评价策略：教师要掌握并使用正式和非正式的评价策略对学生进行评价，以确保学生的智力、体力和社会能力的持续发展。

⑨教师的反思与专业发展：教师在实践过程中要不断地反思自己——评价自己的内容选择与教学行为对别人（学生、家长以及其他人）的影响，同时还要主动寻找有利于专业发展的机会。

⑩合作关系：为了支持学生的学习和发展，教师要保持与学生家长或监护人、同事以及社区的联系与往来。

美国州际新教师评估与支持联合会根据上述核心标准制定了艺术教育、小学教育、英语教育、外语教育、科学教育、社会教育和特殊教学等 8 个具体学科的教师专业标准。

(三)优秀教师

美国优秀教师专业标准由美国国家教师专业教学标准委员会制定，该标准由核心建议和学科教师专业标准两部分构成。

美国优秀教师专业标准的核心建议包括以下五条。[1]

1. 教师应该致力于学生的发展和学习

教师致力于让所有的学生都能够获得知识，他们相信所有学生都有学习能力。他们平等对待每一位学生。他们认识到每一位学生的个体差异，并在教学实践中考虑这种差异。教师了解学生的发展和学习，尊重学生的文化差异和不同家庭背景。他们关注学生的自我意识、动机以及同伴关系对学习的影响。他们也关注学生性格以及公民责任感的发展。

2. 教师知道所教学科领域的知识以及该学科的教学方法

教师熟练掌握本学科的知识，深刻了解本学科的历史、结构，并知道如何将本学科知识应用于现实生活。他们具有教授本学科的技能和经验，非常熟悉学生对于本学科的技能差距以及事先形成的观点和偏见。他们能够运用各种不同的教学策略来教学。

3. 教师负责学生学习的管理和监测

教师能够进行有效教学。他们掌握一系列教学技巧，并知道如何恰当地运用这些技巧激发学生的动机、保持学生的注意力，使学生积极投入学习中。他们知道如何营造和保持教学环境，以便吸引和维持学生的学习兴趣。他们知道如何组织教学来达到教学目标，知道如何对个体学生和全班学生的进步进行评价。他们使用多种方法来评

---

① 陈德云、周南照：《教师专业标准及其认证体系的开发：以美国优秀教师专业标准及认证为例》，载《教育研究》，2013(7)。

价学生的成长和对知识的理解，并且能向学生家长清楚地解释学生的表现情况。

4. 教师能够对自己的教学实践进行系统思考，并从经验中学习

教师应该是受过良好教育的典范，他们喜欢学习、善于质疑、具有创造力、乐于尝试新事物。他们熟悉学习理论和教学策略，了解美国教育界的最新动向。他们能够对自己的教学实践进行批判性反思，以加深知识理解，拓展教学技能，并将新的发现用于教学实践。

5. 教师是学习共同体的成员

教师与他人一起促进学生学习。他们是带头人，知道如何寻求和建立与社区等的伙伴关系。他们与其他专业人员一起，参与教育政策制定、课程开发、专业发展等工作。他们能够评价学校的进步和资源的分配，以达到州或者地方教育目标。他们知道如何与家长合作，使他们有效参与到学校工作中。

根据上述核心建议，美国国家教师专业教学标准委员会针对学段和教师任教学科制定了小学英语、初中数学、高中体育等30套具体的优秀学科教师专业标准。

(四)杰出教师

美国杰出教师专业标准由美国优质教师证书委员会制定，旨在招募、证明和支持杰出教师。该标准包括杰出教师专业素质的一级指标和杰出学科教师专业标准。

美国杰出教师专业标准的一级指标有以下四个。

①扎实的学科知识。

②出色的专业化概念和领导水平。

③优秀的教学实践。

④对学生学习的巨大正面影响力。

根据上述一级指标，美国优质教师证书委员会制定了生物、化学、小学教育、英语、一般科学、数学、物理、特殊教育等12个学科的杰出教师专业标准。

在以上四个分级型教师专业标准中，前三个得到普遍认可，最后一个还有待完善。

三、我国教师职称制度与美国分级型教师专业标准对不同专业发展阶段教师要求的异同

我国教师职称制度与美国分级型教师专业标准对不同专业发展阶段教师的要求既有多方面的共同之处，又有多方面的明显差异。二者的共同之处主要在于，它们在对不同发展阶段教师专业素质的要求中都非常重视教师的学科专业知识、教学专业知识、教学效果和实践反思。教师的学科专业知识、教学专业知识既可以通过理论学习而获得，又可以通过实践学习而获得，而实践学习的最佳途径就是实践反思。正如林崇德

教授所指出的那样，"优秀教师＝教育过程＋反思"①。教师通过实践反思获得的主要是教学经验。如果教师既有通过理论学习而获得的学科专业知识、教学专业知识，又有通过实践反思而获得的教学经验，那么教师就能够更好地保证教学效果。我国教师职称制度与美国分级型教师专业标准都强调不同专业发展阶段教师在教学方面的专业素质。由于教学工作是学校教育的中心工作，因此，它们都很好地体现了教学在教师工作中的重要性。

我国教师职称制度与美国分级型教师专业标准对不同专业发展阶段教师要求的差异主要表现在以下方面。

首先，我国教师职称制度对不同专业发展阶段教师的要求不仅重视教学方面的素质，而且重视德育方面的素质，而美国分级型教师专业标准对不同专业发展阶段教师的要求仅重视教师教学方面的素质，不重视教师德育方面的素质。教育的根本任务是立德树人，教师德育方面的素质是完成教育根本任务的必要条件。我国教师职称制度对不同专业发展阶段教师的要求重视教师德育方面的素质既是我国优秀教育传统的体现，也是我国当代教育发展的现实需要。

其次，我国教师职称制度对不同专业发展阶段教师的要求重视教师对其他教师的指导素质，而美国分级型教师专业标准对不同专业发展阶段教师的要求重视教师的合作素质。笔者认为，教师之间的合作要比教师之间的指导更为重要。教师之间的合作更有助于教师建立起平等的同事关系，更有助于教师同伴互助，共同发展。

再次，我国教师职称制度对不同专业发展阶段教师的要求重视教师的课题研究，而美国分级型教师专业标准对不同专业发展阶段教师的要求重视教师的实践反思。笔者认为，实践反思可能是教师的一种更为重要的研究类型，它与教师促进学生全面发展的根本工作职责更为切近。而教师的课题研究虽然也与教育实践紧密结合，但是，课题研究内在地存在着与教育教学实践相分离的倾向，当课题研究有明确的理论成果目标时更是如此。当前许多中小学教师在撰写课题论证报告过程中所遇到的诸多困难就能够在一定程度上说明这一点。因此，在大力倡导"教师成为研究者"的时代背景下，把实践反思作为教师的重要研究类型可能更为恰当。当然，有效的实践反思也需要渗透科学理论。假如把行动研究作为教师研究的一种重要方法，那么教师一定要恪守"为了行动、通过行动、在行动中"的行动研究基本原则，把提高实践质量、促进教师专业发展作为行动研究的根本追求。国际行动研究的主要倡导者埃利奥特在《指向教育变革的行动研究》一书中认为，行动研究旨在提高社会具体情境中的行动质量，是对该社会情境的研究，并强调指出，"行动研究的基本目的是改进实践而不是构建理论"②。而我

---

① 林崇德：《教育的智慧：写给中小学教师》，36页，北京，北京师范大学出版社，2005。
② 转引自刘良华：《校本行动研究》，154页，成都，四川教育出版社，2002。

国中小学教师的课题研究往往有公开发表若干篇某种级别刊物论文的明确要求,该要求类似于对高校教师的课题研究要求,难以体现中小学教师课题研究的特殊性。

最后,我国教师职称制度对不同专业发展阶段教师的要求只有总的要求,而美国分级型教师专业标准对不同专业发展阶段教师的要求不仅有总的要求,而且有分学段、分学科的具体要求。虽然我国教师职称制度在实际执行中会考虑教师的学段性和学科性,但由于没有该方面明确而具体的要求,因而该要求在实际执行过程中不易操作,对不同阶段教师专业发展引导的针对性不强。因此,在完善我国教师职称制度时要重视制定不同专业发展阶段教师在学段和任教学科方面的具体要求,从而为教师专业发展提供更为具体的制度引导。

本章小结

本章从实然考察和制度要求两个角度对教师专业发展阶段进行了深入探讨。对教师专业发展阶段进行实然考察的学科视角主要属于心理学视角。心理学视角的研究多采用问卷、访谈、观察等实证研究方法,客观描述和概括教师专业发展的阶段和处于不同发展阶段的教师所具有的特征。心理学视角的教师专业发展阶段研究成果大致分为两类:一是"直线型"教师专业发展阶段理论,二是"曲折型"教师专业发展阶段理论。对教师专业发展阶段进行制度要求分析的学科视角主要属于教育学视角。教育学视角的教师专业发展阶段研究多采用演绎研究方法,根据心理学有关教师专业发展阶段的研究成果,阐述教师专业发展应该分为哪几个阶段以及教师在不同发展阶段应该达到的标准等。教育学研究者制定出多种有关教师专业发展阶段的制度文件,并借助教育行政管理力量加以落实,以推进教师专业发展。在我国,教师职称制度对教师专业发展阶段进行了明确划分,并提出了不同发展阶段的教师应该具备的专业素质;美国则主要通过分级型教师专业标准对处于不同专业发展阶段的教师提出了更为细致的应该具备的专业素质要求。

章后练习

1. 研究教师专业发展阶段的意义是什么?

2. 为什么研究教师专业发展阶段的学者主要是心理学家?

3. 你更认可"直线型"教师专业发展阶段理论,还是"曲折型"教师专业发展阶段理论?为什么?

4. 如何评价我国《关于深化中小学教师职称制度改革的指导意见》对不同

专业发展阶段教师所提出的要求？

5. 美国分级型教师专业标准对不同专业发展阶段的教师提出了不同的要求，你从中能够获得哪些启示？

延伸阅读

1. 张学民、申继亮：《国外教师教学专长及发展理论述评》，载《比较教育研究》，2001(3)。

2. 张治国：《美国四大全国性教师专业标准的比较及其对我国的借鉴意义》，载《外国教育研究》，2009(10)。

3. 钟祖荣、张莉娜：《教师专业发展阶段的调查研究及其对职后教师教育的启示》，载《教师教育研究》，2012(6)。

4. 陈德云、周南照：《教师专业标准及其认证体系的开发：以美国优秀教师专业标准及认证为例》，载《教育研究》，2013(7)。

5. 陈桃：《教师专业发展阶段及与之相适应的培训模式的构建》，载《中小学教师培训》，2016(3)。

6. 朱旭东：《教师专业发展理论研究》，北京，北京师范大学出版社，2011。

第五章

教师专业发展的影响因素

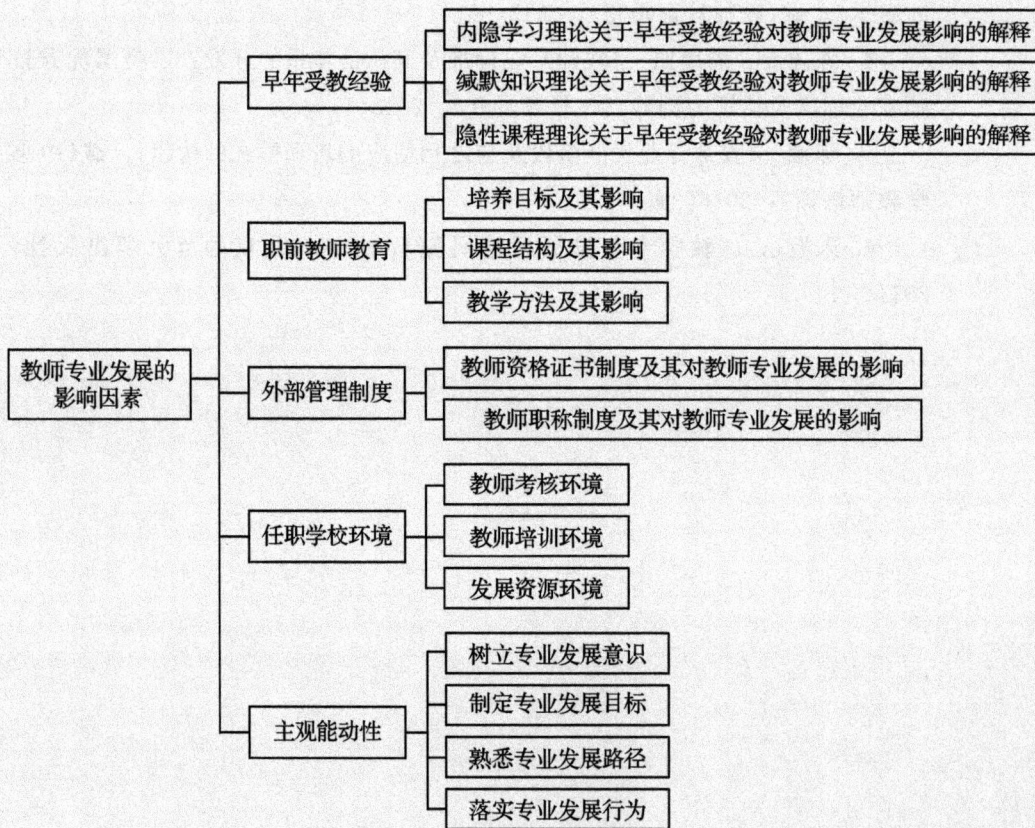

```
                                    ┌─ 内隐学习理论关于早年受教经验对教师专业发展影响的解释
                        早年受教经验 ─┼─ 缄默知识理论关于早年受教经验对教师专业发展影响的解释
                                    └─ 隐性课程理论关于早年受教经验对教师专业发展影响的解释

                                    ┌─ 培养目标及其影响
                        职前教师教育 ─┼─ 课程结构及其影响
                                    └─ 教学方法及其影响

教师专业发展的 ─┤                    ┌─ 教师资格证书制度及其对教师专业发展的影响
影响因素                  外部管理制度 ─┴─ 教师职称制度及其对教师专业发展的影响

                                    ┌─ 教师考核环境
                        任职学校环境 ─┼─ 教师培训环境
                                    └─ 发展资源环境

                                    ┌─ 树立专业发展意识
                        主观能动性   ─┼─ 制定专业发展目标
                                    ├─ 熟悉专业发展路径
                                    └─ 落实专业发展行为
```

章前导语

　　影响教师专业发展的因素是多方面的，其中既有内在因素，又有外在因素。深刻认识教师专业发展的影响因素对于促进教师专业发展具有基础性和先导性意义。只有充分了解教师专业发展的影响因素，明确认识到每种影响因素在教师专业发展中所起的作用及其性质，教师专业发展的相关人员，尤其是教师自身，才能恰当发挥各种影响因素的积极作用，从而有效促进教师专业发展。

第一节
早年受教经验

　　这里的早年受教经验是指，教师从儿童时期进入学校学习到开始接受职前教师教育这一阶段通过接受学校教育而获得的有关教师素质的经验。这些经验没有系统性，更说不上专业性，但是，对教师入职之后的专业发展具有重要影响。已有许多研究证明这种影响的存在及其具有的重要意义。

　　20世纪90年代，我国有学者对上海市优秀中学教师专业素质的形成时间进行了问卷调查研究。该调查的样本主要是指获得国家、市级荣誉称号的教师(包括国家及上海市劳模、优秀教育工作者以及特级教师和高级教师)和由各区县教研员推荐的学科骨干教师。该调查共发出问卷920份，收回有效问卷768份，回收率约为83.5%。[①] 调查发现，中学教师各种能力(包括对教学内容的处理能力、运用教学方法和手段的能力、教学组织和管理能力、语言表达能力、教学科研能力、教育机智、与学生交往能力)平均形成时间分布情况是："大学前"为 21.95%，"大学期间"为 12.74%，"职后"为65.31%。[②] 上述调查结果表明，在各种能力的形成方面，认为"大学前"更重要的人数几乎是认为"大学期间"更重要的人数的 2 倍。教师在大学前主要处于接受教育阶段，因此，其所获得的经验主要属于早年受教经验。关于这一阶段对教师专业发展的影响，费曼-内姆瑟在对有关研究进行归纳后认为，这一阶段对教师专业发展所产生的影响，即使正式的师范教育也难以匹敌。进入师范教育前所形成的"前科学"教育教学知识、

---

　　① 陆文龙：《中学优秀教师的成长与高师教育改革的调查研究报告》，载《上海师范大学学报(哲学社会科学版)》，1994(3)。

　　② 转引自连榕：《教师专业发展》，176～177页，北京，高等教育出版社，2007。

教师专业发展的影响因素

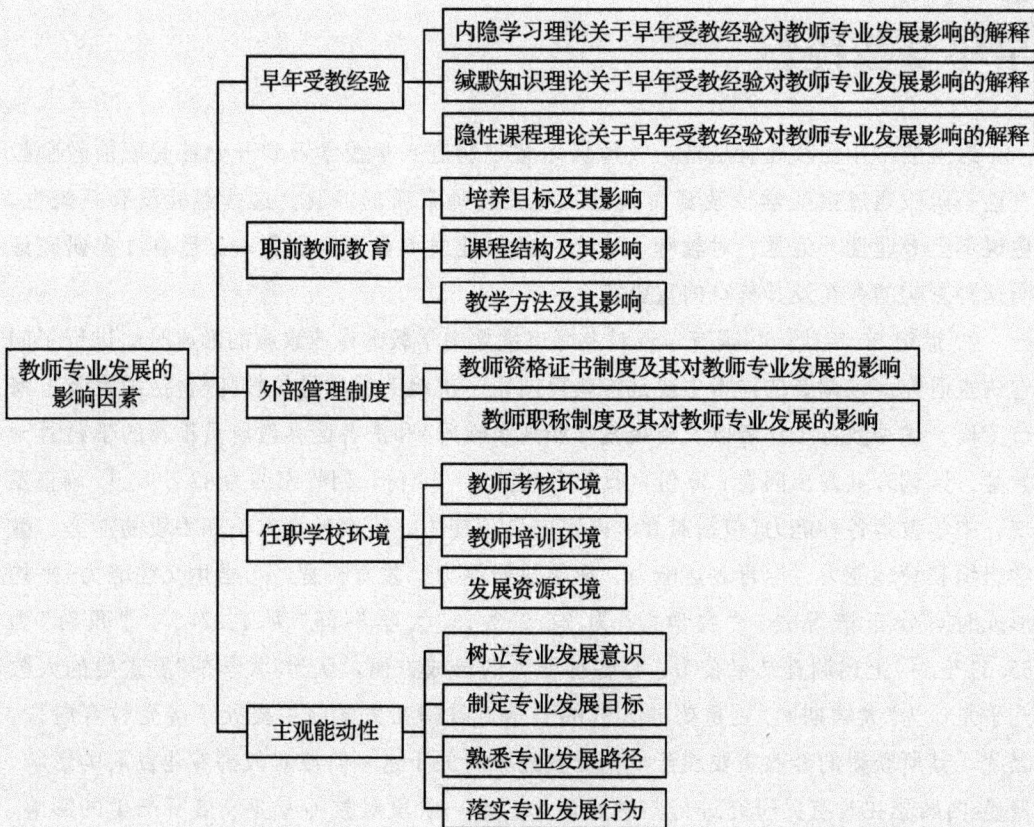

早年受教经验 ─┬─ 内隐学习理论关于早年受教经验对教师专业发展影响的解释
　　　　　　　├─ 缄默知识理论关于早年受教经验对教师专业发展影响的解释
　　　　　　　└─ 隐性课程理论关于早年受教经验对教师专业发展影响的解释

职前教师教育 ─┬─ 培养目标及其影响
　　　　　　　├─ 课程结构及其影响
　　　　　　　└─ 教学方法及其影响

教师专业发展的影响因素

外部管理制度 ─┬─ 教师资格证书制度及其对教师专业发展的影响
　　　　　　　└─ 教师职称制度及其对教师专业发展的影响

任职学校环境 ─┬─ 教师考核环境
　　　　　　　├─ 教师培训环境
　　　　　　　└─ 发展资源环境

主观能动性 ─┬─ 树立专业发展意识
　　　　　　├─ 制定专业发展目标
　　　　　　├─ 熟悉专业发展路径
　　　　　　└─ 落实专业发展行为

实践产生重要影响。

三、隐性课程理论关于早年受教经验对教师专业发展影响的解释

　　根据呈现形式不同，课程分为显性课程和隐性课程两类。显性课程也叫显在课程、正规课程、公开课程，指的是为实现一定的教育目标而被正式列入学校课程计划的各门学科以及有目的、有组织的课外活动；隐性课程也叫潜在课程、非正式课程、隐蔽课程，指学生在学校情境中无意识地获得的经验、价值观、理想等意识形态内容和文化影响。1968 年，美国学者杰克逊在《课堂生活》一书中首次正式提出隐性课程概念。学术界普遍认为隐性课程理论滥觞于杜威。杜威把隐性课程称为附带学习，他在《我们怎样思维·经验与教育》一书中指出："有一种意见认为，一个人所学习的仅是他当时正在学习的特定的东西，这也许是所有教育学中最大的错误了。关于形成忍耐的态度、喜欢和不喜欢等的附带的学习（collateral learning），比之拼音、地理或历史课的学习可能、而且往往是更为重要的。"[①]教师在早年受教过程中，所学习的其教师所教的内容属于显性课程，而所学习的其教师如何教的内容则属于隐性课程。入职后的教师对其以前教师的记忆更多的往往不是其教师所教的具体内容，而是其教师如何教的方法，并可能用其教师的教育方法来教育自己的学生。

　　教师早年受教经验就像弗洛伊德所说的潜意识那样，对其专业发展以及教育实践产生重要影响。然而，教师通过早年受教经验所获得的教育方面的知识、技能和观念既可能是正确的、先进的，又可能是错误的、落后的。因此，为了有效促进自身专业发展，教师有必要对自己的受教经验或成长史进行反思，在使其显性化的基础上，对其进行理性判断，明确认识到以前自己所认为的"好教师"是不是真的好、好在哪里、为什么好，以前自己所认为的"差教师"是不是真的差、差在哪里、为什么差。只有这样，教师才可能从自己的早年受教经验中获得促进自己专业发展的力量。

第二节
职前教师教育

　　从时间维度来说，教师教育大致分为职前教师教育、入职教师教育和在职教师教育三类，其中，最为系统和正规的教师教育是职前教师教育。根据教育学原理，在影

---

　　① ［美］约翰·杜威：《我们怎样思维·经验与教育》，姜文闵译，265 页，北京，人民教育出版社，2005。

响教师专业发展的诸因素中，职前教师教育起主导作用。在此，本节主要从培养目标、课程结构和教学方法三个方面来探讨职前教师教育对教师专业发展的影响。

一、培养目标及其影响

从职前教师教育角度来说，培养目标是指职前教师教育机构依据国家的教育目的、学校的性质与任务以及教师教育理念而提出的具体培养要求。它关注学校培养什么样的人这一根本问题。在当前职前教师教育领域，培养目标大致分为两种，它们对职前教师专业发展产生明显不同的影响。

第一种培养目标是技术熟练者。该培养目标认为，教师"基本上承担技术人员的角色，是用别人设计好的课程达到别人设计好的目标的知识传授者，是手段—目的的中介人。他们所能够关心而且必须关心的只是对于给定的教育目的和教育内容，在各种可能的完成途径中，确认哪一些具有相对更大的效用，以便在实践中予以选择与运用"[1]。把职前教师教育的培养目标定位为技术熟练者，意味着职前教师首先学习有关教育的基本理论，然后学习有关教育的技术（或技能），最后把理论指导下的技术进行实践练习，达到基本成熟的程度，进而入职，成为一个真正的教师。该培养目标的主要优点是，它有助于职前教师掌握有关教育的专门知识和专门技能，而这往往被认为是教师专业发展的核心特征。该培养目标的主要缺点是，它倾向于认为教师的教育实践是教育理论及教育技术的直接应用。然而，现实情况是几乎没有一位教师能够在教育实践的实施现场直接应用理论，甚至不能现场机械地运用专门技术。因此，在技术熟练者培养目标指导下，职前教师教育所培养出的新教师虽然掌握了许多专门理论与技术，但是他们仍然"不会"教育，不仅如此，他们还很容易得出可怕的实践感悟——"理论无用"。

第二种培养目标是反思性实践者。我国教育部于 2011 年印发的《教师教育课程标准（试行）》明确提出"教师是反思性实践者"。该培养目标认为，教育实践是一种情境性实践，它具有复杂、不确定、多变等特点。这些特点决定了教师的教育实践过程不是教育理论及技术的直接应用，教师必须通过反思开展教育实践。反思型教师的特征是发现并解决课堂实践中的问题，有意识地质疑自己对教学的假设和价值观，在教学中注意联系制度和文化情景，参与学校的课程开发，对自己的专业发展负责。教师更像是学习环境的创造者、学习的促进者、批判性的思考者以及诺丁斯所说的"关怀者"。[2] 把职前教师教育的培养目标定位为反思性实践者，这就意味着职前教师特别需

---

① 转引自周钧：《技术理性与反思性实践：美国两种教师教育观之比较》，载《教师教育研究》，2005(6)。
② 周钧：《技术理性与反思性实践：美国两种教师教育观之比较》，载《教师教育研究》，2005(6)。

要养成在实践中进行反思的意识和能力，从而灵活、机智地解决现场中的教育实践问题。把职前教师教育的培养目标定位为反思性实践者的主要优点是，它正确地描述了教育实践的生成性、情境性、灵活多变性，描述了教师在教育实践现场主要不是应用理论来解决实践问题，而是通过反思来解决问题。把职前教师教育的培养目标定位为反思性实践者的主要不足是，它容易使教师轻视理论对实践的指导价值。

二、课程结构及其影响

课程是指学生所应学习的学科总和及其进程与安排，它关注的是学校用什么内容来教育学生。课程改革一直是教育改革的核心主题之一。课程结构指的是为了实现培养目标，学校所开设的课程种类及其相互关系。

从政策角度说，当前职前教师教育课程一般分为普通教育课程（又称为通识教育课程）、学科专业课程和教育专业课程（又称为教师教育课程）三类。由于对教育专业课程的重视程度不断提高，学科专业课程和教育专业课程之间的比例逐渐合理，职前教师教育课程中的"师范性"和"学术性"之争趋于缓和，长期以来职前教师教育课程"重学术、轻师范"问题得到显著改善。一个明显的例子就是教育部印发的《教师教育课程标准（试行）》一方面指出"教师教育课程广义上包括教师教育机构为培养和培训幼儿园、小学和中学教师所开设的公共基础课程、学科专业课程和教育类课程"，另一方面又指出"本课程标准专指教育类课程"。客观地说，国家最高教育行政管理部门印发的具有权威性的教师教育课程标准仅仅关注"教育类课程"是不够全面的。我国教育部于2017年印发的《普通高等学校师范类专业认证实施办法（暂行）》规定：在《中学教育专业认证标准（第二级）》中，"通识教育课程中的人文社会与科学素养课程学分不低于总学分的10%，学科专业课程学分不低于总学分的50%"；在《小学教育专业认证标准（第二级）》中，"通识教育课程中的人文社会与科学素养课程学分不低于总学分的10%，学科专业课程学分不低于总学分的35%"。由此来看，从政策角度说，在职前教师教育课程结构中，学科专业课程和教育专业课程比例基本平衡。

从《普通高等学校师范类专业认证实施办法（暂行）》中，我们能够看出职前教师教育课程结构存在明显的失衡，那就是普通教育课程的比例严重不足。教师专业标准明确把通识性知识作为教师专业知识的一个重要组成部分，要求教师应该具有相应的自然科学和人文社会科学知识，了解中国教育基本情况，具有相应的艺术欣赏与表现知识，具有适应教育内容、教学手段和方法现代化的信息技术知识。这些通识性知识难度不大，需要全部掌握，它们对于教师来说是具有独特的专业性的。教师要掌握这些通识性知识，职前教师教育课程就需要开设大量的普通教育课程。日本职前教师教育课程中的普通教育课程门类包括政治、经济、社会等社会科学，哲学、历史、艺术等人文科学，数学、物理、化学、生物及地球科学等自然科学。美国四年制本科水平的师资培训课程中，包括英语、社会科学、人文科学、数学和自然科学、保健与体育等方面的普通教育课程在全部课程中占 40% 左右。[①] 在当前我国职前教师教育课程结构中，数学、物理、化学、生物、地球科学、艺术、社会等对教育实践来说有重要意义的普通教育课程严重缺乏，这就使得职前教师在专业知识方面的发展存在结构性缺陷。因此，从课程结构角度说，职前教师教育课程必须增加普通教育课程，从而为教师掌握广博的通识性知识奠定基础。

三、教学方法及其影响

这里的教学方法是广义上的，它关注的是职前教师教育如何培养教师。根据运用的地点不同，职前教师教育的教学方法大致可以分为课堂教学方法和实习方法两类。每类教学方法的具体运用状况都对教师专业发展产生重要影响。

(一)课堂教学方法及其对教师专业发展的影响

在我国职前教师教育中，课堂教学是实现培养目标的基本途径。我国职前教师教育课堂教学方法存在的主要问题是，具有很强的传统教育性质，它具有比较典型的"书本为中心、教师为中心、课堂为中心"特征。该方法通过教师的讲解，使学生获得系统的专业知识。这种讲解性的课堂教学方法有助于学生在短时间内获得大量系统的理论知识，它从专业知识角度对教师专业发展有一定的促进作用。然而，该方法的重大不足之处是，课堂学习往往远离教育实践，未来教师所获得的理论知识难以运用于实践，在学习过程中难以发展问题解决能力。

与讲解性课堂教学方法相比，案例教学方法对于教师专业发展有着特殊作用。案例教学是围绕一定的教育目的，把实践中真实的情境加以典型化处理，形成供学习者思考、分析和决断的案例(通常为书面形式)，通过独立研究和相互讨论的方式来提高学习者分析、解决问题能力的一种教学方法。案例教学法不是教师通过对理论的直接陈述而让学生获得理论，而是把教学内容分解为一个个的教学单位，每一个教学单位都以案例的形式表现出来。[②] 案例教学并不忽视专业知识，但它更重视学生在获得专业知识的同时提高分析和解决实践问题的能力。有研究者指出："在过去相当长一段时间中，我国师范教育和在职教师培训的效果之所以不能令人满意，在笔者看来其中一个重要的原因就是仅仅关注教育理念和普遍教育规律及原则的传递，而缺乏对学生进行

① 教育部师范教育司：《教师专业化的理论与实践》2 版，279～287 页，北京，人民教育出版社，2003。
② 洪明：《教师教育的理论与实践》，316～317 页，福州，福建教育出版社，2007。

复杂问题情境中解决真实教育问题的专门训练。"[1]因此，教师教育应该高度重视运用案例教学方法。我国职前教师教育虽然从理论、政策上重视案例教学方法，在课堂教学实践中，案例教学方法也得到一定程度的运用，然而，受传统教育的影响，案例教学方法存在不少需要解决的问题。譬如：学生对偏客观的考核点非常重视，却较为忽视思辨过程，故往往在学习过程中具有"作业完成式"思维；前期教师布置关于案例的预习作业，学生通常根据任务完成作业，缺乏扩散性的、有深度的思考；在课堂案例讨论过程中，学生倾向于跟随教师的引导完成讨论及展示，个人主动学习、分析的意识不够强。而大部分学生的精力及注意力重点放在了最后环节，即教师对案例的总结、"正确"答案及思路的公布上，缺少对整体案例的探索过程，更加关注最终得到的"标准"答案。学生对知识点的获取和实践问题的解决方案关注度高，但是对讨论的过程，尤其是如何进行理性论证、如何说服他人等能力的训练，关注比较少。[2]案例教学方法对于促进未来教师专业实践能力的提升具有重要促进作用，然而，它要在我国职前教师教育真正发挥作用，还有较长的路要走。

(二)实习方法及其对教师专业发展的影响

在我国职前教师教育中，教育实践课程越来越受到重视。《教师教育课程标准(试行)》指出，在四年制本科职前教师教育课程中，包括教育见习、教育实习在内的教育实践时间为18周；《普通高等学校师范类专业认证实施办法(暂行)》规定，包括教育见习、教育实习在内的教育实践时间不少于18周。职前教师的教育实践以教育实习为主，我国传统职前教师教育中的教育实习时间多为6~8周。从上述文件可以看出，在我国职前教师教育中，教育实习时间已经比以前有了大幅度的增加。与实习时间的长短相比，实习方法在一定程度上对职前教师专业发展的影响同样重要。

杜威把教育实习方法分为两种：一种是学徒制实习，另一种是实验制实习。在他看来，学徒制实习强调模仿和机械操练，不重视理论和创新。其目的是帮助实习生积累即时可用的教学技巧，旨在培养教书匠。该教育实习的假设是教学情境具有相似性，教学方法是既定的、现成的程序和做法，如果教师掌握了一套通用的课堂教学和管理技巧，那么便能够在所有教学环境中应用。而实验制实习把教育实习作为实验，其目的是促进教育理论的学习和掌握，旨在培养能够灵活适应不同教育教学情境的专业性教师。其假设是教学具有情境性、不确定性、复杂性和多维度性。教师每一个课堂教学决策的制定，都需要同时面对几十个个性特征不同的学生，关注到多种不同的教学目标，同时整合多种不同的知识类型。杜威明确反对学徒制实习，认为它导致实习生

---

① 傅维利：《教育问题案例研究》，前言，北京，人民教育出版社，2004。

② 牟晖、郝卓凡、陈婧：《中美案例教学法对比研究》，载《管理案例研究与评论》，2021(4)。

习惯的形成建立在没有经过合理性检验的经验而非科学基础之上，形成教学专业的最大敌人——教师的表里不一，牺牲了实习生的持续发展，并应该对教师缺乏智力独立性和表现出的智力奴性负责。而在实验制实习中，实习生不需要承担很多节课的教学，他应该就自身的教学工作及其取得的教育成效与专家教师进行批判性讨论。在这个阶段，指导教师应该给予实习生最大可能的自由。对实习生的监督不应该太严密，也不应该对他们的教学方法和内容进行太细微、太直接的批评，应该允许和鼓励实习生的智力创新。同时，指导教师应该让实习生对自身的工作进行批判，找出成功和失败的方面及其可能的原因。指导教师需要为实习生提供充足的时间，让他们从新环境中进行反思，提取有用的经验；需要让他们看到反思所依据的基本原理和原则。[1] 从培养反思性实践者这一目标出发，职前教师教育应该高度重视实验制实习。不仅强调教育实习时间，而且重视教育实习质量；不仅重视指导教师对职前教师实习指导的次数，而且重视指导教师对职前教师实习指导的方法。

第三节
外部管理制度

教师专业发展的外部管理制度主要是指教育行政部门所颁布的与教师专业发展有直接关系的管理制度，如教师入职前的普通高等学校师范类专业认证制度、教师教育课程标准等，教师入职阶段的教师资格证书制度、教师招聘制度等，教师在职阶段的教师职称制度、教师资格定期注册制度等。外部管理制度对于教师专业发展的促进作用具有以下三个特点。①简明性。教师专业发展的外部管理制度一般以书面条文形式呈现，它明确规定教师专业发展的相关主体应该做什么，而不对条文展开论述。②权威性。教师专业发展的外部管理制度往往借助行政权力乃至国家权力加以执行，因此，它具有较强的权威性。从某种程度上说，它具有一定的强制性。③利益性。教师专业发展的外部管理制度往往对符合制度要求的相关主体给予物质或精神方面的奖励，对不符合制度要求的相关主体给予某种形式的处罚。鉴于以上特点，外部管理制度对于教师专业发展具有重要导向作用，它是教师专业发展的重要外部动力。该方面的作用可以通过社会心理学实验——斯坦福监狱实验进行深入理解。在该实验中，对人的心理和行为产生巨大影响，甚至将人"卷入其中"的社会情境主要就是机构特权所依赖和运用的外部管理制度。在这里，我们主要探讨影响教师专业发展的教师资格证书制度

---

[1] 卢俊勇、陶青：《教育实习：学徒制抑或实验制？杜威的观点》，载《外国教育研究》，2016(9)。

和教师职称制度，它们与教师专业发展关系较为密切、直接。我国国务院于 1995 年颁布实施《教师资格条例》，开始实行教师资格证书制度。该条例第一条指出："为了提高教师素质，加强教师队伍建设，依据《中华人民共和国教师法》，制定本条例。"我国教育部于 2013 年颁布的《中小学教师资格定期注册暂行办法》（见附录 C）第一条指出："为完善教师资格制度，健全教师管理机制，建设高素质专业化教师队伍，根据《教师法》《教师资格条例》和《国家中长期教育改革和发展规划纲要（2010—2020 年）》，制定本办法。"2015 年颁布的《关于深化中小学教师职称制度改革的指导意见》明确指出，制定该意见的主要目的是"落实《国家中长期人才发展规划纲要（2010—2020 年）》和《国家中长期教育改革和发展规划纲要（2010—2020 年）》要求，建设高素质专业化的中小学教师队伍"。

一、教师资格证书制度及其对教师专业发展的影响

实行资格证书制度是专业的主要特征之一，奥斯汀把"对于证书的颁发标准和从业的条件有完整的管理和控制措施"与"一套完善的专门知识和技能体系作为专业人员从业的依据""对于职责范围内的抉择有自主决策的权力""有相当高的社会声望和经济地位"一起作为专业的最为重要的四个特征。[①] 我国教师资格证书制度对于促进教师专业发展产生了比较明显的作用。然而，与国内其他成熟专业的资格证书制度和发达国家教师资格证书制度相比较，我国教师资格证书制度还有不少需要完善的地方，它对教师专业发展的促进作用还有很大的提升空间。

(一)教师资格证书的获得制度及其对教师专业发展的影响

这里所说的教师资格证书的获得制度，指的是与教师初次获得教师资格证书有关的制度。我国教师资格证书的获得从制度上来说过于容易，难以有效保证入职教师具有较高的专业素质。我国教师资格证书的获得需要经过笔试和面试两个环节。在笔试环节，小学教师资格证书的考试科目有两科：一是综合素质考试，二是教育教学知识与能力考试。总体来说，这两科的考试在科目数量上不多、在内容难度上不大，非师范专业的毕业生能够比较容易地通过笔试。教师资格证书的面试环节更为容易，对于师范生来说，过关率基本上是 100%。为了调动普通高等学校师范类专业相关人员参加专业认证的积极性，2017 年教育部印发的《普通高等学校师范类专业认证实施办法（暂行）》规定："通过第二级认证专业的师范毕业生，可由高校自行组织中小学教师资格考试面试工作。""通过第三级认证专业的师范毕业生，可由高校自行组织中小学教师资格

---

① 陈永明：《现代教师论》，173 页，上海，上海教育出版社，1999。

考试笔试和面试工作。"该规定在一定程度上进一步降低了教师资格证书的获得难度。高校自行组织中小学教师资格考试笔试和面试工作，这大致相当于举办师范类专业的高校既当"运动员"，又当"裁判员"，因而，这从程序上就难以保证教师资格证考试的质量。

我国教师资格证书的获得过于容易，还可以通过与国外教师资格证书的获得作比较而得到确认。西方不少国家实行教师试用制度，即教师入职前获得的是临时资格证书，只有通过1～2年的试用期考核后，才能确定能否获得正式的教师资格证书。例如，美国州际新教师评估与支持联合会规定，新教师获得教师资格证书的过程如下：新教师在培训结束后参加学科知识考试和教学知识考试，合格后，新教师获得临时资格证书。然后，新教师接受实际教学评价。该评价采用档案袋评价法，在新教师的教学工作满一至两年后进行。通过该评价后，新教师才能够获得永久性的教师资格证书。[①] 由此我们能够看出，美国教师资格证书的获得虽然没有面试环节，但其长时间的试用期无疑要比我国教师资格证书的面试环节难得多，同时更具有科学性，也更为客观。另外，该试用期对于促进新教师的专业发展具有实实在在的促进作用。

(二)教师资格证书的持有制度及其对教师专业发展的影响

这里所说的教师资格证书的持有制度，指的是与教师已经获得的教师资格证书如何保持有关的制度。当前我国与教师资格证书的持有相关的制度主要有以下方面。

一是《中华人民共和国教师法》。该法第十四条规定："受到剥夺政治权利或者故意犯罪受到有期徒刑以上刑事处罚的，不能取得教师资格；已经取得教师资格的，丧失教师资格。"

二是《教师资格条例》。该条例第十九条规定："有下列情形之一的，由县级以上人民政府教育行政部门撤销其教师资格：(一)弄虚作假、骗取教师资格的；(二)品行不良、侮辱学生，影响恶劣的。被撤销教师资格的，自撤销之日起5年内不得重新申请认定教师资格，其教师资格证书由县级以上人民政府教育行政部门收缴。"

三是《中小学教师资格定期注册暂行办法》。该办法第九条规定："有下列情形之一的，应暂缓注册：(一)注册有效期内未完成国家规定的教师培训学时或省级教育行政部门规定的等量学分；(二)中止教育教学和教育管理工作一学期以上，但经所在学校或教育行政部门批准的进修、培训、学术交流、病休、产假等情形除外；(三)一个注册周期内任何一年年度考核不合格。暂缓注册者达到定期注册条件后，可重新申请定期注册。具体办法由省级教育行政部门根据实际情况制定。"第十条规定："有下列情形之一的，注册不合格：(一)违反《中小学教师职业道德规范》和师德考核评价标准，影

---

① 熊建辉：《教师专业标准的国际经验》，48 页，北京，北京师范大学出版社，2014。

响恶劣；（二）一个定期注册周期内连续两年以上（含两年）年度考核不合格；（三）依法被撤销或丧失教师资格。"

从以上三个制度可以看出，我国教师资格证书的持有制度过于宽松，且片面强调持有或失去。从具体内容来看，教师只要不出现重大行为问题，其资格证书就能够顺利持有。从实施结果来看，几乎所有教师都能够顺利达到这一目标。因此，我国教师资格证书的持有制度很难发挥促进教师专业发展的作用。

与我国教师资格证书的持有制度相比较，发达国家教师资格证书持有制度更为严格，且更为重视发展。美国许多州级以及国家级教师资格证书分为不同的等级，教师要想保持已有教师资格证书或获得更高等级的资格证书，往往需要在专业发展方面付出长时间的努力。例如，美国威斯康星州中学教师资格证书从级别上分为初级教师资格证书、专业教师资格证书和高级教师资格证书。初级教师资格证书针对新教师，它在五年期限内不可更新。它要求每个新教师必须写一份基于教师十大标准的专业发展规划，三年之后至五年之前必须递交一份由三人评价小组出示的报告书，证明其达到专业发展计划要求，这时方可获得专业资格证书。[1] 同样，持有专业教师资格证书的教师要想获得高级教师资格证书，需要开展规范的专业发展活动，取得可证实的专业发展成果。从国家级教师资格证书制度来说，美国教师资格证书从级别上分为临时教师资格证书、新教师资格证书、优秀教师资格证书和杰出教师资格证书。教师每获得更高级别的资格证书，都需要进行长时间的专业发展活动和严格的专业发展水平考核。例如，要想获得优秀教师资格证书，教师要经过校本档案袋评价阶段和教学评价中心实践性评价阶段两个阶段的评价。两个阶段加在一起大约需要两三年的时间。在校本档案袋评价阶段，学校或学区将教师每年的教学业绩进行记录，形成教师个人教学档案，然后，学校或学区教育主管机构通过对教学档案的查阅，对教师进行评估。教师档案袋内容主要包括规定时数的教学录像带，4～5 个教师本位的活动和师生互动，若干位学生的学习记录和作业资料，编制的教材和所做的教具，与学生家长、同事和社区合作的资料等。在完成校本档案袋评价之后，教师接受教学评价中心的实践性评价。一般每个学区建立一个教学评价中心。教学评价中心评价的目的是验证档案袋材料的真实性，并起到补充作用。该评价一般采取以教学知识和学科内容知识为主的笔试和练习活动相结合的评价方法。教师要对评价中心事先提供的相关材料、在评价中提供的录像材料以及当场给出的网上材料作分析。评价中心的活动都是为完成教师的档案袋而设计的，而且都是围绕教师的教学活动而组织的。[2] 与我国教师资格证书的持有制度仅仅是强调其存废相比较，许多发达国家的教师资格证书制度更强调教师专业发展。

---

[1]　教育部师范教育司：《教师专业化的理论与实践》2 版，151 页，北京，人民教育出版社，2003。
[2]　熊建辉：《教师专业标准的国际经验》，52～53 页，北京，北京师范大学出版社，2014。

在我国教师资格证书持有制度下，教师只要不"变坏"，基本上就可以持续持有教师资格证书。而在许多发达国家教师资格证书持有制度下，由于其教师资格证书分为不同的等级，要获得更高等级的资格证书，教师就需要开展长时间的专业发展并接受严格的评价，因此，发达国家的这种分级性教师资格证书制度对教师的持续性专业发展具有更为明显的促进作用。

二、教师职称制度及其对教师专业发展的影响

在国外，很少有国家实行中小学教师职称制度。我国中小学教师职称制度在某种程度上说类似于西方国家的中小学教师资格证书制度，二者的共同之处是通过对教师专业发展状况进行不同等级的评定，并给予不同的物质待遇和称号，从而激励教师在从教过程中不断促进自身专业发展。我国教师职称制度对教师专业发展的促进作用并不明显，主要原因在于不同级别教师职称评定或者过于容易，或者过于困难。

首先，教师初级职称评定过于容易，难以有效促进教师专业发展。《关于深化中小学教师职称制度改革的指导意见》对初级教师（二级教师）职称评定的规定是：①比较熟练地掌握教育学生的原则和方法，能够胜任班主任、辅导员工作，教育效果较好。②掌握教育学、心理学和教学法的基础理论知识，具有所教学科必备的专业知识，能够独立掌握所教学科的教学大纲、教材，正确传授知识和技能，教学效果较好。③掌握教育教学研究方法，积极开展教育教学研究和创新实践。④具备硕士学位；或者具备学士学位或者大学本科毕业学历，见习1年期满并考核合格；或者具备大学专科毕业学历，并在小学、初中三级教师岗位任教2年以上；或者具备中等师范学校毕业学历，并在小学三级教师岗位任教3年以上。从该制度的实际执行过程来说，几乎所有教师都能够轻易地如期获得初级教师职称，因而它难以有效促进教师专业发展。

其次，中级职称评定过于容易，难以有效促进教师专业发展。《关于深化中小学教师职称制度改革的指导意见》对中级教师（一级教师）职称评定的规定是：①具有正确教育学生的能力，能根据所教学段学生的年龄特征和思想实际，进行思想道德教育，有比较丰富的班主任、辅导员工作经验，并较好地完成任务。②对所教学科具有比较扎实的基础理论和专业知识，独立掌握所教学科的课程标准、教材、教学原则和教学方法，教学经验比较丰富，有较好的专业知识技能，并结合教学开展课外活动，开发学生的智力和能力，教学效果好。③具有一定的组织和开展教育教学研究的能力，并承担一定的教学研究任务，在素质教育创新实践中积累了一定经验。④在培养、指导三级教师提高业务水平和教育教学能力方面做出一定成绩。⑤具备博士学位；或者具备硕士学位，并在二级教师岗位任教2年以上；或者具备学士学位或者大学本科毕业学历，并在二级教师岗位任教4年以上；或者具备大学专科毕业学历，并在小学、初中

二级教师岗位任教 4 年以上；或者具备中等师范学校毕业学历，并在小学二级教师岗位任教 5 年以上。从该制度的实际执行过程来说，几乎所有教师也都能够轻易地如期获得中级教师职称，因而它同样难以有效促进教师专业发展。

最后，高级及正高级职称评定过于困难，难以有效促进教师专业发展。《关于深化中小学教师职称制度改革的指导意见》对高级教师职称评定的规定是：①根据所教学段学生的年龄特征和思想实际，能有效进行思想道德教育，积极引导学生健康成长，比较出色地完成班主任、辅导员等工作，教书育人成果比较突出。②具有所教学科坚实的理论基础、专业知识和专业技能，教学经验丰富，教学业绩显著，形成一定的教学特色。③具有指导与开展教育教学研究的能力，在课程改革、教学方法等方面取得显著的成果，在素质教育创新实践中取得比较突出的成绩。④胜任教育教学带头人工作，在指导、培养二级、三级教师方面发挥了重要作用，取得了明显成效。⑤具备博士学位，并在一级教师岗位任教 2 年以上；或者具备硕士学位、学士学位、大学本科毕业学历，并在一级教师岗位任教 5 年以上；或者具备大学专科毕业学历，并在小学、初中一级教师岗位任教 5 年以上。城镇中小学教师原则上要有 1 年以上在薄弱学校或农村学校任教经历。从上述规定可以看出，关于高级职称评定，制度要求本身并不太难。然而，从该制度的实际执行过程来说，中小学教师要获得高级职称非常困难。一方面，中小学教师要获得高级职称往往需要有厅级及以上级别课题和多篇公开发表的论文。据笔者了解，中小学教师所填写的课题申报评审书与高校教师所填写的同类型课题申报评审书在内容上几乎一样。例如，都包括：主持人独立或以第一作者身份公开发表或出版的论文或论著（限填 10 篇）；课题的核心概念及其界定，国内外同一研究领域现状与研究的价值，研究的目标、内容（或子课题设计）与重点，研究的思路、过程与方法，主要观点与可能的创新之处，预期研究成果，完成研究任务的可行性分析等。而在预期研究成果中，公开发表一定数量和级别的论文是基本内容之一。对于许多中小学教师来说，他们在填写课题申报评审书过程中感到困难重重，一些教师在填写过程中担心如果获得立项，能不能顺利完成公开发表多篇论文的承诺。获得高级职称所需要的厅级及以上级别课题和多篇公开发表的论文让许多中小学教师望而却步。实事求是地说，即使是获得高级职称的中小学教师，其本职工作仍然是教书育人，而不是像高校教师那样进行科学研究。更何况中小学教师的主客观条件内在地规定了他们更擅长的是从事教育教学实践，而不是进行科学研究。另一方面，中小学教师获得高级职称往往受到严格的名额限制。由于制度原因，中小学高级职称教师比例过小。许多有本科学历的教师在入职 5 年后就获得中级职称，然而，到了该评高级职称的时候，大批教师挤在一起，等待少得可怜的名额。根据多年来高级职称的指标数量，许多教师意识到自己很可能到退休都评不上高级职称，因此，许多教师就"死了"评高级职称的"心"，从而导致部分中小学教师出现所谓"躺平"现象，而这显然不利于教师专业发展。

美国心理学家阿特金森的成就动机理论认为，一个人趋向成功的动机是由成就需要、对行为成功的主观期望概率以及取得成就的诱因值三者乘积构成的函数，其公式为：$Ts = Ms \times Ps \times Is$。其中，$Ts$ 为追求成功的倾向，Ms 为对成就的需要，Ps 为在该任务上成功的可能性，Is 为成功的诱因值。[①] 根据阿特金森的成就动机理论，如果教师对获得高级职称的主观期望概率很低，认为其实现的可能性几乎为零，那么，教师就很可能会"躺平"，很可能会丧失争取高级职称的内在动机，进而导致不再追求自身专业发展。因此，为了激励教师专业发展，我国应在教师职称制度设置上扩大高级职称比例，在进行职称评定时应该高度重视教师的教书育人素质和成效。

第四节
任职学校环境

教师专业发展是持续整个职业生涯的过程。与早年受教时间和职前教师教育时间相比较，教师入职后的工作时间更长，因此，教师专业发展更为重要的阶段是在入职后，教师所任职学校的环境对于其专业发展的影响更为重要。

对于教师专业发展来说，任职学校环境与外部管理制度既具有共同之处，又具有明显的不同之处。其共同之处是二者都是教师专业发展的环境，都是教师专业发展的外部条件，它们都为教师专业发展提供重要资源。二者的不同之处主要表现在以下两个方面。一方面，外部管理制度更具有普遍性，而任职学校环境更具有具体性。任职学校环境更能关注教师的具体情况、个别差异，从而为教师专业发展提供更为适切的帮助。另一方面，外部管理制度侧重于对教师专业发展的结果进行考核与评价，因而它更具有结果性。而任职学校环境更具有过程性，它从内容、形式、途径、手段、时间、场所设施等方面为教师专业发展提供更多实实在在的帮助。笔者认为，任职学校环境对教师专业发展的影响主要表现在为教师提供以下三方面的环境。

一、教师考核环境

包含教师资格证书制度和职称制度在内的教师外部管理制度虽然具有考核性质，但是，这种考核往往具有明显的阶段性或长周期性，而任职学校对教师的考核则具有

---

① 陈琦、刘儒德：《当代教育心理学》2 版，222～223 页，北京，北京师范大学出版社，2007。

经常性和持续性，且与教师切身利益的关系更为直接和密切。

如果任职学校在考核教师时，不是对教师所任教的全体学生的发展进行评价，而仅仅评价少数优秀学生，不是对学生的全面发展进行评价，而仅仅评价学生的考试成绩，不是对教师的教学效率进行评价，而仅仅评价教学结果，那么，在这种评价环境中，教师就可能不关心自己的专业发展，不重视学习和运用科学的教育理论，不重视提升自身职业道德修养，而可能过分执着于用"题海战术""拼时间"等"老经验"来进行落后的应试教育。在如此评价环境中，教师通过自身专业发展来开展教育教学实践，甚至可能会遭遇到"逆向淘汰"，这无疑会对教师专业发展产生严重不良影响。

为了有效促进教师专业发展，任职学校应该把教师参加专业发展活动的过程情况、结果情况，尤其是把教师教育教学工作的专业性、综合效果作为考核的根本标准。任职学校应重视教师评价的科学性，切实把专家型教师与新手教师、经验型教师区分出来。美国教育心理学家斯腾伯格认为，与新手教师、经验型教师相比较，专家型教师的教学原型主要表现在三个方面。一是知识，即专家将更多的知识运用于专业范围内的问题解决中，并且比新手更有效。他认为这也许是专家与新手之间最基本的差异。二是效率，即专家解决问题的效率比新手更高，与新手相比，专家能在较短的时间内完成更多的工作，或者是明显只需要较少的努力就完成工作。三是洞察力，即专家在某种程度上更能创造性地解决问题，他能够更为准确地发现问题，更为准确地找到产生问题的原因，发现更为有效解决问题的新方法。[①] 教师的教学效率高、洞察力强能为学生的全面发展提供有利的条件，它们是教师专业发展水平高的重要结果，而拥有渊博的专业知识则是教师专业发展的最为重要的特征之一。借鉴斯腾伯格的专家型教师教学原型观，任职学校能够为教师专业发展提供更好的考核环境。任职学校管理者应重视学习和运用先进的教师考核理论和技术，不断提高教师考核的科学性，从而为教师专业发展提供正确的导向。

二、教师培训环境

教师在职培训又称为在职教师教育、教师继续教育，其直接目的就是促进教师专业发展。鉴于入职后阶段对于教师专业发展的重要性，尤其是在当今科学技术日新月异的知识社会，教师培训的意义更为重要。从培训地点及举办主体角度说，教师培训大致分为校外培训和校本培训两种类型。任职学校在这两种培训中都能够发挥积极作用，从而为教师专业发展提供良好环境。

---

① ［美］R. J. 斯腾伯格、J. A. 霍瓦斯：《专家型教师教学的原型观》，高民、张春莉译，载《华东师范大学学报(教育科学版)》，1997(1)。

从指导思想角度说，任职学校管理者应树立教师是办学第一资源的理念。百年大计，教育为本；教育大计，教师为本。我国教育家梅贻琦说："所谓大学者，非谓有大楼之谓也，有大师之谓也。"[1]他的这句话对中小学同样适用。美国经济学家、诺贝尔奖获得者舒尔茨的人力资本理论认为，与物质资本相比较，人力资本在现代经济活动中的作用更大，对经济增长的贡献更大。[2] 根据人力资本理论，在学校办学资源中，教师的作用要比学校的物质条件更为重要。任职学校管理者只有树立教师是办学第一资源的理念，才可能不仅重视用好教师，而且重视培训教师，才可能认真执行教育部等五部门联合印发的《教师教育振兴行动计划(2018—2022年)》文件要求，切实做到"按照年度公用经费预算总额的 5%安排教师培训经费"，甚至投入更多的经费。

从具体行动角度说，任职学校不仅要积极支持教师参加校外培训，而且要高质量地做好校本培训。校本培训的形式多种多样，如案例分析式、课堂观摩式、自修反思式、研训一体式、沙龙研讨式、专题讲座式、师徒结对式、校际合作式、网络交流式等。无论开展何种形式的校本培训，任职学校管理者都应高度重视校本培训的质量，重视校本培训的适切性、针对性，尊重教师在培训过程中的主体性。同时，任职学校管理者还应避免校本培训过程中的经验狭隘性，重视理论工作者在校本培训中的专业引领作用。在这方面，英国的校本培训模式值得借鉴。该模式的操作过程包括六个阶段。[3]

第一阶段：确定需要。培训需要产生于中小学。中小学在确定培训需要后可以与大学培训部门直接接触，也可以由当地教育局负责培训的人员向大学传递信息。

第二阶段：洽谈。中小学与大学培训部门洽谈怎样根据教师需要编排培训计划。洽谈过程一般由地方教育局的专职人员做中介。洽谈结束后，大学根据中小学校的具体需要指派具有相关专业特长的教师与有关学校教师见面，进行更具体的商讨，拟订初步的培训计划。

第三阶段：协议。在多方人员参与下制定详细的培训协议。该协议需要交给即将接受培训的教师修改，必须在得到教师的认可后才能最后确定下来。

第四阶段：实施培训步骤之一。在大学培训部门或地方教育局下设的教师培训机构进行为期两天的导引课程培训，目的是介绍新的知识、技术概况和新方法论原理，教师也可以相互切磋和交流经验。

第五阶段：实施培训步骤之二。这是六阶段模式中最为关键的阶段。大学教师根据具体情况，多次来到学校，在参与中小学教师的具体教学过程中给予指导，帮助他

① 转引自付耕南、谷峪：《梅贻琦创办清华思想的现代发凡》，载《黑龙江高教研究》，2017(11)。
② 袁振国：《当代教育学》4版，266页，北京，教育科学出版社，2010。
③ 吴义昌：《如何做研究型教师》，204～205页，上海，华东师范大学出版社，2014。

们提高教学质量。

第六阶段：结束。协议规定的项目基本完成后，教师在职培训告一段落。学校可能会希望大学在其他科目方面对其他教师开展培训工作，从而进入下一轮培训。

三、发展资源环境

教师专业发展的资源包括多个方面，任职学校应特别重视为教师专业发展提供以下两方面的发展资源。

一是提供优质的发展内容资源。任职学校除了通过校内专家型教师和校外专家学者提供直接的发展内容资源外，应重视为教师提供更多间接的发展内容资源。在这方面，苏霍姆林斯基任校长时的帕夫雷什中学的经验值得借鉴。苏霍姆林斯基指出，一所学校可能什么都齐全，但如果没有为了人的全面发展和丰富精神生活而准备的书，或者如果大家不喜爱书籍，对书籍冷淡，那么，这不能称为学校。一所学校也可能缺少很多东西，可能在许多方面都很简陋贫乏，但只要有书，有能为我们经常敞开世界之窗的书，那么，这就足以称得上是学校了。[①] 为此，学校订购大量包括学术性刊物在内的报刊，为学校图书馆购买丰富的图书。为了方便教师阅读，学校把新购的图书先放在办公室里，并鼓励教师购买自己喜欢的图书。学校还定期出版文摘性的教育资料，把教师们搜集到的优秀教育教学案例以及从中得到的启示归类收入教育资料中，以供大家分享。在当今信息化时代，任职学校还应重视为教师提供方便学习的优质网络发展内容资源。

二是提供自由的发展时间资源。要促进自身专业发展，教师不仅要有优质的发展内容资源，而且要有用于学习和创造性运用这些优质资源的自由时间。苏霍姆林斯基指出：教师的自由时间是根，它滋养着教育创造的枝叶；教师如果到学年末由于脑力的过度紧张而感到精疲力竭的话，那就谈不上进行创造性的劳动。[②] 在他看来，自由时间能让教师更多地阅读、休息和丰富精神生活。为此，帕夫雷什中学规定：教师除了写课时计划和班主任工作计划外，不写任何无谓的材料；对课时计划格式不作统一要求，随着教学材料的逐年丰富，教师也可以不写课时计划；教师每周教学外活动时间不超过一天，另有一天不排课；等等。帕夫雷什中学的上述经验至今仍然具有借鉴意义。专业的重要特征之一是从业者在职责范围内拥有专业自主权。笔者认为，除了备课、上课、作业布置与批改、课外辅导、学业评价之外，教师专业发展也应属于其职

---

① 沈维莉、吴义昌：《苏霍姆林斯基关于校长领导教师开展研究的思想与实践》，载《常州工学院学报（社科版）》，2006(4)。

② 同上。

责范围内的事情,教师应该在专业发展的内容、方式、进程等方面拥有自主权。任职学校只有提供充足的发展时间资源,教师才可能真正享有专业发展自主权,才可能真正拥有良好的专业发展环境。

第五节
主观能动性

主观能动性是指人积极主动地认识和改造世界的心理倾向和实际行动。教师的主观能动性所认识和改造的世界既包括外在的职前教师教育、教师管理制度和任职学校环境,又包括教师自身的早年受教经验和当下发展状况。根据唯物辩证法基本原理,教师的主观能动性属于影响教师专业发展的内部因素,它是教师专业发展的根据,而职前教师教育、教师管理制度和任职学校环境是教师专业发展的外部因素,它们是教师专业发展的条件,只有通过教师的主观能动性才能发挥作用。这些外部因素所提供的发展条件有优劣之分,教师只有发挥主观能动性,才能对其中的优良成分进行吸收和内化,并可能对其中的不良成分进行改造。无论是吸收与内化外在的优良成分,还是改造外在的不良成分,都能促进教师专业发展。教师通过对外部不良成分的改造能使自己得到锻炼,从而提升自身专业素质。教师是成人,其自我意识已经成熟。虽然教师的早年受教经验和当下发展状况属于教师的内部因素,但是它们同样可以成为教师通过主观能动性进行认识和改造的对象。教师的早年受教经验和当下发展状况同样具有优点与不足,教师通过主观能动性能够了解自身的优点,并加以发扬光大,也能够了解自身的不足,并加以弥补。教师专业发展从相当程度上说是"自造"的,而不是"被造"的,教师的主观能动性对教师专业发展起到决定性作用。印度诗人杰佛来期的诗作《播种》能够对此进行形象的说明。

播　种

（印度）杰佛来期

把一个信念播种下去,收获到的将是一个行动;

把一个行动播种下去,收获到的将是一个习惯;

把一个习惯播种下去,收获到的将是一个性格;

把一个性格播种下去,收获到的将是一个命运。

教师主观能动性对其专业发展的积极影响主要表现在以下四个方面。

一、树立专业发展意识

专业发展意识意味着教师尤其是在职教师能够自觉认识到自己的专业发展是持续整个职业生涯的过程，能够深刻认识到自身专业发展的重要意义，从而产生专业发展的积极性和主动性。专业发展意识属于教师专业发展的内在动力系统。所有外在的动力或压力只有转变为内在动力，只有从"要我发展"转变为"我要发展"，教师才可能有效地充分利用外在的专业发展资源，提高自身专业发展的质量。

为了发挥主观能动性，树立专业发展意识，教师应该认识到持续的专业发展是专业的重要特征之一。医生与律师是成熟专业的典范，而作为从业者的医生与律师能够经常进行在职学习和进修。教师职业要想像医生与律师职业那样成为一门成熟的专业，教师要想像医生与律师那样成为高水平的专业工作者，就必须持续不断地进行专业发展。当代社会大众传媒发达，学生离开教师能够学习到很多知识。教师为了能够在学生面前保持和巩固专业权威，为了能够有效地引导学生全面发展，就必须坚持终身学习，持续进行专业发展，正如教师专业标准指出的那样，教师应该具有终身学习与持续发展的意识和能力，做终身学习的典范。

二、制定专业发展目标

专业发展目标是指教师通过专业发展活动而意欲达到的专业发展结果，它属于教师专业发展的方向系统，对教师专业发展活动的内容、方式、手段等方面都具有指导作用。教师专业标准把制定专业发展规划作为教师的一项重要的专业能力，而专业发展目标是专业发展规划的核心内容之一。

为了发挥主观能动性，制定恰当的专业发展目标，首先，教师应认识到制定专业发展目标的重要意义。马克思指出："蜘蛛的活动与织工的活动相似，蜜蜂建筑蜂房的本领使人间的许多建筑师感到惭愧。但是，最蹩脚的建筑师一开始就比最灵巧的蜜蜂高明的地方，是他在用蜂蜡建筑蜂房以前，已经在自己的头脑中把它建成了。劳动过程结束时得到的结果，在这个过程开始时就已经在劳动者的表象中存在着，即已经观念地存在着。"[1]人是理性的动物，从相当程度上说，有明确的目标是人类活动的特点之一。其次，教师应注意专业发展目标的可行性。根据阿特金森的成就动机理论，如果教师制定的专业发展目标过难，实现的可能性很低，那么，教师专业发展活动就难以积极开展。最后，教师应充分关注专业发展目标的价值性。虽然有明确的目标是人类

---

[1]　转引自柳海民：《现代教育原理》，328 页，北京，人民教育出版社，2006。

活动的特点之一，但是，这并不意味着人的所有目标都是有价值的"善"的目标。教师专业发展目标的价值性在当前具有重要的现实意义。从价值导向角度说，教师在制定专业发展目标时应关注学生的全面发展与社会的进步，应竭力避免制定那些仅仅关注个人利益而无视学生发展与社会进步的狭隘专业发展目标。

三、熟悉专业发展路径

专业发展路径是指教师为实现专业发展目标而采取的方法、方式、手段、形式等具体操作策略，它属于教师专业发展的工具系统。根据韦伯的理性思想，专业发展路径具有工具理性性质。韦伯认为，人的活动从本质上说是理性的，人的理性包括价值理性和工具理性。工具理性意味着人们为达到精心选择的目的，会考虑各种可能的手段及其附带的后果，以选择最有效的手段。[①] 在韦伯看来，工具理性极大地促进了近代社会的发展。事实上，如果离开了工具理性，价值理性既可能成为一种高尚的信仰，也可能成为一种落后的迷信。如果说专业发展目标关注的是价值理性，它追求的是专业发展的"善"，那么，专业发展路径关注的就是工具理性，它追求的是专业发展的"真"。

为了发挥主观能动性，有效实现专业发展，教师必须熟悉专业发展路径，重视专业发展的科学性。教师专业发展的路径多种多样，本书将在后半部分对此进行深入探讨。在此，仅对其进行简要说明。笔者认为，教师专业发展的路径主要包括以下五条：一是理论应用路径，它强调理论知识在教师专业发展中的重要作用；二是实践反思路径，它强调实践性知识在教师专业发展中的重要作用；三是教师合作路径，它强调教师通过同伴互助获得更为科学的实践性知识，从而促进自身专业发展；四是课例研究路径，它强调教师把同伴互助、理论应用和实践反思融合在一起，从而促进自身专业发展；五是道德修养路径，它强调教师通过提高道德品质来促进自身专业发展。

四、落实专业发展行为

专业发展行为是指教师为了实现自身专业发展而开始的实践活动，它属于教师专业发展的执行系统，意味着教师将专业发展意识、专业发展目标、专业发展路径转化为具体的实践活动。主观能动性对教师专业发展具有决定性作用，而其中教师的专业发展行为所起的决定性作用更大。叶澜教授将该类活动称为生命实践活动，认为它是

---

① 王锟：《工具理性和价值理性：理解韦伯的社会学思想》，载《甘肃社会科学》，2005(1)。

使个体发展得以实现的现实性因素；"与可能性层次中的个体与环境因素不同，在活动中，两者都由潜在状态转化为实现状态，两者之间发生了真实的相互作用。正因为只有通过个体的生命实践，个体的发展才能得以实现，故我们可以在这个意义上把生命实践活动看做影响人发展的决定性因素。"[1]

综上所述，在主观能动性中，教师专业发展意识是动力系统，教师专业发展目标是方向系统，教师专业发展路径是工具系统，教师专业发展行为是执行系统。只有将四者有机结合、综合运用，教师才能优质高效地实现自身专业发展。

本章小结

影响教师专业发展的内在因素主要包括教师早年受教经验和主观能动性。教师早年受教经验对教师专业发展的影响虽然具有隐蔽性，但其效果甚至不亚于职前教师教育。教师专业发展的外在因素主要包括职前教师教育、外部管理制度和任职学校环境。职前教师教育的培养目标、课程结构和教学方法对准教师专业发展具有显著影响。包括教师资格证书制度和教师职称制度在内的外部管理制度具有简明性、权威性和利益性，它们与教师专业发展关系更为密切、更加直接。教师专业发展的时间主要在入职之后，任职学校为教师提供的考核环境、培训环境和发展资源环境对教师专业发展影响巨大。在上述内外因素中，主观能动性对教师专业发展的影响具有决定性作用，它能够增强或削弱其他因素对教师专业发展的影响效果。

章后练习

1. 为什么说早年受教经验对教师专业发展具有重要影响？
2. 如何理解"教师是反思性实践者"？
3. 杜威所说的学徒制实习与实验制实习的主要区别是什么？
4. 有人主张废除教师职称制度，你赞同吗？为什么？
5. 教师校本培训的优点有哪些？
6. 主观能动性对教师专业发展的积极影响主要表现在哪些方面？

---

[1]　叶澜：《教育概论》，211～212 页，北京，人民教育出版社，2006。

延伸阅读

1. 熊英、朱晓芳：《影响教师专业发展的因素分析》，载《教育理论与实践》，2013(15)。

2. 周钧：《阻碍小学教师专业发展的因素研究》，载《教师教育研究》，2013(4)。

3. 章亚骏：《教师专业发展的影响因素研究》，载《教育探索》，2016(1)。

4. 卢俊勇、陶青：《教育实习：学徒制抑或实验制？——杜威的观点》，载《外国教育研究》，2016(9)。

5. 黄嘉莉、叶碧欣、桑国元：《场域理论视角下民族地区教师专业发展的影响因素研究：基于多层线性模型的分析》，载《教育研究与实验》，2021(1)。

6. 叶澜、白益民、王枂等：《教师角色与教师发展新探》，北京，教育科学出版社，2001。

7. 熊建辉：《教师专业标准的国际经验》，北京，北京师范大学出版社，2014。

下篇
教师专业发展的
实现路径

第六章

教师专业发展的理论应用路径

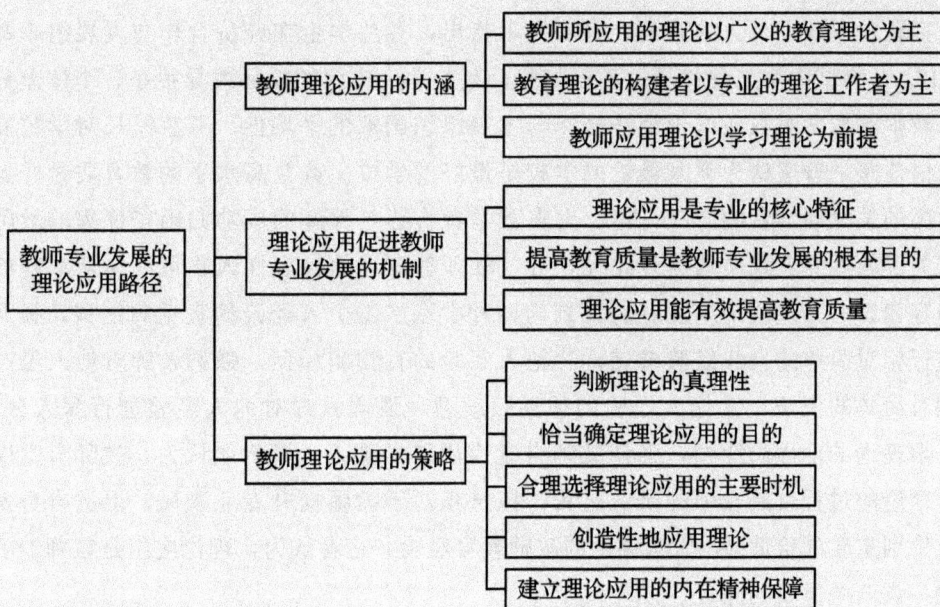

```
                                    ┌─ 教师所应用的理论以广义的教育理论为主
                    ┌─ 教师理论应用的内涵 ─┼─ 教育理论的构建者以专业的理论工作者为主
                    │                    └─ 教师应用理论以学习理论为前提
                    │
                    │                    ┌─ 理论应用是专业的核心特征
教师专业发展的        │    理论应用促进教师   │
理论应用路径      ────┼─   专业发展的机制   ─┼─ 提高教育质量是教师专业发展的根本目的
                    │                    └─ 理论应用能有效提高教育质量
                    │
                    │                    ┌─ 判断理论的真理性
                    │                    ├─ 恰当确定理论应用的目的
                    └─ 教师理论应用的策略 ─┼─ 合理选择理论应用的主要时机
                                         ├─ 创造性地应用理论
                                         └─ 建立理论应用的内在精神保障
```

104

教师专业发展的主要目标是成为专家型教师，能够将先进的教育理论应用于自己的教育实践不仅是专家型教师教育行为的重要表现，而且是专家型教师养成的基本路径。我国许多教师虽然在口头上认可理论对于自己专业发展的意义，但是在行动上不重视学习和应用理论。这既有教师对理论应用促进教师专业发展的机制了解不够深入的原因，又有教师没有掌握理论应用策略的原因。本章在剖析教师理论应用内涵的基础上，深刻揭示理论应用促进教师专业发展的机制，并重点阐述教师有效进行理论应用的系统性策略。

教师专业发展的路径有多条，每条路径都有各自的侧重点和实施策略。在本章，笔者将深入探讨教师专业发展的理论应用路径。该路径的价值在芬兰中小学教师专业发展实践中得到了有力的验证。有研究者指出，芬兰学生在经济合作与发展组织举办的 PISA[①] 测试中均表现优异。不仅如此，芬兰学生成绩的校际差异很小，个体差异很小，教师的教学时数还低于经济合作与发展组织国家的平均值。芬兰家长对学校有高度的信任感，普遍认为离家最近的学校是最好的学校。芬兰高水平的教育质量受到世界各国的关注和学者的广泛讨论。大多数学者将芬兰教育的成功归因于优秀的教师队伍。关于教师专业素质的提升路径，芬兰教师教育界的代表性人物堪萨能从教师的学习内容和思考方式两个维度，将其划为四种类型：①个人经验的直觉归纳型，强调教师进行相对简单的自我经验总结；②他人经验的直觉演绎型，强调教师对他人经验进行相对简单的模仿；③他人经验的理性归纳型，强调教师对他人经验进行深入分析；④科学理论的理性演绎型，强调教师自觉应用科学理论。堪萨能认为，教师自觉应用科学理论的过程就是教师的研究过程，该过程对于教师提升专业素质、促进自身发展具有特别重要的价值。[②] 借鉴芬兰的教师教育经验，笔者认为，理论应用是教师专业发展的一条至关重要的路径。

---

① PISA(Program for International Student Assessment)是一项由经济合作与发展组织(Organization for Economic Co-operation and Development，OECD)统筹的学生能力国际评估计划，它主要对接近完成基础教育的 15 岁学生进行评估，测试学生能否掌握参与社会所需要的知识与技能。第一次 PISA 评估于 2000 年举办，此后每三年举行一次。评估内容主要分为三个领域：阅读素养、数学素养与科学素养。

② 李佳丽：《芬兰"研究为本"的教师教育课程设置探析》，载《比较教育研究》，2018(6)。

第一节
教师理论应用的内涵

在这里，教师理论应用是指教师在自觉学习科学理论的基础上，将其应用于自己的实践，从而促进自身专业发展的过程。作为专业发展的一条路径，其内涵主要包括以下三个方面。

一、教师所应用的理论以广义的教育理论为主

广义的教育理论是指那些指导教师如何开展教育实践的理论。从内容角度说，广义的教育理论主要包括教育学理论、心理学理论、教育心理学理论和学科教育学理论。从与实践的距离角度说，教育学理论、心理学理论和教育心理学理论具有超越学科的普遍性，而学科教育学理论对于教师的教育实践具有更为直接的指导意义。根据美国教育家舒尔曼的观点，学科教育学理论对教师来说特别重要，因为它确定了教学与其他学科的不同知识群，体现了学科内容与教育学科的整合，是最能区分学科专家与教师的不同的一个知识领域。[①] 我国"新教育实验"发起者朱永新教授高度重视教师的阅读，他把"营造书香校园"作为"新教育实验"的"十大行动"之首。在他看来，理论应用是教师专业发展进而提高教育质量的最为重要的路径。朱永新教授给教师推荐了100部阅读书目，其中，基础性阅读书目30部，拓展性阅读书目50部，实践性阅读书目20部。其中，基础性阅读书目如下（此处仅列作者和著作名称）。[②]

①杨伯峻译注：《论语译注》。

②高时良：《学记评注》。

③《陶行知教育文集》。

④卢梭：《爱弥儿》。

⑤夸美纽斯：《大教学论》。

⑥赫尔巴特：《普通教育学·教育学讲授纲要》。

⑦洛克：《教育漫话》。

---

① 教育部师范教育司：《教师专业化的理论与实践》2 版，55 页，北京，人民教育出版社，2003。
② 李月华、张利新、张彦云：《新课改背景下学校教育改革的理论与实践》，356～358 页，保定，河北大学出版社，2010。

⑧杜威：《民主主义与教育》。

⑨苏霍姆林斯基：《给教师的建议》。

⑩赞科夫：《和教师的谈话》。

⑪袁振国：《当代教育学》。

⑫孙培青：《中国教育史(修订版)》。

⑬吴式颖：《外国教育史教程》。

⑭皮连生：《学与教的心理学》。

⑮劳拉·E. 贝克：《儿童发展》。

⑯吴康宁：《教育社会学》。

⑰鲁洁、王逢贤：《德育新论》。

⑱艾伦·C. 奥恩斯坦等：《课程：基础、原理和问题》。

⑲鲍里奇：《有效教学方法》。

⑳杨雷迪斯·D. 高尔：《教育研究方法导论》。

㉑坎贝尔等：《多元智能教与学的策略》。

㉒保尔·朗格朗：《终身教育引论》。

㉓联合国教科文组织国际 21 世纪教育委员会：《教育——财富蕴藏其中》。

㉔联合国教科文组织国际教育发展委员会：《学会生存——教育世界的今天和明天》。

㉕内尔·诺丁斯：《学会关心：教育的另一种模式》。

㉖顾明远、孟繁华：《国际教育新理念》。

㉗教育部基础教育司：《素质教育学习纲要》。

㉘教育部师范教育司：《教师专业化的理论与实践》。

㉙朱慕菊：《走进新课程：与课程实施者对话》。

㉚朱永新：《新教育之梦》。

从以上书目可以看出，朱永新教授为教师推荐的 30 部基础性阅读书目在内容上全部属于广义的教育理论范畴。另外，他为教师推荐的其余 70 部著作也以广义的教育理论著作为主。

二、教育理论的构建者以专业的理论工作者为主

社会分工对人类社会的发展具有重要促进作用，总体来说，人类社会的分工越来越细，当代教育领域同样存在着社会分工。从职能上说，教育领域的分工大致有三类：一是教育实践工作，其主体是教师，主要职能是培养学生；二是教育理论工作，其主体是教育理论工作者，主要职能是构建教育理论；三是教育管理工作，其主体是教育

管理者，主要职能是管理教育理论和教育实践。三者相互配合，以教育实践为核心。教育实践同时受到教育管理者的领导和教育理论工作者的指导，教育理论既指导教育管理政策或制度的制定，又指导教育实践的开展。当科学的教育理论转化为教育管理政策或制度时，其指导实践的效果更强。在此，笔者主要探讨教育实践工作者和专业的教育理论工作者在构建教育理论中的作用。

专业的教育理论工作者主要包括两类：第一类是从中央到地方的各级各类教育科学研究院（所、室）的专业人员；第二类是高等院校中的教育学科类教师，作为高校教师，他们兼有科研与教学双重职责。笔者并不否认中小学教师能够构建教育理论，但是，笔者认为，教育理论的构建者以专业的理论工作者为主。从朱永新教授给教师推荐的 30 部基础性阅读书目来看，其作者几乎全部是专业的理论工作者。要构建出科学的教育理论，不仅需要研究者的主观条件，而且需要必要的客观条件。影响一个人构建理论的客观因素主要有四个方面：①时间。任何一项科研活动都是一个包括选题、查阅文献资料、初步调查、制订科研计划、收集和整理资料、理论分析及撰写论文或报告等一系列环节的精密、细致且艰巨的过程，要顺利完成这一过程，必须有一定的时间保证。②文献资料。丰富的文献资料能为研究者提供某一课题的研究状况、前人研究的得失及其原因，以及相邻学科的发展现状等条件。缺少文献资料，或者导致无效的重复创造，或者导致空泛的玄思冥想。③仪器设备。作为科研的手段或工具，先进的仪器设备能使科学研究更加准确、快捷。④资金。一般来说，科学研究需要一定的资金投入，以便研究者进行调查、学术交流以及获得仪器设备、文献资料等。中小学教师在上述客观条件方面是无法与专业的理论工作者相比的。众所周知，培养学生的教育实践工作非常复杂。然而，构建教育理论的工作不比教育实践工作简单，或者说，它比教育实践工作更为复杂。期望中小学教师在客观条件不充分的情况下能够在开展教育实践工作之余或开展教育实践工作的同时像专业的理论工作者那样构建出高水平的教育理论并不符合实事求是的治学精神。因此，从社会分工角度说，教育理论的构建者以专业的理论工作者为主，中小学教师的主要职责是自觉学习和应用教育理论，优质高效地开展教育实践，促进学生全面发展。

三、教师应用理论以学习理论为前提

从某种程度上说，学习理论是个体对理论的内化过程，通过内化，个体将外在的理论融入个人知识结构；应用理论则是个体对理论的外化过程，通过外化，个体将所理解的理论付诸实践。因此，学习理论是应用理论的必要前提，应用理论是学习理论的根本目的。根据与理论构建者的关系，教师学习理论有直接学习和间接学习两种类型。所谓直接学习，即教师面对面地向理论工作者学习，它以听报告、现场咨询为主

要形式。所谓间接学习，即教师通过阅读理论工作者的作品来学习。在当今大众传媒
高度发达的时代背景下，教师与理论工作者直接交流的机会有限，教师学习理论的主
要途径是以阅读为主的间接学习。

第二节
理论应用促进教师专业发展的机制

了解理论应用促进教师专业发展的机制，不仅有助于教师提高理论应用的自觉性，
而且有助于教师更为科学地开展理论应用。笔者认为，理论应用促进教师专业发展的
机制主要包括以下三个方面。

一、理论应用是专业的核心特征

在教师专业发展概念中，"专业"修饰"发展"，表示教师发展的方向，即教师专业
发展的方向是专业性，而专业的核心特征就是从业者在实践过程中应用理论。前文已
介绍，我国学者刘捷认为，专业的标准主要有六个。其中，运用专门的知识与技能是
专业的核心特征，构成专业的标准首先需要一套完善的专门知识与技能体系作为专业
人员从业的依据，其他特征都是由它派生而来并依附于它而存在的。[1] 专门知识主要表
现为理论，而专门技能建立在专门知识基础之上，是专门知识的具体化，因此，运用
专门的知识与技能可以概括为理论应用。从日常概念角度说，专业往往意味着拥有和
应用外行人不知道的专门知识。如果说"职业"侧重于强调"报酬"，"事业"侧重于强调
"奉献"，那么，"专业"则侧重于强调"专门知识与技能"。克利夫顿和罗伯兹将教师权
威分为传统权威、感召权威、法定权威和专业权威四种，其中，专业权威主要就是指
教师由于拥有渊博的专门知识与技能而形成的使学生信从的内在力量。[2]

从路径角度说，世界范围内的教师专业发展先后经历了两大阶段：一是"组织发
展"阶段，二是"专业发展"阶段。教师教育界一般认为，"组织发展"阶段主要处于 20
世纪 80 年代之前。该阶段出现了谋求整个专业社会地位提升的工会主义取向路径和
强调教师入职高标准的专业主义取向路径。"专业发展"阶段处于 20 世纪 80 年代之
后。该阶段强调教师个体专业素质提升，先后出现了理智取向路径、实践反思取向

① 刘捷：《专业化：挑战 21 世纪的教师》，62 页，北京，教育科学出版社，2002。
② 吴康宁：《教育社会学》，209 页，北京，人民教育出版社，1998。

路径和生态取向路径。在"专业发展"阶段最早出现的理智取向路径在本质上就是强调教师的理论应用。1987 年，波林纳在一篇题为《知识就是力量》的文章中指出，正是专门知识和技能使医学和法律专业拥有今天的社会地位和社会权力。而"教育研究也已经做好了充分的准备为教学专业带来那样的力量"，"只要我们愿意认真对待它们"。① 波林纳的这段话有四个内涵：一是专门知识对于专业发展非常重要，二是教育理论工作者是专门知识的主要构建者，三是教育理论工作者已经创造出了大量的专门知识，四是要推进教师职业的专业化和教师个体的专业发展，教师需要学习和应用这些专门知识。

理论应用作为专业的核心特征在当代医学领域依然盛行，其典型表现是循证医学运动的兴起。所谓循证医学，就是医生严谨、清晰、明智地运用当前最佳的证据来为患者进行医疗决策。1996 年，英国学者哈格里夫斯在循证医学的启发下提出循证教育学概念，他指出教师与医生所进行的实践决策有相当程度的一致，不同的是，很多医生在决策时会遵循严格的科学证据，而教师更多依赖于个人经验。在他看来，教师要提高专业发展水平，就必须严格遵循研究证据开展教育实践。2001 年，美国颁布《不让一个孩子掉队法案》，反复提到"基于科学的研究"一词，要求教育实践者遵循"基于科学的研究"进行实践。② 显然，教师遵循研究证据开展教育实践在本质上就是教师应用理论。

二、提高教育质量是教师专业发展的根本目的

从本质上说，人的行动是有目的的。然而，行动的目的有正确与错误、恰当与不当之分。教师专业发展的目的多种多样，笔者认为，提高教育质量是教师专业发展的根本目的。

一方面，提高教育质量是教师专业发展过程的最终指向。教师专业发展的路径有多条，本教材从教师角度认为，其主要包括理论应用、实践反思、教师合作、课例研究、道德修养等路径，每条路径都内含多种专业发展活动，而每种活动的根本目的都应该是提高教育质量。在此，笔者主要从理论学习角度来阐述该目的的重要意义。理论学习是教师专业发展的重要途径。从与理论工作者的关系角度说，教师理论学习的形式主要有两种：一是教师培训，即教师通过面对面地接受理论工作者的指导来学习理论；二是教师通过个人进行专业阅读来学习理论。这两种形式的理论学习过程都可能存在不同的最终指向。教师培训的指向可能是提高教育质量，也可能是指向培训学

---

① 教育部师范教育司：《教师专业化的理论与实践》2 版，27～28 页，北京，人民教育出版社，2003。

② 杨文登、叶浩生：《缩短教育理论与实践的距离：基于循证教育学的视野》，载《教育研究与实验》，2010(3)。

分、培训证书等。有研究者把后一种指向的教师培训概括为教师培训的"实工虚做"现象，其重要表现是参加培训的教师在乎的是证书，不担心的是考试，培训后的教学依然如故。① 根据与阅读过程的关系，教师的阅读目的分为外在阅读目的和内在阅读目的两个。外在阅读目的是指那些与阅读过程缺少内在必然联系的目的，如完成阅读任务、接受阅读检查、获得阅读奖励等。内在阅读目的是指那些与阅读过程有内在必然联系的目的，如获得专业知识、促进自身发展、提高教育质量等。其中，提高教育质量是教师根本的内在阅读目的。杜威指出："目的和手段分离到什么程度，活动的意义就减少到什么程度，并使活动成为一种苦工，一个人只要有可能逃避就会逃避。"②提高教育质量与教师专业发展过程是目的与手段的关系，不仅如此，它们之间的关系具有内在性、直接性、必然性。因此，把提高教育质量作为教师专业发展过程的最终指向，有助于教师专业发展过程的持续开展。

另一方面，提高教育质量是教师专业发展结果的实质表现。从载体上说，教师专业发展结果的表现大致分为两种：一种是实质表现，该表现强调教师专业发展的结果主要表现在教师提高自身专业素质，进而提高教育质量、促进所教学生全面发展方面；另一种是形式表现，该表现强调教师专业发展的结果主要是教师是否获得更高职称、更高荣誉，或是否发表论文、是否出版著作、是否获得课题立项等。在评价中小学教师专业发展结果时，形式表现往往被作为一种重要指标。其原因可能有两个方面。其一，形式表现更具有直观性，更容易量化；其二，形式表现往往是专家型教师的特征之一。斯腾伯格指出：获得专家头衔本身并非仅仅是一个"功利"问题，在很多方面它是专长发展的一个先决条件；作为一名专家型教师的含义就是知道如何取得和保持专家头衔。一个教师虽然是专家，但不与教学专长的公众观念相配就可能失去进一步发展的机会。③ 虽然形式表现是教师专业发展结果的重要表现，是教师持续专业发展的重要条件，然而，实质表现是教师专业发展结果更为重要的表现。教师的职责是教书育人，是培养学生全面发展，因此，评价教师工作的根本标准是其教育质量，是其所培养的学生的发展状况。教师专业发展结果的理想表现是实质表现与形式表现相统一，然而，在现实教育领域中，教师专业发展结果不一致的情况经常存在。而在二者不一致的情况下，我们应该更加重视教师专业发展的实质表现，这是教育本质的必然要求。

---

① 周颖华：《教师培训中的"实工虚做"现象解析》，载《东北师大学报（哲学社会科学版）》，2010(4)。
② ［美］约翰·杜威：《民主主义与教育》，王承绪译，117页，北京，人民教育出版社，2001。
③ ［美］R.J.斯腾伯格、J.A.霍瓦斯：《专家型教师教学的原型观》，高民、张春莉译，载《华东师范大学学报（教育科学版）》，1997(1)。

三、理论应用能有效提高教育质量

要论证理论应用能有效提高教育质量，首先需要界定教育质量的评价标准。长期以来，在中小学教育中，教育质量的评价标准存在两个明显的不良倾向。一是片面重视学生的考试成绩。然而，学生的考试成绩更多地与学生的知识与智力相关。二是片面重视部分所谓"优秀"学生的发展状况，而轻视其他学生的发展状况。教育质量的评价标准应该是全体学生的全面发展。在评价教育质量时，一方面，要全面贯彻执行国家的教育方针，重视学生德智体美劳各方面的和谐发展；另一方面，要重视教育结果公平，关注全体学生的发展状况。如此评价教育质量固然有难度，但是并非不可为。学生的发展基础存在差异，在评价教育质量时，有必要重视增值评价，即重视评价全体学生经过教育在各自已有基础上所获得的进步情况。在评价方法上，不局限于量化评价，要赋予质性评价以更大权重。

教育工作不仅具有艺术性，而且具有科学性。教育工作的艺术性要求教师在教育过程中，运用教育机智，灵活应对不断变化的教育情境。而教育工作的科学性，则意味着教育工作有其内在的客观规律，它要求教师要学习和应用教育规律。遵循规律，事半功倍；违背规律，事倍功半，甚至事与愿违。马克思提出"科学技术是生产力"命题，邓小平进一步发展了该命题，提出"科学技术是第一生产力"命题。将其用于教育，我们就能够推出，教育科学技术是教育实践的第一生产力。教育规律、教育科学技术是教育理论的基本要素。关于理论对教育工作的作用，苏霍姆林斯基指出，"我十分尊崇科学，敬重学者"，"理论不仅是照耀真理的光芒，而且是不断地改进实际工作的手段"。[①] 美国"国家阅读小组"研究团队曾对儿童阅读教学进行了 10 万次的试验。结果发现，儿童阅读有效教学有五个关键因素，即音素认知、语音学、流畅度、词汇及理解，并给出了相应的培养措施。该研究还发现，只要按照研究者所推荐的方法进行阅读训练，绝大部分儿童不会出现阅读困难问题。那些能够很好地预防和矫正儿童阅读困难问题、促进儿童阅读能力顺利发展的教师，他们的阅读教学实践在以上五个关键因素的训练方面，总体或部分做得不错。而在总是有超过正常比例阅读困难学生的班级中，教师对于阅读教学的五个关键因素茫然不知。[②] 显然，这些教师没有进行有关阅读教学方面的理论学习和应用。该研究从循证角度很好地证明了理论应用对于提高教育质量的意义。

---

① 转引自吴义昌：《苏霍姆林斯基的教师研究思想》，载《外国教育研究》，2003(8)。

② 杨文登：《循证教育学理论及其实践：以美国有效教学策略网为例》，载《宁波大学学报(教育科学版)》，2012(4)。

第三节
教师理论应用的策略

教师理论应用既能提高教育质量，又能促进自身专业发展，这两个结果内在地统一在一起。正如马克思、恩格斯指出的那样："人创造环境，同样，环境也创造人。""环境的改变和人的活动或自我改变的一致，只能被看作是并合理地理解为革命的实践。"①教师对于理论对自身发展的价值存在自相矛盾的心理，即一方面认为理论对自己有价值，另一方面又认为理论对自己没有价值。

美国学者阿吉里斯和舍恩提出的行动理论能够很好地解释教师的这种自相矛盾心理。该理论认为，人的行动都是受"理论"支配的，人所拥有的"理论"有两种：一种是"信奉理论"，另一种是"使用理论"。所谓"信奉理论"，是指行动者所宣称的应该遵行的理论；所谓"使用理论"，是指行动者从实际行动中所推论出来的理论。在他们看来，支配行动者行动的不是"信奉理论"，而是"使用理论"。行动者的这两种理论可能一致，但也可能矛盾，从而使行动者言行不一。② 根据该理论，对于教师的理论学习与应用来说，教师的"信奉理论"是"理论有用"，教师的"使用理论"则是"理论无用"，而真正指导教师进行理论学习和应用理论的是其"使用理论"。教师之所以会形成"理论无用"的"使用理论"，是因为他们在多次学习和应用理论后发现"理论无用"。

理论对于教师的价值是毋庸置疑的，正如英国学者迪尔登指出的那样，教育理论是否有用是个假问题，真正的问题是："要用哪种理论？需用多少？以什么方式用？为谁而用？何时何地用？"③所有这些都意味着理论对于教师的价值不是自动出现的，教师要恰当地进行理论应用还需要采取正确的策略。笔者认为，教师理论应用的策略主要包括以下五个方面。

一、判断理论的真理性

理论是系统化的理性认识成果。理性认识的基本形式包括概念、命题和推理。从内容上说，理论的真理性是存在差异的：有的理论具有很强的真理性，反映了事物的

---

① 转引自王道俊、郭文安：《教育学》7 版，40 页，北京，人民教育出版社，2016。

② 李莉春：《"信奉理论"与"使用理论"之辩及其对教育实践的意义》，载《外国教育研究》，2010(1)。

③ 转引自吴义昌：《反思与重建：教师的教育理论价值观》，载《教育理论与实践》，2009(31)。

本质和规律；有的理论具有较强的真理性，只在一定程度上反映了事物的本质和规律；有的理论不具有真理性，是"伪科学"。因此，如果要通过理论应用提高教育质量，促进专业发展，教师必须首先判断理论的真理性。

当今时代，理论的载体主要有期刊、图书、报纸、网络等。在此，笔者从学术界常用的期刊论文角度来探讨理论的真理性。判断理论真理性的标准有外在标准和内在标准之分。

判断理论真理性的外在标准主要有四个。

一是作者的权威性。一般来说，在某个领域具有一定权威的作者由于其具有扎实的专业知识基础或实践经验基础，他所构建的理论的真理性往往较强。

二是发表理论的刊物的权威性。在期刊出版界，有专门组织对期刊的质量进行评估，譬如，把期刊分为普通期刊、核心期刊等。一般来说，发表在核心期刊上的理论的质量要高于发表在普通期刊上的理论的质量。

三是发表理论的时间。研究具有累积性，新的理论往往建立在已有研究基础之上，是对已有研究成果的批判、继承和发展，所以，一般来说，发表的时间越晚，理论的真理性往往就越强。

四是理论的引用情况。这里所说的引用是指作为肯定的证据而进行的引用。正式出版的文摘、复印资料以及网络文献系统所统计的被引次数等在一定程度上能够反映理论的引用情况。一般来说，被引量越大，意味着其被认可的程度越高，真理性越强。

根据以上标准，有学者甚至指出，从一篇论文所引用的参考文献情况大致就可以看出该论文的质量。在论文中，作者引用参考文献的主要目的是给自己的论点提供证据，而文献的质量代表着证据的质量。

判断理论真理性的内在标准主要是指从研究方法角度来判断理论的真理性。循证教育学根据研究方法的严谨性对证据质量进行了分级。譬如，美国教育部将证据分为六个等级：Ⅰ级是随机对照实验；Ⅱ级是准试验研究，包括前测与后测试验；Ⅲ级是有统计控制的相关研究；Ⅳ级是没有统计控制的相关研究；Ⅴ级是个案研究；Ⅵ级是传言或掌故。[①] 基于循证教育学，研究方法越严谨，理论的真理性就越强。

理论的真理性存在差异，有些理论甚至是伪科学。假如教师学习和应用了伪科学，那么，该理论对于教师的实践与其专业发展就没有任何益处。经过实践，教师必然会得出"理论无用"的"使用理论"。因此，教师在应用理论时，必须首先对理论的真理性进行判断。从理论学习的方法角度说，教师在应用理论前需要先运用泛读方法进行理论学习，在对理论的真理性进行判断后，再对选择出的具有真理性的理论进行精读，

---

① 杨文登、叶浩生：《缩短教育理论与实践的距离：基于循证教育学的视野》，载《教育研究与实验》，2010(3)。

并加以应用。

二、恰当确定理论应用的目的

从理论应用的功能指向角度说，教师理论应用的目的主要有三个：一是促进学生发展，二是促进社会发展，三是促进教师自身发展。在这三个目的中，促进学生发展应该是教师理论应用的本体性目的。从社会分工角度说，教师角色是因学生而存在的，如果忽视了学生的发展，那么，教师专业发展将失去其最根本的意义。因此，在理论应用过程中，教师不仅应该将促进学生发展与促进自身发展相统一，而且要意识到只有通过促进学生发展来促进自身发展才有意义，才符合教育的本质规定。

从提高教育质量的功能性质角度说，教师理论应用的目的大致分为两种：一是实践改进目的，该目的是指教师重视在实践没有出现迫切需要解决的问题时就学习并应用理论，以求对实践进行更高水平的完善和创新。二是问题解决目的，该目的是指教师在实践出现迫切需要解决的问题时学习并应用理论，以求解决眼前的现实问题，使实践恢复常态。问题解决目的不仅表明教师具有责任心，能够直面问题，而不是回避或掩饰问题，而且表明教师具有科学精神，相信理论在解决实践问题中的作用，因而该目的有其重要价值。然而，笔者认为，教师理论应用的实践改进目的更为重要。首先，实践改进目的有助于教师发现实践问题。有学者认为，作为实践领域的教育，其逻辑可能不是从一些实践问题开始，然后到处寻找或者创造某种适宜的理论，"事情恰恰相反，为了能看清楚问题在哪里，问题的真正含义是什么，我们先要有理论"[1]。赫尔巴特指出："我曾要求教育者懂得科学，具有思考力。我不把科学视为一副眼镜，而把它看作一双眼睛，而且是一双人们可以用来观察各种事情的最好的眼睛。"[2]如果缺少作为评判标准和观察工具的科学理论，教师很可能会成为柏拉图在《理想国》一书中所描述的不辨真伪的"洞穴人"，他们对自己业已存在的实践问题就可能视而不见，这些问题对他们来说就可能成为黑格尔所说的"存在着的无"。其次，实践改进目的有助于教师持续学习和应用理论。对于重视问题解决的教师来说，"有问题就通过理论学习来解决问题"是正常的事情，而当实践没有出现问题时，或者自认为实践没有出现问题时，教师理论学习和应用的必要性就没有了。而在实践改进目的中，教师重视在实践没有出现问题时学习和应用理论。在某种程度上，这就意味着教师"没问题而找问题"，意味着教师借助理论发现并解决问题。由此可以推知，当这些教师真正遇到迫切需要

---

① 转引自易凌云：《论教师的教育理论意识》，载《教师教育研究》，2007(4)。

② ［德］赫尔巴特：《普通教育学、教育学讲授纲要》，李其龙译，12页，杭州，浙江教育出版社，2002。

解决的问题时，他们更可能重视借助理论应用来解决问题。因此，实践改进目的有助于教师持续不断地学习和应用理论。最后，实践改进目的能够增强教师的个人教育效能感。个人教育效能感是指教师对自己是否有能力完成教育教学任务、教好学生的信念。[1] 个人教育效能感强的教师在工作时不仅充满信心、积极投入、心情愉快，而且往往会取得更好的教育效果。问题解决目的意味着教师的实践出现了问题，意味着教师的素质存在不足，因此在教师专业发展中，它具有缺陷取向；而实践改进目的建立在教师的实践没有出现问题、教师能够胜任工作的基础上，因此在教师专业发展中，它具有成长取向，能够有效增强教师的个人教育效能感。

三、合理选择理论应用的主要时机

教学是学校的中心工作，它同样是教师的主要工作。一个完整的教学过程主要包括三个环节，即教学前的教学设计、教学中的教学实施和教学后的教学反思。教师理论应用的主要时机既不是在教学实施中，也不是在教学反思中，而是在教学设计中。

首先，教学实施具有紧迫性，它使得教师没有机会应用理论。陈向明教授指出，在教学实施过程中，"行动者需要在有限的时间内迅速作出决定，并采取行动。这种紧迫感预先就排除了许多在理论上完全可能的行动路线和方案"[2]。理论应用是一个复杂的过程，在教学实施过程中，教师面对教学问题时，无论是寻找合适的理论，还是将理论具体化，都需要一定的时间。然而，在面对班级几十位学生正在跟随自己学习的情况下，教师不可能停下来思考："对于这个问题，我该如何运用理论来解决？"因此，如果将理论应用的主要时机选择在教学实施中，那么教师必然会得出"理论无用"的结论。

其次，教学反思中的理论应用对本次教学效果没有作用。教学反思与教学实施的明显区别是它没有严格的时间限制，教师有比较宽裕的时间用来进行教学反思。这为教师在教学反思中借助理论对教学设计和教学实施进行反思提供了现实可能性。事实上，很多研究者主张，教师在教学反思中不能仅将其停留在经验层面，而要从理论层面对其进行深入思考，对教学设计和教学实施进行深刻的解释和说明。如此教学反思对于教师以后的教学过程当然具有重要价值，然而，因为它毕竟是"事后反思"，所以它对本次教学设计和教学实施没有产生影响。然而，对于学生发展来说，每一次教学过程都是重要的。在当前中小学教师的教学反思中，不少教师在教学反

---

① 林崇德：《教育的智慧：写给中小学教师》，32 页，北京，北京师范大学出版社，2005。

② 陈向明：《实践性知识：教师专业发展的知识基础》，载《北京大学教育评论》，2003(1)。

思之后，就将其束之高阁，缺少改进行为跟进。在这种情况下，教学反思对教学实践的促进作用就更小。进一步说，由于种种原因，一些教师不重视教学反思，很少进行教学反思。在这种情况下，仅仅通过教学反思中的理论应用来增强教学效果更无从谈起。

最后，教学设计中的理论应用决定了教学实施和教学反思内在地包含理论应用。与教学反思环节一样，在教学设计环节，教师的理论应用也没有时间限制，只要愿意，教师有比较宽裕的时间用来选择和应用理论。因为教学实施是对教学设计的具体落实，而教学反思的主要内容是对教学设计和教学实施的反思，所以，只要教师在教学设计中应用了理论，那么，教师在教学实施和教学反思中就自然渗入了理论的因素。更为重要的是，理论应用下的高质量的教学设计对高质量的教学实施和教学反思都具有直接的积极影响。

四、创造性地应用理论

一些教师期望理论不经过自己的创造而能够"拿来就用""一用就灵"，这些教师在与专家交流时常说"不要讲抽象的大道理，直接告诉我们如何做"。如果持如此机械操作的理论应用观，不能创造性地应用理论，那么，教师在理论应用之后，必然会得出"理论无用"的结论。德国当代哲学家哈贝马斯指出："科学概括出来的知识，并不能直接驱使社会实践，还必须有一个'启蒙过程'，以使特定情境中的实践者能够对自己的情境有真正的理解，并做出明智而谨慎的决定。"[1]教师只有创造性地应用理论，才能发挥理论的重要价值，这是由教育理论和教育实践所具有的各自的不同特征决定的。理论与实践有诸多不同特征，舍恩认为，理论具有专精化、界限明确、科学化与标准化等特征，而实践具有复杂性、不确定性、不稳定性、独特性和价值冲突性等特征。[2] 在此，主要从以下两个方面来分析教育理论与教育实践的不同特征及其对教师创造性应用理论的要求。

一方面，教育理论具有局部性，而教育实践具有整体性。教育理论的局部性是指它是对教育实践中的局部现象或问题进行研究的结果。从学科角度说，教育理论的局部性主要表现为教育理论工作者一般都有自己的学科研究领域。而教育实践是整体的，虽然每位教师都有自己的任教学科，但是在开展某一学科的教学过程中，教师绝不可

---

① 转引自饶从满、王春光：《反思型教师与教师教育运动初探》，载《东北师大学报（哲学社会科学版）》，2000(5)。

② ［美］唐纳德·A. 舍恩：《反映的实践者：专业工作者如何在行动中思考》，夏林清译，21～33页，北京，教育科学出版社，2007。

能只用某一个教育理论，只用某一门教育学科理论。苏霍姆林斯基认为，在培养学生全面发展的工作中，"没有哪一样是次要的东西"，教师在研究某个具体问题时，不能忽视教学和教育的其他问题、方面、因素、组成部分和角度，必须使教学和教育这一复杂过程的所有其他方面都达到一定的高度。因此，在他看来，教师在应用某一理论开展研究的过程中，不允许实际工作中的任何一个方面放松、简单化和粗糙，不允许把全部力量和全部注意力都转移到跟当前研究对象最贴近的那个实践领域中去，否则就会使研究工作变得毫无意义。① 因此，教师在应用某一理论时必须根据实践的整体性特征，兼顾其他理论，从而创造性地应用该理论。

另一方面，教育理论具有抽象性，教育实践具有具体性。教育理论的抽象性是指它"省略"了教育实践的非本质特征，它不可能告诉某位教师"下周一早上应该做什么"。而教育实践是具体的，正如叶澜教授所指出的那样："一个教师尽管教同一门课，面对同一批学生，但他（她）在每节课上所处的具体情况和经历的过程都并不相同，每一次都是唯一的、不可重复的、丰富而具体的综合。教师的创造才能、主导作用，正是在处理这些活的情境中得到发挥。"②因此，任何教育理论都不能为个别教师的个别教育实践问题开出拿来就用的"教育处方"，教师只有创造性地应用理论，具体问题具体分析，才能够真正发挥理论的实践指导价值。

一些教师不想创造性地应用理论，部分原因在于他们往往认为创造太难，自己不能创造。其实不然，创造是人的本能，正如陶行知在《创造宣言》中所说的那样，"处处是创造之地，天天是创造之时，人人是创造之人"。莎士比亚说，有一千个读者，就有一千个哈姆雷特。不同的人，由于个人知识经验和视角的不同，对于同一个阅读内容必然会产生不同的见解，而如此不同的见解就蕴含着个人的创造。显然，这种创造也是自然而然发生的。创造内在地拒绝固定的程式，因而它为有意创造的人留下了巨大的可能性。在创造性地应用理论的过程中，教师可以根据自己与教学工作有关的主客观状况，将某一真理性的理论灵活地应用于教学理念、教学目标、教学内容、教学手段、教学方法、教学途径、教学组织形式、教学评价等任一具体方面。

五、建立理论应用的内在精神保障

教师理论应用的顺利开展需要外部与内部多方面的保障。其中，外部保障主要包括两个方面：一是理论工作者要努力提供面向教师的优秀理论研究成果，让教师喜闻

---

① 吴义昌：《苏霍姆林斯基的教师研究思想》，载《外国教育研究》，2003(8)。
② 叶澜：《让课堂焕发出生命活力：论中小学教学改革的深化》，载《教育研究》，1997(9)。

乐见、容易理解和应用；二是教育管理者要重视制定能够引导教师积极应用理论来提高教育质量的教师评价管理制度。内部保障也包括两个方面：一是内部能力保障，它是指教师要具有理论应用的能力，它涉及教师"能不能"进行理论应用；二是内部精神保障，它是指教师要具有理论应用的意愿，它涉及教师"愿不愿"进行理论应用。

在上述保障中，内部保障比外部保障更重要。从制度角度说，任何制度都有不完善之处，任何制度都具有既可以使人向善，又可以使人趋恶的可能空间。正如鲁洁教授所认为的那样，"制度植根于人心，没有人心的健全，制度的健全就是无本之木"。① 在同样的制度之下，不同的人会有不同的行为。因此，对于教师的理论应用，内部保障要比外部保障更为重要。而在内部保障中，内部精神保障要比内部能力保障更为重要。清代彭端淑的《为学一首示子侄》一文写道："天下事有难易乎？为之，则难者亦易矣；不为，则易者亦难矣。"前文已经提到，在创造性地应用理论方面，根据陶行知的有关创造的思想，这一方面其实并不难。对于教师理论应用来说，不少教师不是"不能为"，而是"不愿为"。在基础教育领域，教育理论所倡导的是素质教育，所追求的是学生的全面发展，而教师所面临的外部环境还存在一定的应试教育倾向。为了从外部获得更多的个人利益，一些教师就可能远离教育理论，转而学习和应用那些能够迅速提高学生考试成绩的"题海战术"等所谓"应试诀窍"。在外部环境尤其是外部制度环境还不完善的现实条件下，不少教师不是缺少理论，不是不会应用理论，而是不想、不愿应用理论。因此，在理论应用过程中，教师的内部精神保障要比内部能力保障更为重要。

要建立理论应用的内在精神保障，教师应着重从以下两个方面做出努力。一方面，教师应将学生发展置于自身利益之上。在我国大力发展社会主义市场经济和坚持依法治国的时代背景下，教师追求正当的自身利益无可非议，然而，教师必须坚持权利与义务对等理念，应重视通过有效履行促进学生全面发展的职责而获得自身利益，坚决摒弃将自身利益建立在损害学生全面发展基础上的行为。英国伦理学家、法学家、哲学家边沁把判断个人行为是否道德的标准确定为该行为所造成的苦乐多少，并强调把感受到苦乐的人数作为重要衡量指标，认为道德的基本原则是追求最大多数人的最大幸福。② 根据边沁的伦理学思想，教师追求自身利益是道德的，然而，教师的这种道德离不开促进学生全面发展，如果教师在追求自身利益的过程中损害了学生的全面发展，那么，教师的行为就会变为不道德。另一方面，教师要提升生命境界。冯建军教授将人的生命分为三维，即自然生命、社会生命和精神生命。③ 据此笔者认为，教师的生命

① 转引自鲁洁：《超越性的存在：兼析病态适应的教育》，载《华东师范大学学报（教育科学版）》，2007(4)。
② 廉海波：《中西功利主义思想比较与启迪：从义、利观的视角分析》，载《学术论坛》，2006(10)。
③ 冯建军：《生命与教育》，209～211页，北京，教育科学出版社，2004。

境界分为自然生命境界、社会生命境界和精神生命境界三个层面。教师要顺利进行理论应用，就需要提升生命境界，尤其要提升精神生命境界，只有这样，教师才能发挥主体性，超越个人名利，追求教育真理，切实做到通过理论应用来提高教育质量，同时促进自身专业发展。

本章小结

　　教师自觉学习理论并将其应用于自己的实践，不仅能够有效提高教育实践质量，而且能够显著促进自身专业发展。教师所应用的理论以广义的教育理论为主。虽然教师从某种程度上说能够构建理论，但是，教师所应用的理论主要来自专业理论工作者。掌握和运用以专门知识及专门技能为主要内容的理论不仅是专业的核心特征，而且是专业人员区别于普通职业工作者的根本标志。要改变"理论无用"的不良观念，在教育实践过程中切实有效地自觉应用理论，教师必须选择那些具有真理性的理论，要把理论应用的主要目的定位于改进实践，把理论应用的主要时机安排在教学设计中，要具体问题具体分析，创造性地应用理论。更为重要的是，教师要将学生发展置于自身利益之上，提升个人精神生命境界，从而为理论应用提供坚实的内在精神保障。

章后练习

　　1. 教师在教育实践中所应用的理论主要是谁构建的？为什么？

　　2. 理论应用促进教师专业发展的机制是什么？

　　3. 为什么教师口头上说理论有用，但在实践中较少应用理论？

　　4. 所有的理论都能有效指导实践吗？

　　5. 教师应用理论的主要目的是改进实践，还是解决实践问题？为什么？

　　6. 教师应用理论的主要时机是在教学设计中，还是在教学实施中？为什么？

　　7. 教师为什么必须创造性地应用理论？

延伸阅读

　　1. 鲁洁：《超越性的存在：兼析病态适应的教育》，载《华东师范大学学报（教育科学版）》，2007(4)。

2. 易凌云：《论教师的教育理论意识》，载《教师教育研究》，2007(4)。

3. 吴义昌：《反思与重建：教师的教育理论价值观》，载《教育理论与实践》，2009(31)。

4. 李莉春：《"信奉理论"与"使用理论"之辩及其对教育实践的意义》，载《外国教育研究》，2010(1)。

5. 上海市教师学研究会"上海市中小幼教师读书现状调研"课题组：《读书，教师的态度 上海市中小幼教师读书现状调查》，载《上海教育》，2014(27)。

6. 彭虹斌：《教育理论、教育政策与教育实践三者关系研究》，载《教育科学研究》，2017(3)。

7. 李佳丽：《芬兰"研究为本"的教师教育课程设置探析》，载《比较教育研究》，2018(6)。

8. 杨文登、叶浩生：《缩短教育理论与实践的距离：基于循证教学的视野》，载《教育研究与实验》，2010(3)。

9. 叶澜：《转化融通在合作研究中生成：四论教育理论与教育实践的关系》，载《教育研究》，2021(1)。

第七章

教师专业发展的实践反思路径

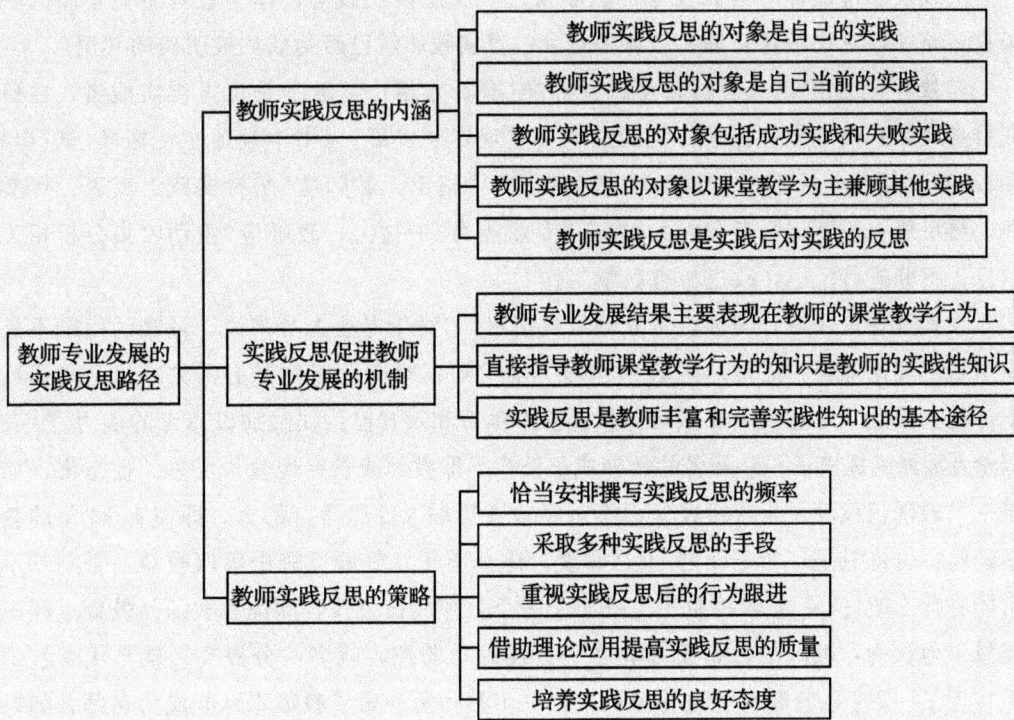

```
                                    ┌─ 教师实践反思的对象是自己的实践
                                    │
                                    ├─ 教师实践反思的对象是自己当前的实践
                                    │
                 ┌─ 教师实践反思的内涵 ┼─ 教师实践反思的对象包括成功实践和失败实践
                 │                  │
                 │                  ├─ 教师实践反思的对象以课堂教学为主兼顾其他实践
                 │                  │
                 │                  └─ 教师实践反思是实践后对实践的反思
                 │
                 │                  ┌─ 教师专业发展结果主要表现在教师的课堂教学行为上
 教师专业发展的      ├─ 实践反思促进教师  │
 实践反思路径    ────┤   专业发展的机制   ┼─ 直接指导教师课堂教学行为的知识是教师的实践性知识
                 │                  │
                 │                  └─ 实践反思是教师丰富和完善实践性知识的基本途径
                 │
                 │                  ┌─ 恰当安排撰写实践反思的频率
                 │                  │
                 │                  ├─ 采取多种实践反思的手段
                 │                  │
                 └─ 教师实践反思的策略 ┼─ 重视实践反思后的行为跟进
                                    │
                                    ├─ 借助理论应用提高实践反思的质量
                                    │
                                    └─ 培养实践反思的良好态度
```

章前导语

教师成长＝经验＋反思，这一公式在教育界得到普遍认同，这说明实践反思是教师专业发展的一条重要路径。教师实践反思与反思性教学的本质区别在于，前者强调教师在实践后进行反思，而后者强调教师在教学实施过程中灵活应对不断变化的教学情境。要提高实践反思在促进教师专业发展中的效果，从教师角度说，既有赖于深刻理解实践反思促进教师专业发展的机制，又有赖于全面掌握和熟练应用实践反思的各种策略。

实践反思常被称为自我反思、教学反思、反思性实践等，作为教师专业发展的一条重要路径，它在教育管理、教育理论和教育实践领域已经达成比较明确的共识。

在教育管理领域，《教师教育课程标准（试行）》指出，教师是反思性实践者，在研究自身经验和改进教育教学行为的过程中实现专业发展。《中学教师专业标准（试行）》和《小学教师专业标准（试行）》在"基本理念"中指出，教师应"坚持实践、反思、再实践、再反思，不断提高专业能力"，在"专业能力"中指出，教师应"主动收集分析相关信息，不断进行反思，改进教育教学工作"。

在教育理论领域，美国教育家舒尔曼指出："对于专业人员来说，最难的问题不是应用新的理论知识，而是从经验中学习。学术知识对专业工作是必需的，但又是远远不够的。因此，专业人员必须培养从经验中学习和对自己的实践加以思考的能力。"[1]美国学者波斯纳提出了一个著名的教师成长公式，即教师成长＝经验＋反思。他指出，如果一个教师仅仅满足于获得经验而不对经验进行深入的思考，那么，即使有 20 年的教学经验，也许只是一年工作的 20 次重复，除非善于从经验反思中吸取教益，否则就不可能有什么改进。[2] 林崇德教授也提出了一个教师成长公式，即优秀教师＝教育过程＋反思。他认为：教师的教育工作，多一分反思与监控，就多一分提高，就与优秀教师更接近了一程。[3] 叶澜教授也曾经说过，一个教师写一辈子教案不可能成为名师，如果一个教师写三年教学反思就有可能成为名师。

在教育实践领域，许多优秀教师都有勤于反思的习惯。2019 年 9 月 29 日，中华人民共和国国家勋章和国家荣誉称号颁授仪式在北京人民大会堂金色大厅隆重举行。中共中央总书记、中华人民共和国主席、中央军委主席习近平给上海市杨浦高级中学名誉校长于漪佩戴上金色的"人民教育家"奖章。这是共和国首次颁发"人民教育家"这一

---

① ［美］李·舒尔曼：《理论、实践与教育的专业化》，王幼真、刘捷编译，载《比较教育研究》，1999(3)。

② 张立昌：《试论教师的反思及其策略》，载《教育研究》，2001(12)。

③ 林崇德：《教育的智慧：写给中小学教师》，36 页，北京，北京师范大学出版社，2005。

国家荣誉称号，于漪作为基础教育界的唯一代表获此殊荣。于漪说："我能不能做一名合格的教师，就看我一辈子怎么努力学做教师。我一辈子学做教师有两根支柱：第一根支柱是勤于学习；第二根支柱是勇于实践。两根支柱的聚焦点就是不断地反思。"①

研究实践反思有多个不同的视角，如教学视角、教师研究视角、教师培养视角等。在本章，笔者将从教师专业发展路径视角，对教师实践反思的内涵、实践反思促进教师专业发展的机制和教师实践反思的策略三个方面对教师实践反思进行深入探讨。

第一节
教师实践反思的内涵

教师实践反思是指教师以自己当前的教育实践为对象，对自己在教育实践中所采取的行为以及由此所产生的结果进行回顾性思考的活动。在该定义中，教师实践反思的内涵主要包括以下五个方面。

一、教师实践反思的对象是自己的实践

从实践主体角度说，教师实践反思的对象大致包括自己的实践和他人的实践两个方面。教师自己与他人的实践具有很多相通之处，根据班杜拉的观察学习理论，他人实践的成败能够为自己提供替代性强化，从而影响自己的实践行为。因此，通过思考他人的实践，教师能够从中获得诸多方面的启示，从而有助于自己的教育实践和自身专业发展。不过，笔者认为，教师通过思考他人的实践以求实践改进和专业发展，属于同伴互助范畴，本教材将在后面对此进行深入探讨。根据上述定义，教师实践反思的对象是自己的实践。也正因为如此，实践反思往往又被称为自我反思。

二、教师实践反思的对象是自己当前的实践

从实践发生的时间角度说，教师实践反思的对象大致分为教师自己以往的实践和教师自己当前的实践。教师专业发展是一个漫长的过程，思考自己以往的教育实践能够为教师专业发展提供重要基础，能够帮助教师深刻地理解自己当前教育行为的深层次个人原因。为此，有研究者倡导教师研究自身的教育故事，撰写教育自传。笔者认

---

① 转引自于漪：《办学：追求理解境界》，155 页，上海，上海教育出版社，2017。

为，思考自己以往的教育实践固然有助于教师专业发展，但是，由于它离当前的教育实践较远，难以对当前的教育实践产生直接影响，因此，教师实践反思的对象应该以自己当前的实践为主。事实上，教师当前的教育实践中蕴含着以往教育实践的经验积淀，是以往教育实践经验的反映。

三、教师实践反思的对象包括成功实践和失败实践

从实践结果的性质角度说，教师实践反思的对象大致分为两类：一类是成功实践，另一类是失败实践。在汉语语境中，当说某人对某事应该"好好反思"时，常常被认为是某人对某个失败的行为进行深入的回顾性思考。笔者认为，教师实践反思的对象既包括自己当前的成功实践，也包括自己当前的失败实践。失败是成功之母，然而，成功更能完善人生。教师教育研究告诉我们，几乎所有的优秀教师都有很强的专业自信，都有很强的个人教育效能感。人无完人，金无足赤。每个教师都可能有自己的实践风格，都有自己的实践强项与弱项。如果教师把实践反思的对象局限于自己当前失败的实践，那么，教师通过实践反思常常体验到的是自己的不足，是自身存在的缺陷；而当教师经常对自己的成功实践进行反思时，教师能够更多地体验到自己的长处、优点，这对于教师增强专业自信更有帮助。

四、教师实践反思的对象以课堂教学为主兼顾其他实践

根据教师的常规工作内容，教师实践反思的对象大致包括四个方面。一是课堂教学。在该实践中，教师以系统知识为基础促进学生全面发展。二是班级管理。我国中小学实行班主任制度，许多教师需要承担班主任职责，开展班级管理实践。三是综合实践活动指导。《基础教育课程改革纲要(试行)》要求"从小学至高中设置综合实践活动并作为必修课程"，因此，许多教师需要指导学生有效开展综合实践活动。四是与同事、家庭和社会沟通。优秀教师不是"单干户"，他必然要与同事、家庭和社会进行必要的沟通，协调和整合各方面教育力量，从而有力地促进学生全面发展。因此，教师实践反思的对象应该包含上述四个方面。不过，教育学原理告诉我们，教学是学校实现培养目标的基本途径，是学校的主要工作。"我国教育的实践经验，从正反两个方面证明：学校坚持以教学为主的原则，教育质量就能提高；反之，教育质量则会下降。"[①]由于课堂教学是教学的主要形式，因此，教师实践反思的对象以课堂教学为主，兼顾其他实践。

---

① 王道俊、郭文安：《教育学》7 版，150 页，北京，人民教育出版社，2016。

五、教师实践反思是实践后对实践的反思

根据反思的时间，教师实践反思分为以下三种：一是对实践的反思。该实践反思常被称为教学后反思，它发生在实践之后，是对教学实践进行回顾性分析和思考。这一类型的反思主要是教师在课后对整个教学过程进行思考性回忆，它包括对教学观念、教学行为和学生的表现以及教学的成功与失败进行理性分析。二是实践中的反思。该实践反思常被称为教学中反思，它发生在教学过程之中，是教师在教学过程中不断对问题及其情境进行思考、探究，以期更好地解决在课堂教学活动中出现的问题。教师在反思中必须具备驾驭课堂教学的调控能力，因为这一阶段的反思强调解决发生在课堂教学现场的问题。三是为实践的反思。该反思常被称为教学前反思，发生在教学前的备课阶段，有助于教师发展智慧技能。教师智慧技能主要表现在两个方面：一方面，是看能否预测学生在学习某一教学内容时可能会遇到哪些问题；另一方面，是看能否寻找到解决这些问题的策略和方法。[1] 上述三种实践反思对于教师的教学实践和自身专业发展显然都具有非常重要的意义，它们在教师的教学活动过程中都不可或缺。根据对教师实践反思的定义，本教材把教师实践反思界定为教师实践后对实践的反思。如此界定，主要基于以下两方面考虑。其一，如此界定更符合"反思"的基本含义。《现代汉语词典》(第 7 版)对"反思"的解释是，"思考过去的事情，从中总结经验教训"[2]。从该含义来看，教师实践反思应该发生在实践之后。其二，如此界定更侧重于教师专业发展。教师虽然通过为实践的反思和实践中的反思对自身专业发展会产生促进作用，但是，在这些反思中，教师首先关注的是教学过程的有效进行。而教师通过实践后的反思来总结经验教训，则具有更为明显的促进自身专业发展的意蕴。

第二节
实践反思促进教师专业发展的机制

教师深入了解实践反思促进教师专业发展的机制，不仅有助于提高实践反思的自觉性，而且有助于增强实践反思的科学性。实践反思促进教师专业发展的机制主要表现在以下三个方面。

---

[1]　朱旭东：《教师专业发展理论研究》，185 页，北京，北京师范大学出版社，2011。
[2]　中国社会科学院语言研究所词典编辑室：《现代汉语词典》7 版，362 页，北京，商务印书馆，2016。

一、教师专业发展结果主要表现在教师的课堂教学行为上

教师专业发展的结果表现在多个方面，如教师的课堂教学行为、学生的发展结果、教师发表的论文、教师获得的荣誉称号等。教师专业发展结果主要表现在课堂教学行为上，具体理由主要有两个方面。

一方面，教师的课堂教学行为具有较强的可观察性，它能够使教师专业发展结果得到及时而客观的评价。教师的根本职责是教书育人，促进学生全面发展。从理论上说，学生的发展应该是评价教师劳动的根本标准，进而是评价教师专业发展结果的根本标准。然而，评价学生的发展是一件非常复杂的事情。教育学告诉我们，教师的劳动价值具有模糊性、滞后性和隐蔽性，所有这些特点都与学生的发展有直接关系。[①] 由于教师劳动价值具有上述特点，因而，教师专业发展结果难以用学生发展结果来进行及时而客观的评价。然而，教师的课堂教学行为具有较强的可观察性，它是教师专业发展结果的直接外化。因此，教师专业发展的结果主要表现在课堂教学行为上。事实上，许多名师的"成名"往往首先表现在课堂教学中。

另一方面，教师良好的课堂教学行为是教师履行职责的根本要求。一些教育管理部门把中小学教师所发表的论文及获得的立项课题作为教师专业发展结果的重要评价指标，笔者认为，这并不妥当。笔者并不否认中小学教师能够发表论文，也不否认中小学教师发表论文的价值。中小学教师发表论文的主要价值在于他们像大学教师那样，通过自己的科研劳动，促进教育科学的繁荣，为其他教师有效开展实践提供指导，为教育政策和制度的科学制定提供参考。问题的关键在于，中小学教师的根本职责并不在此。《中华人民共和国教师法》第三条指出："教师是履行教育教学职责的专业人员，承担教书育人，培养社会主义事业建设者和接班人、提高民族素质的使命。"中小学教师专业标准指出，中小学教师是履行中小学教育工作职责的专业人员，中小学教师应"把学科知识、教育理论与教育实践相结合，突出教书育人实践能力"。更为现实的是，中小学教师发表论文、获得立项课题具有极强的外部条件限制。仅从数量角度说，根据教育部2021年公布的数据，2020年，我国义务教育阶段共有专任教师1029.49万人。[②] 然而，能够发表中小学教师论文的期刊数量与中小学教师数量相比微乎其微，分配给中小学教师的立项课题数量与中小学教师数量相比更少。因此，如果把所发表的论文及获得的立项课题作为教师专业发展结果的重要评价指标，它可能由于其实现的

---

① 王道俊、郭文安：《教育学》7版，395页，北京，人民教育出版社，2016。

② 《教育部：2020年我国高等教育毛入学率达54.4%》，https://www.eol.cn/news/yaowen/202103/t20210302_2079671.shtml，2022-03-22。

可能性极低而减弱教师的专业发展动机。不仅如此，在一定程度上，它还可能引起中小学教师的"内卷"现象，甚至导致教师出现学术不端等严重违背师德的行为，这些行为与教师专业发展的初衷大相径庭。2020年，中共中央、国务院印发的《深化新时代教育评价改革总体方案》在关于教师评价方面指出："坚决克服唯分数、唯升学、唯文凭、唯论文、唯帽子的顽瘴痼疾。""坚持把师德师风作为第一标准。坚决克服重科研轻教学、重教书轻育人等现象，把师德表现作为教师资格定期注册、业绩考核、职称评聘、评优奖励首要要求，强化教师思想政治素质考察，推动师德师风建设常态化、长效化。""突出教育教学实绩。把认真履行教育教学职责作为评价教师的基本要求，引导教师上好每一节课、关爱每一个学生。""完善中小学教师绩效考核办法，绩效工资分配向班主任倾斜，向教学一线和教育教学效果突出的教师倾斜。"①因此，教师专业发展结果主要表现在课堂教学行为上。事实上，如果教师具有高质量的课堂教学行为，那么学生必然能够高质量地投入课堂学习活动之中，而学生每一节课高质量的学习活动是其全面发展的根本保障。

二、直接指导教师课堂教学行为的知识是教师的实践性知识

从本质上说，人是理性的动物，人的行为受其理性指导，受其所拥有的知识支配。教师的课堂教学行为也不例外。从抽象程度和来源角度说，教师所拥有的知识大致分为两类：一类是理论性知识，另一类是实践性知识。所谓理论性知识，是指教师所拥有的分门别类的抽象性知识，这些知识着重反映教育的本质和规律。虽然教师可能在一定程度上自己构建理论性知识，但是，教师主要通过学习，从外部的理论工作者那里获得理论性知识。所谓实践性知识，是指教师所拥有的综合的具体性知识。这些知识着重反映教育实践的特殊性，它主要来自教师自己的经验，是教师经验的积淀。如此划分教师所拥有的知识类型，意味着实践性知识进入了知识的殿堂，教师也成了知识的创造者。如果说理论工作者创造的主要是理论性知识，那么，教师所创造的主要是实践性知识。陈向明教授明确地把教师拥有的知识分为这两类，她指出，理论性知识通常呈外显状态，可以为教师和专业理论工作者所共享，是教师知识冰山露出水面的部分。而实践性知识通常呈内隐状态，基于教师的个人经验和个性特征，镶嵌在教师日常的教育教学情境和行动中，深藏在知识冰山的下部。前者因其外显性、系统性、可表述性，比较容易被把握，已经得到了比较成熟的研究。而后者因其隐蔽性、非系

---

① 《中共中央 国务院印发〈深化新时代教育评价改革总体方案〉》，http://www.gov.cn/zhengce/2020-10/13/content_5551032.htm，2022-04-13。

统性、缄默性，很难把握，研究也很少。[1] 在国外，最早提出教师实践性知识概念的是加拿大学者艾尔贝兹。1981 年，她通过课堂观察研究发现，教师拥有一种不清晰的、广泛的、能够引导其工作的知识。在面临工作任务时，教师会利用各种知识资源加以解决，这种知识既不是抽象的，也不是理论取向的。她将这种具有一定模糊性的知识称为实践性知识。[2] 之后，教师实践性知识逐渐受到研究者的关注。与教师所拥有的理论性知识相比较，教师的实践性知识具有四个特点。

①个人性。教师的实践性知识是教师以个人经验为基础而形成的对教育的个性化认识。在别人看来，一个教师的实践性知识可能不正确，但是，对这个教师而言，他的实践性知识是一种真理，教师深信不疑，并真正运用。而理论性知识是理论工作者构建的，它具有公共性，力求得到同行的认可。

②综合性。教师的实践性知识是一种笼统的、尚未分化的知识。而理论性知识则具有学科性，如属于教育学、心理学、学科教育学、教育管理学等某一学科。

③情境性。教师的实践性知识与实践情境相联系，具有时空限制性。它往往是以特定教师、特定教室、特定教材、特定学生为对象而形成的知识，是作为案例知识而积累、传承的；它讲究具体实践问题的解决；它可以为其他类似的教育情境提供一个案例，或可供选择和借鉴的方案。而理论性知识则具有抽象性，它省略了实践的大量具体细节。

④默会性。教师往往不能清楚地意识到自己的实践性知识是什么，即使意识到，教师也往往难以用语言清晰、准确地将其表达出来。因此，实践性知识往往又被称为缄默知识、默会知识、内隐知识或隐性知识。而理论性知识则是一种显性化的具有鲜明逻辑性的知识。当然，当教师的实践性知识被教师意识到并被表述出来时，该知识就变成显性的实践性知识。只不过，教师的实践性知识以默会性知识为主。

在第六章中，我们探讨了教师专业发展的理论应用路径，认为理论应用对于教师专业发展具有重要作用。需要强调的是，教师理论应用的主要时机不是在教学实施中，而是在教学实施前的教学设计中。而且，教师并不是每节课都会应用新的理论。在教学实施过程中，直接支配教师的知识不是教师所拥有的理论性知识，而是教师所拥有的实践性知识。对此，教师实践性知识研究的开创者艾尔贝兹给予了明确的肯定。美国教育家舍恩把专业实践分成两大层次：一是"高硬之地"，在这里，情境和目标都是清晰的，实践者能够有效地运用科学理论和技术去解决问题；二是"低湿之地"，其中充满着"复杂性、模糊性、不稳定性、独特性和价值冲突"，是实践的"不确定地带"。对于处于这一地带中的问题，书本的知识、技术的手段都是无力解决的，科学知识和

---

[1]　陈向明：《实践性知识：教师专业发展的知识基础》，载《北京大学教育评论》，2003(1)。
[2]　陈静静：《教师实践性知识论：中日比较研究》，34 页，上海，华东师范大学出版社，2011。

手段不起作用，所要借助的只能是"行动中的知识"。所谓"行动中的知识"是指实践者在专业实践活动中对活动进行反思而形成的知识。它不是建立在"技术理性"基础上，而是由"反思实践"活动来澄清、验证和发展的知识，常常隐含在实践者面临不确定、不稳定、独特而又充满价值冲突的情境时所表现出来的那种艺术和直觉过程中。[①] 舍恩所说的"行动中的知识"在本质上就是实践者所拥有的实践性知识。陈向明教授认为，教师的实践性知识影响着教师对理论性知识的学习和运用。它具有强大的价值导向和行为规范功能，指导甚至决定着教师的日常教育教学行为。由此，她提出实践性知识是教师专业发展的知识基础。不仅如此，她还从理论和实践的不兼容性角度论证了实践性知识对教师课堂教学行为的支配作用。她认为：教师工作具有"在场性"，具体表现为行动性、问题解决和条件制约，它与理论的概念化、形式化与情境独立性不尽兼容；教师工作具有"不确定性"，具体表现为生成性、模糊性和特殊性，它与理论的相对固定性、清晰性和普遍性不尽兼容；教师工作具有"价值性"，具体表现为人际性、规范性和情感投入，它与理论所提倡的主客分离、客观中立和情感抽离不尽兼容。[②] 鉴于教师所拥有的知识包括理论性知识和实践性知识两类，教师的课堂教学行为需要知识指导，而理论性知识难以直接指导和支配教师的课堂教学行为，因此，直接指导和支配教师课堂教学行为的知识就是教师的实践性知识。

经验告诉我们，在课堂教学过程中，教师面对跟随自己学习的几十位学生，当教学情境出现问题时，教师根本没有时间寻找用于解决问题的理论，更没有时间设计运用理论的具体措施。教师面对问题情境，直接支配其迅速进行行为抉择的知识主要就是其实践性知识，就是其经验。也正是由于这一点，许多教师往往得出"理论无用"的武断结论。

由于实践性知识与教师的课堂教学行为更亲和、更兼容，它直接支配教师的课堂教学行为，是教师专业发展的知识基础，所以，教师要优化课堂教学行为，促进自身专业发展，就必须不断丰富和完善自己的实践性知识。

三、实践反思是教师丰富和完善实践性知识的基本途径

由于教师的实践性知识主要来自实践，因此它不能像教师的理论性知识那样通过阅读、听讲座而获得。然而，仅仅通过实践，通过做，教师还不能有效地丰富和完善实践性知识。波斯纳指出："没有反思的经验是狭隘的经验，至多只能成为肤浅的知

---

　　① 洪明：《"反思实践"思想及其在教师教育中的争议：来自舍恩、舒尔曼和范斯特马切尔的争论》，载《比较教育研究》，2004(10)。

　　② 陈向明：《理论在教师专业发展中的作用》，载《北京大学教育评论》，2008(1)。

识。如果教师仅仅满足于获得经验而不对经验进行深入的思考，那么他的教学水平的发展将大受限制，甚至会有所滑坡。"①一位教师只进行实践，而不进行反思，即使他有许多年的从教经历，他可能仍然是专业发展水平很低的新手。在实践基础上，教师还必须通过实践反思，才能够有效地丰富和完善其实践性知识，其主要理由有以下两个方面。

一方面，实践反思有助于教师将课堂教学行为与其结果连接起来。教师的实践性知识在本质上指的就是教师的经验，而真正的经验必然是行为与其结果的连接。杜威认为，经验包含一个主动的因素和一个被动的因素，这两个因素以特有的形式结合着。只有注意这一点，才能了解经验的性质。在主动的方面，经验就是尝试。在被动的方面，经验就是承受结果。我们对事物有所作为，然后它反过来对我们有所影响，这就是一种特殊的结合。杜威举例说，一个孩子仅仅把手指伸进火焰，这还不是经验，当这个行动和他遭受的疼痛联系起来的时候，才是经验。从此以后，他知道手指伸进火焰意味着灼伤。一个人被灼伤，如果没有觉察到是某一行动的结果，就只是物质的变化，像一根木头燃烧一样。② 在杜威看来，在"做中学"中，仅仅有"做"是远远不够的，还必须在"做"之后，对行为与其结果进行反思，并将它们联系起来。否则，一个人通过"做"就没有获得真正的经验，就没有得到真正的发展。因此，教师通过实践反思，能够将自己的课堂教学行为与其结果连接起来，从而获得经验，丰富自己的实践性知识。

另一方面，实践反思有助于教师将其实践性知识显性化。教师的实践性知识具有默会性，教师往往用而不知。而当教师的实践性知识处于默会状态时，教师就无法对其进行分析和评价，因而教师就无法有效地完善其实践性知识。实践反思是教师的一种有意识的思维活动，通过实践反思，教师不仅能够清晰地知道自己的实践结果和导致该结果的行为，而且能够准确地判断出自己实践结果的成败之处，乃至揭示出导致自己采取某一行为的内在深层依据，从而对该依据进一步进行审视和批判。虽然实践性知识直接支配教师的课堂教学行为，然而，并不是所有的实践性知识都是有教育意义的、有益的或对社会有价值的。实践性知识是否有益于师生发展，取决于"它是在何种背景下获得的，其目的是什么，以及教师能够对其进行考察、更新和反省的程度"③。只有经过实践反思，教师才能将默会的实践性知识显性化，进而对其进行思维加工、去伪存真，从而促进其不断完善。

---

① 王明平：《案例研究 实践反思与教师实践性智慧发展》，载《中小学教师培训》，2003(10)。
② ［美］约翰·杜威：《民主主义与教育》，王承绪译，153 页，北京，人民教育出版社，2001。
③ ［英］艾弗·F. 古德森：《教学中的职业精神：恪守原则的职业教师》，载《教育展望》，2001(2)。

第三节
教师实践反思的策略

虽然实践反思是教师丰富和完善实践性知识的基本途径，并进而促进教师专业发展，然而，并不是所有的教师都能够自觉地开展实践反思。即使开展实践反思，教师也未必能够有效促进自身专业发展。换言之，教师在实践反思过程中还必须采取恰当的策略。笔者认为，教师实践反思的策略主要包括五个方面。

一、恰当安排撰写实践反思的频率

撰写实践反思是教师开展实践反思的一种重要形式。该形式不仅方便易行，而且能够通过记录，不断积累实践性知识。有研究者认为教师在每次教育实践之后都应该进行反思，在上完每节课之后都应撰写教学反思。在此建议下，一些学校管理者要求教师写教后记，甚至把教后记作为教案的一个组成部分。然而，在实施过程中，不少教师对如此频繁的实践反思存在抵触心理，继而出现实践反思的形式化问题。这既与缺少实践反思的时间有关，也与缺少高质量的实践反思内容有关。

关于实践反思的恰当频率，曾三次获得世界成人教育文献奖的美国成人教育专家布鲁克菲尔德指出，教师每周写一次教学日志，每次花 15 至 20 分钟。内容主要包括：①在这周里，我感到与学生联系最密切、最投入或最能确证自己的时刻是什么？②在这周里，最让我感到和学生失去联系、最不投入或最令人厌烦的时刻是什么？③在这周里，让我最感到焦虑或沮丧的情形是什么？④在这周里，最让我惊奇的事情是什么？⑤在这周里，我在教学中做的所有事情中，如果给我重试的机会，哪些我将会做得更好？⑥在这周里，我感到最自豪的教学活动是什么？为什么？他建议教师不用担心对上述问题的回答会重复出现或已经在以前的回答中给出了答案；无论多么简短，教师都写出对每个问题的回答；即使在教学中没有什么让人感到惊奇、没有什么感情的跌宕，尽管这种事件没有告诉教师什么启示，也要记下它们。他建议教师养成写教学日志的习惯，并认为当回头看自己数周、数月或一年的教学日志时，教师就会发现在自己的回答中出现了某种模式，还会发现给自己带来欢乐和痛苦的主要情境是什么。[①] 如此，教师就能够通过撰写教学日记，清楚地知道自己当前的优势、特色是什么，并将

---

① ［美］布鲁克菲尔德：《批判反思型教师 ABC》，张伟译，92～93 页，北京，中国轻工业出版社，2002。

其发扬光大，同时清楚地知道自己当前的不足是什么，从而着力对其加以回避或弥补。

笔者认为：教师每天、每节课都写实践反思，可能过于频繁；而教师每周写一次实践反思，可能有些过少，或过于机械。教师在坚持每周写一次实践反思的基础上，可以在平时的教学过程中，当出现明显成功或失败的实践时，及时撰写实践反思。这样不仅有助于教师抓住自己专业发展的契机，而且有助于教师由于及时而能够更为准确地进行实践反思。

二、采取多种实践反思的手段

在中小学中，当说到教师进行实践反思时，人们往往就想到教师写教后记，这就意味着教师进行实践反思的手段主要是借助自己的记忆和记录。虽然该手段简便易行，但它有多方面的不足。其一，借助自己的记忆可能使教师在实践反思时遗忘一些内容。人的记忆具有选择性，即人往往倾向于记忆那些与自己的观念、兴趣、爱好相符合的部分，而把其余内容从自己的记忆中加以排除，从而满足自己的需要，达到心理平衡。其二，借助自己的记忆会使教师实践反思产生盲点。在教学活动结束之后，教师借助自己的记忆能够记起来的主要内容是自己的口头语言、自己的感受和学生的表现等。因为教师看不到自己的外表，所以教师几乎不可能记住自己的肢体表现。肢体表现又称为肢体语言，它在人际交流中具有重要价值，正如传播学家施拉姆指出的那样，"传播不是全部（甚至大部分不是）通过言词进行的"[1]。其三，教师借助自己的记忆所进行的实践反思可能会出现错误。常识告诉我们，人的记忆可能会出错，进而，在记忆基础上，个人所进行的判断可能会出现错误。鉴于以上原因，我们认为，教师在进行实践反思时，需要采用多种实践反思手段。其中，比较重要的手段有以下两种。

一是借助录像进行实践反思。教学录像能够客观地再现教师的教学过程，能够帮助教师像观察别人那样观察自己的教学活动，使教师看到自己平时难以看到的教学行为，这些行为很可能让教师感到惊诧。布鲁克菲尔德认为，观看自己的教学录像，教师可有如下发现：自己体态和言语上的许多不协调；自己眼睛望着地板，身体部位不协调地乱动，眼睛偶尔注视学生或者一直注视着特定的一些人；自己说话间伴有的犹豫、停顿和错误；自己的语调；自己的表情、手势和走动；是否经常对学生做出认可的反应；是否不经意地从语言中表露出对学生的傲视、贬低或屈尊俯就。此时，它可以帮助教师准确地做出各种教学活动的时间分配。[2] 在当今信息社会，录像设备已经进入平常家庭和普通校园，录像技术越来越容易被掌握和运用。不少学校还在教室中安

---

① 转引自罗影：《自媒体时代高校社会主义核心价值观的非语言符号化传播》，载《教育理论与实践》，2016(33)。

② [美]布鲁克菲尔德：《批判反思型教师ABC》，张伟译，99～102页，北京，中国轻工业出版社，2002。

装了录像设施。因此，只要愿意，教师就能够比较方便地获得自己的教学录像，从而通过回放，全面、准确地对自己的教学过程进行反思。关键是教师要认识到录像手段在实践反思中的价值，要有意识地定期借助录像技术进行实践反思。

二是通过调查学生进行实践反思。学生是教育对象，是教育过程的当事人，他们对教师的教学效果有发言权。因此，调查学生是教师进行实践反思的又一种重要手段。布鲁克菲尔德指出，学生在教学中的感受可能与教师的感受相同，也可能不同，甚至大相径庭。教师碰巧说出的没有特殊意义的评论，学生却认为是必须遵循的训令。教师未经思考顺口说出的并不重要的问题，常常反过来被学生用以证明教师的自相矛盾。教师认为是令人充满信心的行为，有时被学生解释为对他们过于悉心的保护。教师以为是鼓舞人心、富有创造性的时刻，却被学生认为是言行不一或者让他们感到迷惑。教师出于善意的激励性的玩笑，却对学生造成了伤害。因此，没有对学生学习体验的了解，没有对学生学习体验的评价，任何方法的选择都有可能是不知情的、不适宜的或有害的。[①] 对教师的教学进行评价的主体包括教师自己、学生、同事、教育管理者、学生家长等，这些主体对教师教学的评价既可能一致，也可能不同。而当存在差异时，笔者认为，学生的评价应该更为重要。学生是教育过程的出发点和归宿。根据建构主义学习理论，学生的学习是其以自己的知识经验为基础而进行的主动建构的过程。学生是学习和发展的主体。如果学生在教学过程中体验到的是痛苦，那么其他主体对教师的教学无论给予多高的评价都没有意义。通过调查学生进行实践反思时，教师要发扬教学民主，尊重学生，信任学生，鼓励学生畅所欲言。对于学生所反映的正确意见，教师应表示感谢，并及时吸收、付诸实践；对于学生所反映的不够合理的意见，教师要耐心地给予解释与引导。教师要有意识地定期调查学生对自己教学的意见，尤其是在教学出现比较明显的问题时，教师更应该及时了解和倾听学生的反馈。

三、重视实践反思后的行为跟进

在教育实践领域，许多教师能够认识到实践反思对于自身专业发展的作用。不少学校制定了相关制度，组织教师开展实践反思。然而，教师实践反思存在的一个现实问题是，教师为实践反思而实践反思，实践反思后将所得到的结果束之高阁。笔者认为，高质量的实践反思必须重视实践反思后的行为跟进，主要理由如下。

一方面，重视实践反思后的行为跟进是实践认识论的必然要求。实践反思是教师的一种认识过程。根据马克思主义实践认识论，首先，行为跟进是教师实践反思的目的。实践反思能够促进教师丰富和完善实践性知识，从而促进教师专业发展。然而，

---

① ［美］布鲁克菲尔德：《批判反思型教师 ABC》，张伟译，42～44 页，北京，中国轻工业出版社，2002。

教师实践反思的根本目的并不是自身的专业发展，而是改进自己的实践，促进学生全面发展。马克思主义实践认识论认为，人的认识过程包括两次飞跃：一是从感性认识到理性认识的飞跃，二是从理性认识到实践的飞跃。如果教师的实践反思没有行为跟进，那么，作为一个认识过程，教师的实践反思仅仅实现了第一次飞跃，因而是"半截子"认识过程。其次，行为跟进是教师检验实践反思结果的根本标准。通过思维的逻辑论证固然能够对认识结果的真理性进行检验，然而，真正检验认识真理性的根本标准是实践。教师通过实践反思所得出的结论可能正确，也可能错误。只有将实践反思的结果进一步付诸实践，教师才能真正检验实践反思结果的真理性，才能够对实践反思的结果进行修正和完善。最后，行为跟进是教师实践反思的动力。如果教师把撰写教后记作为实践反思的最终目的，那么，教师可能不会非常重视实践反思的质量。然而，假如教师计划将实践反思的结果很快付诸行动，在实践反思之后很快进行行为跟进，那么，教师就会在实践反思过程中更加投入，因而就会获得更强的实践反思动力。有一些教师撰写教后记的动力不足，出现应付现象，这与忽视实践反思后的行为跟进有重要关系。

另一方面，重视实践反思后的行为跟进有助于教师促进实践性知识的隐性化。根据显性化的程度，实践性知识大致可以分为默会性的实践性知识和显性的实践性知识两部分。教师经过实践反思而获得的实践性知识是被教师意识到的，因此，这时的实践性知识是显性的。然而，学术界普遍认为，默会性是实践性知识的本质特征之一。直接支配人行为的知识主要是实践性知识，而这时的实践性知识就是默会性的实践性知识。日本管理学家野中郁次郎与竹内弘高根据显性知识和隐性知识的相互转化提出了 SECI 知识管理理论。该理论认为，组织中的知识管理分为四个阶段：一是社会化（socialization），在此阶段，隐性知识在组织内的个体之间传播，其状态从隐性知识到隐性知识；二是外部化（externalization），在此阶段，组织中的个体将隐性知识显性化，知识状态从隐性知识到显性知识；三是组合化（combination），在此阶段，组织将个体的显性知识进行整合，知识状态从显性知识到显性知识；四是内部化（internalization），在此阶段，组织中的个体将显性知识转变为隐性知识，知识状态从显性到隐性。[①] 根据该理论，对于教师个人来说，通过实践反思所获得的显性实践性知识只有经过多次应用和检验进而内化进潜意识之后，才具有强大的实践指导力量。因此，教师在实践反思后必须及时进行行为跟进，进而通过将显性的实践性知识隐性化，真正发挥其支配教学行为的作用，真正为教师专业发展奠定知识基础。

---

① 阮琳燕、施玉茹、朱志勇：《从"教师知识共享"到"优质教师资源均衡"：新手教师知识管理系统的个案研究》，载《教育科学研究》，2019(3)。

四、借助理论应用提高实践反思的质量

前文已经写到，美国学者波斯纳提出了一个著名的教师成长公式，即教师成长＝经验＋反思。林崇德教授也提出了一个教师成长公式，即优秀教师＝教育过程＋反思。这两个公式强调了实践反思在教师专业发展中的重要作用。但是，在教育实践领域，教师容易对这两个公式产生误解。在一些教师看来，仿佛只要进行实践，并对实践进行反思，就能够有效促进自身专业发展。仿佛理论在自身实践反思中，进而在自身专业发展中无足轻重，可有可无。其实不然。笔者认为，要提高实践反思的质量，教师必须重视理论应用在实践反思中的重要价值，其理由主要有以下两个方面。

一方面，影响教师课堂教学行为质量的重要因素是教师所拥有的实践性知识的质量。实践反思促进教师专业发展的内在机制之一，是实践性知识直接支配教师的课堂教学行为。该命题固然具有真理性，然而，实践性知识的质量良莠不齐，它支配下的教师的课堂教学行为未必都是高质量的专业行为，因而是否拥有实践性知识不是判断教师专业发展水平的标准。专家型教师拥有教育学生的实践性知识，同样，没有经过专门训练的家长也有教育子女的实践性知识。然而，专家型教师是教育专业人员，没有经过专门训练的家长却不是教育专业人员。因此，不能以是否拥有实践性知识或拥有实践性知识的数量来判断教师专业发展的水平。实践性知识在质量上存在优劣之分。

另一方面，借助理论应用能够为教师实践反思提供高质量的经验。在实践反思中，反思是工具，经验是材料。要提高实践反思的质量，第一，教师需要提高反思的质量。前面所阐述的恰当安排撰写实践反思的频率、采取多种实践反思的手段等，就与改进反思的工具有密切关系。第二，教师需要提高经验的质量。借助理论应用是教师提高经验质量的重要方法。杜威虽然非常重视经验，强调从"做中学"，但他并不忽视理论应用。他认为，系统知识是一种处于疑难情境时可以依靠的已知的、确定的、现成的、有把握的材料。它是心灵从疑难通往发现的一座桥梁。"个人直接经验的范围是非常有限的。如果没有代表不在目前的、遥远的媒介物的介入，我们的经验几乎将停留在野蛮人的经验水平上。……所以我们依靠文字，借以获得有效的有代表性的经验或间接经验。"[1]杜威所说的系统知识、依靠文字所获得间接经验显然属于理论范畴。因此，借助理论应用，教师能够提高经验的质量，进而提高实践反思的质量，得出高质量的实践性知识，有效促进自身专业发展。

---

[1]　转引自吴式颖、李明德：《外国教育史教程》3 版，340 页，北京，人民教育出版社，2015。

五、培养实践反思的良好态度

开展实践反思不仅意味着教师付出更多的时间和精力，而且意味着教师对自己的实践进行审查与评判。这里的评判既包括教师对自己成功实践的总结，又包括教师对自己失败实践的揭示。因此，在一定程度上，教师实践反思具有"自我批评"乃至"自我革命"的性质。人的本性倾向于自我肯定，因此，实践反思要顺利而有效地开展，教师需要具有良好的态度做保证。

教师的实践反思与杜威所说的反省思维有密切关系。许多学者认为，杜威的反省思维理论是教师实践反思的重要理论基础。杜威认为，反省思维是指人对某个经验情境中的问题进行反复的、严肃的、持续不断的思考，其要素包括：①疑难情境；②确定疑难所在；③提出解决问题的假设；④推断哪个假设能解决这个问题；⑤验证这个假设。杜威认为教学法的要素和思维的要素是相同的，因此，教学法的要素是：第一，学生要有一个真实的经验的情境；第二，在这个情境内部产生一个真实的问题；第三，他要占有知识资料，从事必要的观察，以对付这个问题；第四，他必须负责有条不紊地展开他所想出的解决问题的方法；第五，他要有机会和需要通过应用检验他的观念。① 笔者认为，杜威在这里所说的教学法是从学生的学习角度来说的。从教师的教学角度而言，在杜威看来，教师的教学过程同样与反省思维的要素一致：教师有一个疑难情境，发现一个真实的问题，提出解决问题的假设，推演问题假设，通过实践验证这个假设。显然，教师的这个教学过程具有实践反思性质。既然如此，杜威所论述的反省思维所需要的态度同样适应于教师实践反思。

杜威认为，反省思维要求人具有以下三种态度。一是虚心。它包含一种愿望，去倾听多方面的意见；它留意来自多方面的事实；它充分注意各种可供选择的可能性；它使我们承认甚至在我们最喜爱的观念中也存在错误的可能性。与虚心相反的态度就是自满自负。二是专心。当任何人沉溺于某些事物和事件时，他就会全身心投入，如此可以称之为"专心致志"。对于学生来说，不专心学习的重要表现是"他感到学习是出于被迫无奈，因为他要背诵、要通过考试、要升级，或者希望博得教师或家长的欢心"。三是责任心。所谓责任心，是指人能够考虑到按预想的步骤行事所招致的后果，并且愿意承担这些随之而来的后果。对于上述三种态度在反省思维中的重要性，杜威强调指出，假如要在"个人的态度"和"能巧妙处理问题的特殊的逻辑方法"之间必须作出选择的话，"我们将选择前者"。② 对于教师实践反思来说，假如具有虚心的态度，教

---

① [美]约翰·杜威：《民主主义与教育》，王承绪译，179 页，北京，人民教育出版社，2001。
② [美]约翰·杜威：《我们怎样思维·经验与教育》，姜文闵译，34～37 页，北京，人民教育出版社，2005。

师就更能够积极主动地听取学生的反馈意见，更能够尝试应用新的理论以获得高质量的经验；假如具有专心的态度，教师就更能够关注实践过程的内在价值，就更能够对经验情境中的问题进行反复的、严肃的、持续不断的思考；假如具有责任心的态度，教师就更能够关注自己的行为对学生发展所产生的影响，更能够关注自己的行为与其结果之间的关系，更能够关注自己实践反思后的行为跟进。总之，只有具有实践反思的良好态度，教师才能够切实开展实践反思，真正获得经验，不断丰富和完善自己的实践性知识，进而促进自身专业发展。

本章小结

　　教师实践反思是指教师以自己当前的教育实践为对象，对自己在教育实践中所采取的行为以及由此所产生的结果进行回顾性思考的活动。作为教师专业发展的一条重要路径，它在教育管理、教育理论和教育实践领域都已达成比较明确的共识。教师专业发展的结果主要表现在教师的课堂教学行为上，直接指导教师课堂教学行为的知识是教师的实践性知识，因此，实践性知识是教师专业发展的知识基础。实践反思有助于教师丰富和完善自己的实践性知识。要切实推进实践反思，教师必须恰当安排实践反思的频率，要通过撰写实践反思日志、观看自己的教学录像、调查学生等多种手段进行实践反思，要坚持实践认识论指导，重视实践反思后的行为跟进。教师要将理论应用路径与实践反思路径相结合，借助理论应用提高实践反思的质量。实践反思不仅是一种技能，还需要教师具有虚心、专心、责任心等良好的实践反思态度。

章后练习

　　1. 如何理解教师实践反思与反思性教学的关系？

　　2. 实践性知识理论的基本观点是什么？

　　3. 实践反思促进教师专业发展的机制是什么？

　　4. 当前教师实践反思需要解决的主要问题有哪些？

　　5. 如何看待理论在实践反思中的作用？

　　6. 教师有效开展实践反思所需要的态度主要有哪些？

延伸阅读

1. 张立昌：《试论教师的反思及其策略》，载《教育研究》，2001(12)。

2. 陈向明：《实践性知识：教师专业发展的知识基础》，载《北京大学教育评论》，2003(1)。

3. 王明平：《案例研究 实践反思与教师实践性智慧发展》，载《中小学教师培训》，2003(10)。

4. 李铁成：《论中小学教师的实践反思》，载《教育科学》，2007(2)。

5. 吴义昌：《教师自我反思之反思》，载《教育评论》，2008(4)。

6. 叶逢福、蒋励：《教育实践反思的策略分析与路径探索》，载《大学教育科学》，2020(2)。

7. [美]布鲁克菲尔德：《批判反思型教师ABC》，张伟译，北京，中国轻工业出版社，2002。

8. 赵明仁：《教学反思与教师专业发展》，北京，北京师范大学出版社，2009。

第八章

教师专业发展的教师合作路径

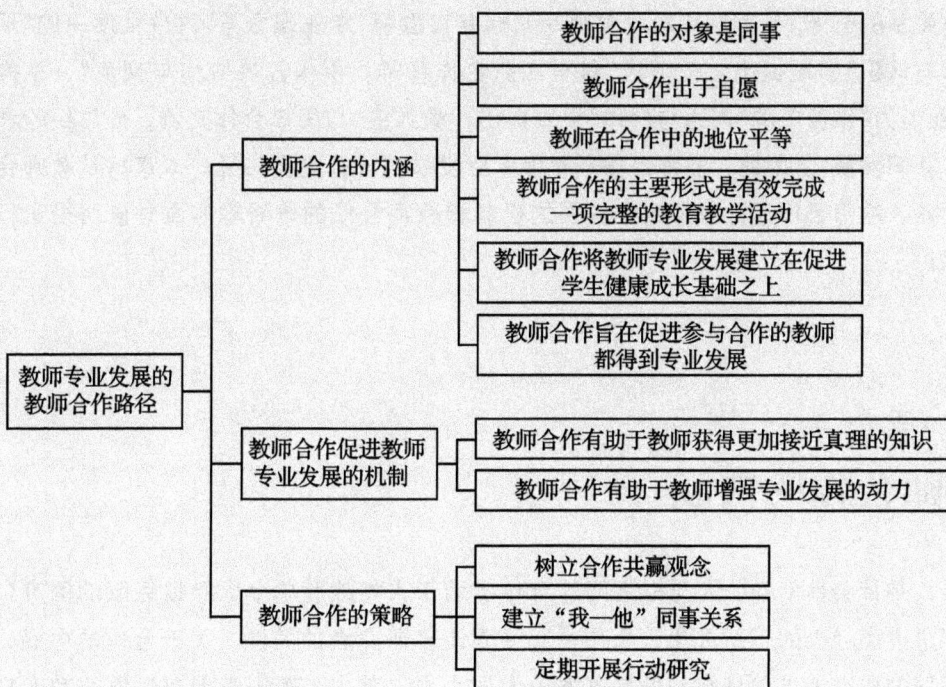

教师专业发展的教师合作路径

- 教师合作的内涵
  - 教师合作的对象是同事
  - 教师合作出于自愿
  - 教师在合作中的地位平等
  - 教师合作的主要形式是有效完成一项完整的教育教学活动
  - 教师合作将教师专业发展建立在促进学生健康成长基础之上
  - 教师合作旨在促进参与合作的教师都得到专业发展
- 教师合作促进教师专业发展的机制
  - 教师合作有助于教师获得更加接近真理的知识
  - 教师合作有助于教师增强专业发展的动力
- 教师合作的策略
  - 树立合作共赢观念
  - 建立"我—他"同事关系
  - 定期开展行动研究

　　20 世纪 80 年代以来，从世界范围来说，教师专业发展先后出现三种典型的不同取向的路径：一是理智取向路径，二是实践反思取向路径，三是生态取向路径。[①] 如果说理智取向路径侧重于教师通过理论应用促进自身专业发展，实践反思路径侧重于教师个人通过丰富和完善实践性知识促进自身专业发展，那么生态取向路径则侧重于教师通过与同事合作促进自身专业发展。在大力倡导建立人类命运共同体的当今时代，对于职业劳动具有鲜明集体性特点的教师来说，教师专业发展的教师合作路径越来越受到高度重视。正如有研究者指出的那样，近年来的教育研究表明，学校成功的决定性要因在于教师专业成长的合作关系的有无，教师专业成长的决定性要因在于校内教师合作关系的有无。[②] 我国中小学教师专业标准在教师"专业理念与师德"维度中的"职业理解与认识"领域提出，教师应"具有团队合作精神，积极开展协作与交流"，在教师"专业能力"维度中的"沟通与合作"领域提出，教师应"与同事合作交流，分享经验和资源，共同发展"。因此，教师合作是教师专业发展的一条重要路径。本章将从教师合作的内涵、教师合作促进教师专业发展的机制和教师合作的策略等方面对该路径进行深入探讨。

第一节
教师合作的内涵

　　人是社会性动物，人与人之间的合作有助于人类战胜单个人难以克服的困难，从而促进人类社会的不断进化。合作一直受到诸多研究者的关注。关于合作的内涵，虽然不同的研究者见仁见智，但是基本上大同小异。其中，美国学者弗里恩德和库克对合作概念的界定较有权威性。他们认为：合作是至少两个相互平等的当事方之间的直接互动方式，他们因为有一个共同的工作目标而自愿地参与共同决策。他们认为合作具有七个特征。①合作是出于自愿的。理想的合作必须在合作者主观选择的基础上产生，无法通过行政命令或管理措施来完成，尽管这些外部力量可以迫使人聚集到一起来工作。②合作是建立在平等基础上的。在合作过程中，尽管不同的个体对于集体的

---

　　①　教育部师范教育司：《教师专业化的理论与实践》2 版，28～31 页，北京，人民教育出版社，2003。
　　②　[日]佐藤学：《课程与教师》，钟启泉译，248 页，北京，教育科学出版社，2003。

贡献在数量和质量上可能存在差异，但他们都应被平等地视为合作成果的有机组成部分。③合作者之间有一个共同的目标。这是合作赖以发生的条件。④合作者共同参与重大问题的决策。在合作过程中，每一个合作者的劳动分工可能不同，但他们都有平等参与合作组织的重大问题决策的权利。⑤合作者共同为决策后果承担责任。根据权责对称原则，每一个合作者在平等享受决策权的同时，必须对自己的决策后果负责。⑥合作者共享资源。在合作过程中，每一个合作者都必须向合作组织贡献自己的独特资源，以供大家共享，共享资源包括时间、专业技术、空间、设备等。⑦合作者之间必须相互信任和尊重。该特征使得合作区别于一般的集体活动或工作，它对合作的发生、发展和结果都有直接影响。①

在教育领域之外，合作的上述内涵与特征基本上能够得到普遍认可。然而，在教育领域，作为合作的下位概念，教师合作的内涵却差异较大。譬如，有研究者指出，所谓教师合作，就是教师为了改善学校教育实践，以自愿、平等的方式，就共同感兴趣的问题，共同探讨解决的办法，从而形成的一种批判性互动关系。②从该定义可以看出，从合作的对象角度说，教师合作指的是同一学校中的教师与同事的合作。有研究者则认为，从合作的对象角度说，教师合作包括以下多种类型：教师与专家的合作，教师之间的合作，教师与学生的合作，教师与家长的合作，教师与管理者的合作，教师与社会的合作等。③从该研究来看，教师合作的对象包括多个方面，而且这些方面在地位上存在明显差异。笔者认为，教师合作概念的内涵不宜泛化。基于其上位概念——"合作"的内涵，兼顾教师合作的现实可行性和可持续性，基于教师专业发展路径视角，笔者对教师合作的界定如下：所谓教师合作，是指在同一学校中，教师与同事自愿结合，平等互助，通过有效地共同完成某一完整的教育实践活动，促进学生健康成长，进而促进参与活动的每个教师都得到专业发展。具体来说，教师合作的内涵主要包括六个方面。

一、教师合作的对象是同事

这里的同事指的是在同一学校中从事相同或相近工作的教师，如承担同一个班级教育教学任务的多位教师、承担同一个年级教育教学任务的教师、承担同一学科教学任务的教师等。虽然有不少人认同家校合作，认同大学与中小学合作，但是，笔者认为，中小学教师合作的主要对象不是学生家长和大学教师，主要原因是中小学教师与

① 杨翠娥：《走向生命关怀的教师专业发展》，69～70页，北京，知识产权出版社，2015。
② 饶从满、张贵新：《教师合作：教师发展的一个重要路径》，载《教师教育研究》，2007(1)。
③ 胡波：《合作：新课程对教师的新要求》，载《课程·教材·教法》，2004(7)。

学生家长和大学教师不在同一个单位，他们的职责存在差异。虽然也有人认可教师校际合作，然而，笔者认为，虽然其他学校的教师可能与本校教师承担大致相近的教育教学任务，然而，由于时间和空间的限制，校际教师之间共同开展教育教学实践活动的机会也会受到诸多方面的限制。因此，从教师合作的现实可行性和可持续性角度说，教师合作的对象主要是同事。

二、教师合作出于自愿

加拿大学者哈格瑞沃斯把学校中的教师文化分为四种类型。①个人主义文化。在这种文化中，教师之间相互隔离，教师的主要精力用于处理自己课堂里的事务，教师之间缺少联系。②分化的文化。在这种文化中，虽然教师之间有了联系，但是，这种联系是消极的联系，教师相互分立、相互对立，为争取权利和资源相互竞争。③硬造的合作文化。在这种文化中，教师被要求围绕行政人员的意图与兴趣进行"合作"，这种合作是一种虚假的形式主义的合作。④合作的文化。在这种文化中，教师之间有积极而密切的联系，教师之间相互开放、相互信任、相互支持。哈格瑞沃斯认为，在这四种文化中，个人主义文化和分化的文化是学校里最常见的教师文化，最需要警惕的是硬造的合作文化，该文化很容易打着"合作"的旗号，损害教师之间的真正合作。对于教师专业发展来说，最理想的教师文化是合作的文化，尤其是当这种文化与校本课程发展结合起来时。① 有关学校教师文化的这个研究受到教育界广泛的关注和认同。在该研究看来，教师合作分为主动合作和被动合作两种不同性质的类型。在主动合作中，教师合作出于自愿；在被动合作中，教师合作出于无奈。笔者认为，当前中小学教师在合作过程中出现形式主义问题的重要原因之一就是教师缺乏合作的内在动机，只是出于执行指令而被动进行所说的合作。显然，只有自愿进行合作，教师才能在合作过程中积极投入，从而保证合作的质量。

三、教师在合作中的地位平等

虽然合作中的教师是同事，但是，他们之间还是存在多方面的差异，如行政职务差异、专业技术职务差异、年龄差异、性别差异、性格差异、知识经验差异、思维方式差异等。在合作过程中，教师之间的有些差异需要保留，如知识经验差异、思维方式差异等。有些差异则需要远离，如行政职务差异、专业技术职务差异、年龄差异、资历差异等。换言之，在合作过程中，从事合作的教师在地位上应该是平等的。他们

① 教育部师范教育司：《教师专业化的理论与实践》2 版，30～31 页，北京，人民教育出版社，2003。

拥有平等的发言权、决策权，同时对于合作的活动拥有平等的责任。只有地位平等，没有高低之分，没有支配与被支配之别，教师在合作过程中才能畅所欲言，才能贡献自己的智慧，才能运用自己的知识经验给其他合作者以启发。高质量的教师合作以差异为前提。有研究者指出，教师合作文献极为强调教师之间的批判性互动，甚至有人把对冲突的主动涉入看作差异的对话，看作良性运行的教师共同体的一个规范的、基本的维度，并认为冲突可以营造学习的环境，因而能够带来教师共同体的持续更新。如果说"反思"具有"自我批判"意味的话，那么，"合作"同时也带有"相互批判"的意蕴。合作中的教师同事关系是一种"净友"关系，而不是一种表面的礼貌和亲密关系。[①]在合作过程中，教师要敢于把自己的不同观点提出来，要积极倾听其他教师的不同意见，为此，教师必须搁置行政职务、专业技术职务、年龄、资历等方面的差异，必须把参与合作的教师看作与自己地位平等的主体，看作能在合作过程中发挥独特作用的主体。

四、教师合作的主要形式是有效完成一项完整的教育教学活动

有人认为，教师合作的形式包括集体备课、说课、相互听课与评课、信息交流、专题讨论、沙龙、经验共享、共同阅读等。在中小学中，不少学校往往采用上述多种形式开展教师合作。笔者认为，上述形式对于教师专业发展固然有一定价值，然而，却不宜将它们分别作为一种独立的形式来开展。教师合作的主要形式应该是有效完成一项完整的教育教学活动。从活动内容角度说，这样的活动主要有课堂教学活动、德育活动、班级管理活动、综合实践活动等。在这些活动中，课堂教学活动是学校的中心工作，因而是教师合作的主要活动。因此，教师合作的主要形式是有效地完成课堂教学活动，从而促进学生全面发展。之所以把有效完成一项完整的教育教学活动作为教师合作的主要形式，是因为这样更容易使教师扎实开展合作。完整的教育教学活动的环节主要包括发现问题、分析问题、提出解决方案、论证解决方案、实施和检验方案。在如此教育教学活动中，参与合作的教师能够意识到自己参与设计的教学方案的有效性、可行性会很快得到实践检验，因此，参与合作的教师就会更加投入地设计和论证方案。然而，假如仅仅把集体备课、相互听课、信息交流、共同阅读、沙龙等单项活动作为教师合作的形式，那么，在这种情况下，由于教师是否认真合作、是否投入对话，不需要用实质性的结果来检验，这样，教师合作就容易虚化，就容易形式化、走过场。这或许是中小学教师集体备课、听评课、读书会等所谓合作活动效果不佳的重要原因之一。

---

① 饶从满、张贵新：《教师合作：教师发展的一个重要路径》，载《教师教育研究》，2007(1)。

五、教师合作将教师专业发展建立在促进学生健康成长基础之上

作为教师专业发展的路径，教师合作不是仅仅围绕教师专业发展而开展活动，而是将教师专业发展建立在促进学生健康成长的基础之上。只有这样，教师在合作过程中才更容易形成明确且高尚的共同活动目标。教师的根本职责是促进学生健康成长。教师专业发展对于教师个人来说固然有价值，但是，强调教师专业发展非常重要的根本原因不是它对教师个人有重要价值，而是它对学生的健康成长非常重要，此即"百年大计，教育为本；教育大计，教师为本"。如果轻视或无视学生的健康成长而片面追求教师专业发展，那就是舍本逐末。教师专业发展的根本表现是其高质量的教育教学实践活动，评价教师专业发展的根本标准是其所教学生的健康成长状况。虽然发表论文、出版专著、晋升职称、获得荣誉称号等是教师专业发展的表现，然而，这些表现往往具有形式性、外在性，而学生的健康成长则是教师专业发展的实质性、内在性的根本表现。

六、教师合作旨在促进参与合作的教师都得到专业发展

前面所说的理论应用路径和实践反思路径侧重于教师独立开展专业发展活动，侧重于教师个人实现专业发展。而教师合作路径强调教师共同开展专业发展活动，追求参与合作的教师都得到专业发展。一所学校中往往有专业发展水平较高的专家型教师，不少学校往往采用师徒制形式开展校本培训。虽然该校本培训形式对于新教师专业发展有意义，但是，该形式不属于教师合作范畴。在师徒制形式中，作为徒弟的教师与作为师傅的教师虽然在同一所学校共事，但是他们的地位是不平等的。师徒制形式所追求的是作为徒弟的教师的专业发展，而忽视了作为师傅的教师的专业发展。因此，在这种形式中，仅从专业发展角度说，作为师傅的教师的行为就具有更强的"奉献性"。当外在的补偿机制不够健全时，师徒制中作为师傅的教师在指导新教师的过程中积极性就可能不高。而当教师合作追求参与合作的教师都得到专业发展时，教师之间的地位是平等的，每位教师都不仅是贡献者，而且是获益者，如此，教师合作的积极性就更容易得到保证。

第二节
教师合作促进教师专业发展的机制

从教师个人角度来说，教师专业发展的质量主要取决于两个因素。一是专业发展的能力，即教师会不会进行专业发展。由于教师专业发展的核心特征是掌握外行人所不知道或难以掌握的专门知识，因此，教师专业发展的能力主要表现为教师能否掌握这些专业知识。二是专业发展的动力，即教师愿不愿进行专业发展。教师专业的动力代表着教师的主观能动性。假如教师没有专业发展的动力，即使外部给予其压力，教师专业发展也很容易出现形式化问题，很难取得实质性的效果。下面，笔者主要从这两个方面来揭示教师合作促进教师专业发展的机制。

一、教师合作有助于教师获得更加接近真理的知识

教师合作的重要目的是不断获得专业知识。由雅克·德洛尔任主席的国际 21 世纪教育委员会向联合国教科文组织提交的报告《教育——财富蕴藏其中》指出，在当今时代，每个人在人生之初积累知识，尔后就可以无限期地加以利用，这实际上已经不够了。他必须有能力在自己的一生中抓住和利用各种机会，去更新、深化和进一步充实最初获得的知识，使自己适应不断变革的世界。人获得知识的途径有四种，即学会认知、学会做事、学会共同生活、学会生存。这四种途径也是四种学习，它们是每个人一生中的知识支柱。这四种获得知识的途径是一个整体，因为它们之间有许多连接、交叉和交流点。关于合作对于学习知识的意义，该报告指出，正规教育仅仅是或主要是针对学会认知，较少针对学会做事。而另外两种学习往往带有很大的随意性，有时又被看作前两种学习的一种自然而然的延伸。然而，该委员会认为，在任何一种有组织的教育中，这四种"知识支柱"中的每一种都应得到同等重视。[①] 笔者认为，在教师专业发展的路径中，前面所说的理论应用侧重于学会认知途径，实践反思侧重于学会做事途径，而教师合作则侧重于学会共同生活途径，它强调教师通过合作来学习知识。美国学者富兰强调指出：合作对于个人的学习非常重要，如果我们不与人交往，我们能学到多少东西是有限的。合作的能力不论在小范围内还是在大范围内，在后现代社会正在成为十分重要的能力之一。只要思想开放（即提倡探索），个人的力

---

① 《教育：财富蕴藏其中》，联合国教科文组织总部中文科译，75～76 页，北京，教育科学出版社，1996。

量与有效的合作相结合将变得更为巨大。①

以获得专业知识为重要目的的教师合作在本质上是教师的一种学习活动。在当代教育心理学中，先进的学习理论之一是建构主义学习理论。该理论主要包括两个流派：一是个人建构主义学习理论，又称认知建构主义学习理论；二是社会建构主义学习理论。根据个人建构主义学习理论，学习过程不是知识由外向内的传递过程，而是学习者以自己已有的知识经验为基础主动建构的过程。因为不同的人拥有不同的知识经验基础，所以不同的人对同一种事物就会有不同的理解，从而获得不同的知识。根据个人建构主义学习理论，不同的人对同一事物有不同的理解，有不同的看法，是正常的事情。既然如此，在这个世界上，仿佛就没有真理。然而，事实并非如此。在一定程度上，社会建构主义学习理论就是在批判个人建构主义学习理论的基础上发展起来的。根据社会建构主义学习理论，真理是存在的。在该流派看来，虽然知识是个人建构的，但是，由于每个人都有自己知识经验的局限，都有自己视野的局限，因此，个人很难掌握真理。而当不同的人进行合作学习时，每个人就能够克服个人知识经验的局限，就能够克服个人视野的局限，经过合作学习就能够发现更为接近真理的认识。因此，根据社会建构主义学习理论，世界上存在真理。所谓真理，就是不同的人实现视野融合，达成共识。《学记》指出"独学而无友，则孤陋而寡闻"，就反映了社会建构主义学习理论所倡导的合作学习思想。前文说到，教师专业发展结果主要表现在其教学行为上，而直接指导和支配教师教学行为的知识是其所拥有的实践性知识。根据社会建构主义学习理论，教师合作有助于教师通过有效地共同完成某一完整的教育实践活动而获得更加接近真理的实践性知识。

二、教师合作有助于教师增强专业发展的动力

首先，合作者之间的亲密关系有助于教师增强专业发展的动力。社会互依理论认为，人的行为是与行为环境息息相关的，人要想获得成功，必须依赖群体的力量。因此，在群体中，只有在成员之间产生积极的相互依赖、形成互助合作的团队时，个人目标和群体目标才能有机统一起来。个人主义和以竞争为主的成员关系不仅不利于个体实现自己的目标，也不利于群体发展和组织发展。② 根据社会互依理论，在合作过程中，教师之间产生了相互依赖的亲密关系，这种关系是教师专业发展的一种重要动力源。在当代知识社会，学习型组织理论由于强调组织成员的团队学习而备受重视。其

① ［加拿大］迈克·富兰：《变革的力量：透视教育改革》，中央教育科学研究所、加拿大多伦多国际学院译，27 页，北京，教育科学出版社，2000。

② 朱旭东：《教师专业发展理论研究》，212 页，北京，北京师范大学出版社，2011。

重要代表人是美国管理学家彼得·圣吉，他从系统动力学出发，认为经过自我超越、改善心智模式、建立共同愿景、团体学习和系统思考五种修炼，就可以建成学习型组织。[①] 学习型组织理论不仅强调学习，而且强调建立在共同愿景基础上的团队学习。正是由于建立在共同愿景基础上的团队学习，组织中的个人才拥有更强的追求自我超越的学习动力，并取得更有效改善个人心智模式的学习效果。

其次，合作者之间的差异有助于教师增强专业发展的动力。人与人之间的合作效果不是所有合作者各自效果的简单相加，它追求的是"1＋1＞2"。因此，在合作中，合作者之间虽然有共同的目标，但是如何达成目标的意见则应该存在差异。正是这种差异的存在，合作的结果才会得出超越简单相加的更大的智慧，进而更有效地实现合作目标。因此，教师合作不刻意追求同质性，相反，应重视异质性。在平等的关系下，合作者的异质性能够得到充分表现。然而，在合作过程中，这种差异的存在会引起合作者的焦虑体验。焦虑体验并不必然是消极的，它具有积极作用。正是这种焦虑体验，合作者认识到学习的必要性、紧迫性，因而，在教师合作中，合作者之间的差异能够增强教师专业发展的动力。正如富兰指出的那样："如果焦虑被权力阶层牢牢地压抑了，虽然压力的程度降低了，但是，与此同时，解决复杂问题的意愿和能力也就随之降低了。""生命力就是在不断建立冲突和对抗之中成长壮大，富有生命力的系统也是包含焦虑的，只是各方面的相互关系是积极的。"[②]

最后，合作者之间的相互支持有助于教师增强专业发展的动力。职业倦怠是助人职业容易出现的一种与个人发展密切相关且需要解决的重要问题。教师职业是助人职业，因而，教师也是职业倦怠的高发群体。职业倦怠的典型表现有三个方面。一是情绪衰竭。它表现为一个人在工作过程中缺乏活力，没有工作热情，情绪波动大，感到自己的情绪资源耗尽，感到紧张、孤独、情感压抑。二是去人性化。它是指人在工作过程中，以不带感情或冷漠的方式回应周围人，刻意与工作对象保持距离，对工作对象或组织表现出情感的冷漠、疏远等态度。三是个人成就感低。它是指人缺乏自信，对于自己工作的意义和自己的工作能力给予很低的评价，出现职业退缩行为，工作积极性丧失，不愿付出努力。从职业倦怠的上述表现来看，职业倦怠的教师缺乏工作动力，更缺乏专业发展动力。教师职业倦怠的干预措施主要包括学校层面的干预措施和教师个人层面的干预措施两大方面。在学校层面的干预措施中，教师合作是一种重要措施。有研究者指出，为了帮助教师解决职业倦怠问题，学校应形成团结、合作、不断学习和相互支持的良好氛围，发展团队合作，建立教师与同事和上级间的社会支持。这种支持除了工作方面的支持之外，情感方面的支持、相互之间的鼓励和关心对教师

---

① 陈江华：《学习型组织理论研究综述与评价》，载《北京交通大学学报（社会科学版）》，2014（2）。
② 转引自饶从满、杨秀玉、邓涛：《教师专业发展》，150 页，长春，东北师范大学出版社，2005。

而言尤为重要。① 因此，教师在合作过程中的相互理解、相互尊重、相互体恤、相互信任、相互包容、相互支持，能够有效地帮助教师克服职业倦怠，从而增强专业发展的动力。

第三节
教师合作的策略

教师合作的影响因素包括教师个人、学校管理、教师教育等多个方面。在此，笔者主要从教师个人层面构建教师合作的策略。

一、树立合作共赢观念

所谓合作共赢观念，是指教师相信与同事合作，不仅有助于同事的成功，而且有助于自己的成功。只有树立合作共赢观念，教师才会产生与同事合作的意愿和内在动力。与合作共赢观念相反的观念有两个：一是个人奋斗观念，即教师相信在工作过程中，不必与同事合作，通过个人努力，就能够获得成功；二是片面竞争观念，即教师相信在工作过程中，自己与同事是竞争关系，同事竞争的本质是零和博弈，通过竞争，有的教师收获更多，而其他教师一定失去更多。因此，要树立合作共赢观念，教师就需要从以下两个方面做出努力。

一方面，教师应克服个人奋斗观念，树立合作共赢观念。第一，教师应该认识到自己存在不足之处，需要通过合作获得他人的帮助。苏格拉底的名言之一是"认识你自己"。"认识你自己"与我国的传统哲理"知人者智，自知者明"有异曲同工之妙。所谓有自知之明，其本质含义是指人意识到自己的不足之处。而当人有自知之明时，他就会倾向于与他人合作，就希望从他人那里获得启迪和帮助。第二，教师应认识到与他人合作是自己本职工作的必然要求。在学校采取科任制教师工作安排方式的背景下，一个班级的学生由多位教师进行培养教育。在这种情况下，这些教师之间的合作对于促进学生的健康成长具有十分重要的现实意义。学生的健康成长不仅是学生成功的根本标志，而且是教师成功的根本标志。

另一方面，教师应克服片面竞争观念，树立合作共赢观念。竞争性是市场经济的特点之一。在我国大力发展社会主义市场经济的时代背景下，教师通过竞争获得个人

---

① 朱旭东：《教师专业发展理论研究》，340 页，北京，北京师范大学出版社，2011。

成功无可非议。然而，如果教师片面追求竞争，认为与同事之间的关系是零和博弈，那么，教师就很难与同事进行合作。因此，教师需要树立合作共赢观念，相信与同事的合作，不仅有助于同事的成功，而且有助于自己的成功。

二、建立"我—他"同事关系

教师地位平等是教师合作的重要内涵，也是教师合作的主要特征。根据教师在合作中地位的平等程度，从隐喻角度说，教师之间的关系大致分为三种：一是"我—它"同事关系，二是"我—你"同事关系，三是"我—他"同事关系。其中，最能反映教师平等的关系是"我—他"同事关系。

现代哲学家马丁·布伯认为，人置身于双重世界中，因之人与世界有两种截然不同的关系，即"我—它"关系和"我—你"关系。这两种关系的不同不在于对象的不同，而在于关系本身。人与人之间也可以是"我—它"关系，人与物之间也可以是"我—你"关系。[1] 人与人之间的"我—它"关系是一种主客关系，是主体对客体的支配、占有和利用的关系。在这种关系中，交往一方不把另一方当作人来看待，而是当作可以附属于自己的物来看待。因此，在"我—它"关系中，人与人之间的地位不平等。为了有效促进教师合作，教师应该坚决摒弃"我—它"同事关系。合作中的一方绝不能依靠行政地位、职称、年龄、专业等方面的优势，在其他教师面前高高在上、把控话语权。

人与人之间的"我—你"关系是一种主体与主体之间的关系，即主体间性关系。有学者指出，马丁·布伯的"我—你"关系理论，标志着西方哲学从"主体性"向"主体间性"转向的基本完成。[2] 在教师合作中，"我—你"同事关系意味着教师之间都是主体，意味着教师把同事当作与自己一样具有人格尊严的主体来看待，因而具有平等性。然而，在他者性理论的代表人物列维纳斯看来，在反映主体间性本质的"我—你"关系中，交往双方还做不到真正的平等。因为，一方面，主体间性是同一性关系，它忽视了主体间的差异。在主体间性关系中，一方把另一方看成与自己完全相同的主体，这就意味着一方把另一方看作自己的对象物，从而产生了关系的不平等。另一方面，主体间性是一种相互回应、互惠的关系，根基是向我回归的"唯我论"。即在"我—你"关系中，"我"这样对待"你"，"你"也必须这样对待"我"。因此，"我—你"关系中"我"就具有了优先性，"我—你"就缺少了平等性。[3] 因此，要真正做到合作者之间的地位平等，从而有效促进合作，教师应重视建立"我—他"同事关系。教师应该充分肯定合作者之间的

① 陈爱华：《从哲学到教育：马丁·布伯的对话理论》，载《南昌大学学报（人文社会科学版）》，2015(5)。
② 张天宝：《走向交往实践的主体性教育》，21页，北京，教育科学出版社，2005。
③ 冯建军：《他者性：超越主体间性的师生关系》，载《高等教育研究》，2016(8)。

差异性，充分理解和包容他人，充分尊重他人的独特性。教师应无私地为合作者提供启迪和帮助，而不能要求他人必须及时而同等地回报自己。当然，在合作过程中，教师还应该保持合作者之间差异性与同一性之间的张力。"在社会中，人与人之间是同中有异、异中有同，是同一性与差异性的统一。"①在合作过程中，教师与同事之间的"同"的重要标志是拥有共同的目标，教师与同事之间的"异"的重要表现是每位教师都有自身特点，在合作过程中所做贡献的内容、时机等方面也存在差异。教师之间只有建立"我—他"同事关系，才能形成真正相互尊重、相互理解、相互包容、相互开放、相互支持的合作文化，从而为教师合作的有效开展提供良好的心理基础。

三、定期开展行动研究

如果说树立合作共赢观念、建立"我—他"同事关系属于教师合作的动力层面的策略，那么，定期开展行动研究则是教师合作的内容与方法层面的策略。该策略关注的是教师合作做什么与怎么做。

行动研究是一种由实际工作者在现实情境中自主进行的反思性探索，并以解决工作情境中特定的实际问题为主要目的，强调研究与活动的一体化，使实际工作者从工作中学习、思考和解决问题。② 把行动研究作为教师通过合作促进专业发展的一条重要策略的主要原因有以下几点。

首先，行动研究重视教师合作。行动研究肇始于 20 世纪三四十年代，从兴起以来，它一直强调合作，以至于行动研究又可以称为合作行动研究。早年的行动研究强调理论工作者与教师之间的合作，而后期的行动研究则特别强调教师之间的合作。行动研究的发展历程经历了三个时代。在第三代行动研究的代表人凯米斯看来，行动研究的重要目的是使教师获得解放，实现专业自主。如果教师与理论工作者一起进行研究，教师容易受到理论工作者的控制，而教师联合起来更有助于教师的解放。因此，行动研究的理论基础是集体主义，而不是个人主义。③

其次，行动研究具有鲜明的行动性，它是为了行动、在行动中、基于行动的研究。"研究工作不是在脱离教育、教学实际工作的书斋中完成的，也不是单纯地进行资料的收集、阅读和整理，而是研究者在现场的行动中去发现、研究和解决问题。研究过程以行动开始，在行动中进行，并以行动质量的提高与否作为检验研究效果的标准。"④行动研究的行动性与教师合作的主要形式是有效完成一项完整的教育教学活动这一教师

---

① 冯建军：《他者性教育：超越教育的同一性》，载《教育研究》，2021(9)。
② 全国十二所重点师范大学联合编写：《教育学基础》，300 页，北京，教育科学出版社，2002。
③ 刘良华：《校本行动研究》，47 页，成都，四川教育出版社，2002。
④ 洪明：《教师教育的理论与实践》，170 页，福州，福建教育出版社，2007。

合作的内涵一致。教师通过合作开始教育教学实践研究以促进专业发展，能够有效避免在合作进行单项专业发展活动中所容易出现的手段与目的的分离及其所造成的合作活动形式化问题。

最后，行动研究生产实践性知识。行动研究的直接目的是解决实践问题，提高实践质量，间接目的是生产实践性知识，促进教师专业发展。行动研究不仅强调行动，而且强调生产知识，否则"行动研究"就无异于"行动"。"行动研究"与知识的生产有关，尽管它生产的知识是暂时的，尽管它生产知识的目的是改变自己的处境，在这处境中知识的断言一度被认为是真的。换句话说，用改善了的教师的实践为教师"研究"辩护是不够的，必须有关于实践为什么被改善了的知识。[①] 行动研究所生产的"暂时的""改变自己的处境""一度被认为是真的"的知识显然属于实践性知识范畴，而实践性知识是教师专业发展的知识基础。

行动研究的程序有多种，其中，凯米斯提出的程序是影响较大的程序之一，它又被称为"凯米斯模式"。该程序认为，行动研究是一个螺旋式加深的发展过程，每一个螺旋发展圈又包括四个相互联系、相互依赖的环节，即计划、行动、考察和反思。[②]

计划是行动研究的第一个环节。计划始于解决问题的需要和设想，它是教师对问题的认识，以及他们掌握的有助于解决问题的知识、理论、方法、技术和各种条件的综合。计划以所发现的事实和调查研究为前提。计划要有充分的灵活性和开放性，要允许不断地修正计划，把始料不及的在行动中显现出来的各种情况和因素容纳进来。

行动是行动研究的第二个环节。教师在获得了关于背景和行动本身的信息，经过思考并有一定程度的理解后，就会有目的、负责任、按计划地采取行动。行动也是灵活的、能动的，包含行动者的认识和决策在内。实施计划的行动重视实际情况变化，重视实施者对行动及背景的逐步认识，重视其他研究者、参与者的监督观察和评价建议，行动是不断调整的。

考察是行动研究的第三个环节。考察可以是行动者借助于多种有效手段对本人行动的观察和记录，也可以是其他人的观察。多视角的观察有利于全面、深刻地认识行动的过程。教师合作开展行动研究过程中的考察主要是指其他人的观察。考察的内容主要是行动过程、结果、背景以及行动者的特点等方面。

反思是行动研究的第四个环节。它是一个研究螺旋圈的结束，又是过渡到另一个研究螺旋圈的中介。这一环节的任务主要包括两部分：一是整理与描述，即对观察到的、感受到的与制订计划、实施计划有关的各种现象加以归纳整理，描述出本循环的过程与结果；二是评价解释，即对行动的过程和结果作出判断和评价，对有关现象和

① ［英］理查德·普林：《教育研究的哲学》，李伟译，13 页，北京，北京师范大学出版社，2008。
② 郑金洲、陶保平、孔企平：《学校教育研究方法》，247～248 页，北京，教育科学出版社，2003。

原因作出分析与解释，找出计划与结果的不一致，从而形成基本设想、整体计划和下一步行动计划是否需要修正，需要做哪些修正的判断和构想。

一般来说，行动研究都需要多个螺旋圈。但是，由于教育实践是遗憾的艺术，教育实践从来都不会有完美无缺的时候，因此，行动研究的螺旋应适可而止。每一项行动研究不可能包罗万象，它应有一个明确的研究主题。当与该主题直接相关的问题得到相对美满的解决时，行动研究就可以告一段落。更为重要的是，在合作开展行动研究之后，教师还需要将研究成果，即通过行动研究而生产出来的实践性知识进行运用和巩固，从而使其真正内化到教师的专业知识结构中去，以其指导教师的教育教学行为。因此，教师合作开展行动研究是分阶段的，而不是无限循环的。为了保证阶段性的行动研究能够经常开展，教师要有意识地定期合作开展行动研究。

总之，在教师通过合作促进专业发展的路径中，教师合作开展集体备课、说课、相互听课与评课、信息交流、专题讨论、沙龙、经验共享、共同阅读等活动固然有一定价值，然而，教师合作开展行动研究，更能提高教师合作的质量，从而有效促进教师专业发展。教师合作开展行动研究与上述各种单项合作形式并非并列关系，而是包含关系，即上述各种单项合作形式往往包含在教师合作开展行动研究之中。

本章小结

作为教师专业发展的一条路径，教师合作是指在同一学校中，教师与同事自愿结合、平等互助，通过有效地共同完成某一完整的教育实践活动，在促进学生健康成长的过程中，促进参与活动的每位教师都得到专业发展。根据社会建构主义学习理论，教师合作有助于教师获得更加接近真理的知识。合作者之间的亲密关系、合作者之间的差异和合作者之间的相互支持能够增强教师专业发展的动力。从教师角度说，要切实推进同事合作，教师必须树立合作共赢观念，与同事建立"我—他"关系，以形成同事间相互尊重、相互理解、相互包容、相互开放、相互支持的合作文化。与集体备课、说课、相互听课与评课、信息交流、专题讨论、沙龙、经验共享、共同阅读等单项性的教师合作形式相比较，定期开展行动研究更有助于教师提高合作的质量，进而有效促进教师专业发展。

章后练习

1. 教师合作的内涵包括哪些？
2. 教师合作路径与理论应用路径、实践反思路径的主要区别是什么？

3.教师合作促进教师专业发展的机制是什么？

4.你认为，一些教师很少合作的原因是什么？

5.教师有效开展合作的策略有哪些？

延伸阅读

1.胡波：《合作：新课程对教师的新要求》，载《课程·教材·教法》，2004(7)。

2.饶从满、张贵新：《教师合作：教师发展的一个重要路径》，载《教师教育研究》，2007(1)。

3.陈江华：《学习型组织理论研究综述与评价》，载《北京交通大学学报(社会科学版)》，2014(2)。

4.陈爱华：《从哲学到教育：马丁·布伯的对话理论》，载《南昌大学学报(人文社会科学版)》，2015(5)。

5.杜静、王晓芳：《论基于社会互动理论的教师合作》，载《教育研究》，2016(11)。

6.冯建军：《他者性教育：超越教育的同一性》，载《教育研究》，2021(9)。

7.刘良华：《校本行动研究》，成都，四川教育出版社，2002。

第九章

教师专业发展的课例研究路径

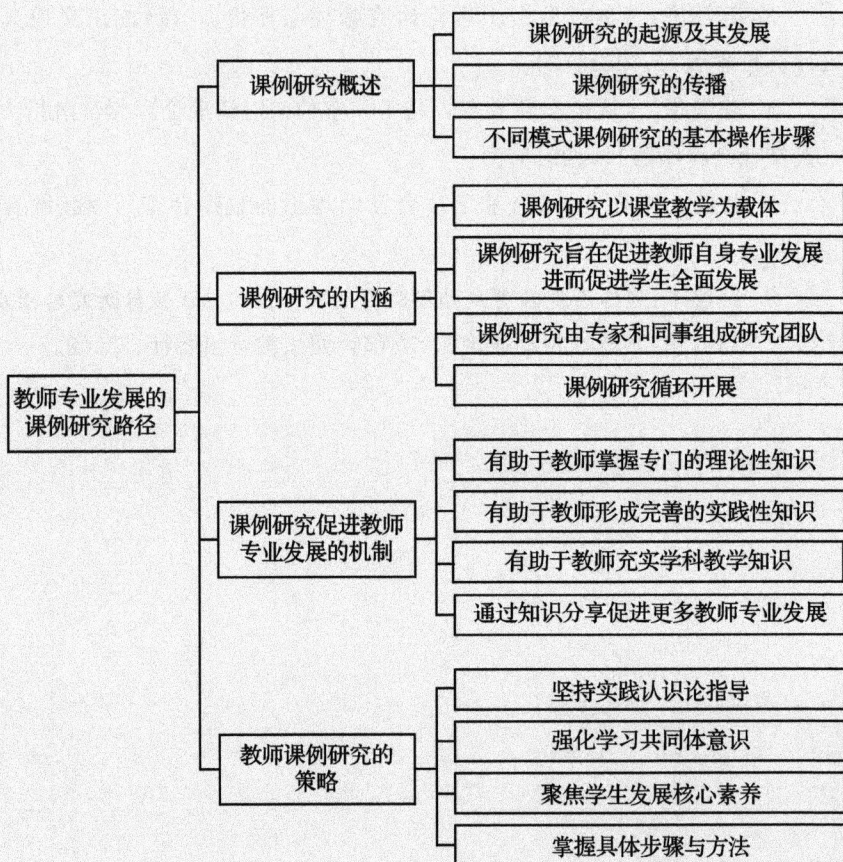

```
                              ┌─ 课例研究的起源及其发展
                    课例研究概述 ─┼─ 课例研究的传播
                              └─ 不同模式课例研究的基本操作步骤

                              ┌─ 课例研究以课堂教学为载体
                              ├─ 课例研究旨在促进教师自身专业发展
                    课例研究的内涵 ┤   进而促进学生全面发展
                              ├─ 课例研究由专家和同事组成研究团队
                              └─ 课例研究循环开展

教师专业发展的
课例研究路径
                              ┌─ 有助于教师掌握专门的理论性知识
                  课例研究促进教师 ├─ 有助于教师形成完善的实践性知识
                  专业发展的机制  ┤
                              ├─ 有助于教师充实学科教学知识
                              └─ 通过知识分享促进更多教师专业发展

                              ┌─ 坚持实践认识论指导
                    教师课例研究的 ├─ 强化学习共同体意识
                    策略       ┤
                              ├─ 聚焦学生发展核心素养
                              └─ 掌握具体步骤与方法
```

　　课例研究起源于日本，21 世纪初，它作为促进教师专业发展的重要路径，在世界中小学教育领域得到迅速传播。我国中小学比较重视课例研究，但是，它与以日本课例研究为代表的严格意义上的课例研究还存在多方面的差异。这些差异是造成我国中小学课例研究没能有效促进教师专业发展的重要原因。本章将从课例研究概述、课例研究的内涵、课例研究促进教师专业发展的机制和教师课例研究的策略等方面，对教师专业发展的课例研究路径进行系统探讨。

　　课例研究是进入 21 世纪以来世界基础教育领域颇受关注的教师专业发展路径，我国中小学也越来越重视课例研究。本章将对该路径进行系统探讨。

第一节
课例研究概述

一、课例研究的起源及其发展

　　当今国际教师教育领域普遍认同课例研究起源于日本。在日本，课例研究被称为授业研究。关于授业的含义，我们从我国唐代的韩愈在《师说》一文中写的"师者，所以传道受业解惑也"可知："受"通"授"，意为"传授"；"业"，泛指古代的经、史、诸子之学及古文写作。因此，授业主要是指传授知识的教学活动。随着社会和教育的发展，在当今社会，教师的授业活动主要发生在课堂教学中，教师授业的目标也演化为以传授知识为基础进而促进学生全面发展。因此，授业主要是指通过传授知识而促进学生全面发展的课堂教学活动。美国学者斯蒂格勒和黑巴特将源于日本的授业研究称为 lesson study，翻译成中文即课例研究。日本课例研究起源于 19 世纪 70 年代，至今大致经历了四个阶段。

　　一是探索阶段。该阶段从 19 世纪 70 年代到 20 世纪 50 年代。1872 年日本创办了东京师范学校，随后创办了其附属小学。师范学校的教师指导师范生通过到附属小学观察教师的课堂教学来学习如何教学。这种学习方式务实、有效，很快成为教师学习和改进教学方法的重要技术。这种教师集体研究课程、相互切磋教学技能的方法，就是日本课例研究最初的形态。① 在这一时期，日本学校实行"授业批评会"，旨在通过教师共同进行讨论以形成更为精彩的授业实践。从某种意义上说，"授业批评会"是日本课例研究的一种原初的重要形式，如东京市立育英小学的《授业批评会规定》第三条指出：本会按如下顺序，每月一次，于第二个星期六放学后开会。①校长在开会七日前，除训导外，指定教授者一名、协助者两名、批判者三名。②教授者编制教案，征得协助教师与教务教师的意见后，于开会三日前交由校长审阅。③校长审阅后，各教职员传阅。④实地授业。⑤讨论发言的顺序为授教者—批判者—该年级训导—其他训导—教务老师—校长。② 在探索阶段，日本课例研究主要由学校教师通过实践来推动。它主要表现为，在学校中，有经验的教师与经验不足的教师进行课堂教学研究，从而促进经验不足教师的成长。

二是成型阶段。该阶段的时间主要是在 20 世纪 60 年代到 70 年代。1962 年，在北海道大学沙泽喜代次的倡导下，日本全国五所大学(北海道大学、东京大学、名古屋大学、神户大学、广岛大学)组成合作研究机构，成立了 7 个研究小组。各小组分别以当地的中小学为基地，围绕各自的主题进行课例研究。1963 年，该合作研究机构成立了"全国课例研究协议会"，推动了全国性的课例研究运动。③ 在这一时期，日本课例研究的参与者中增加了大学教师，其推动力量主要是专业组织，从成立研究机构、出版研究刊物等方面使得课例研究发展成型。

三是普及阶段。该阶段的时间主要是在 20 世纪 80 年代。自 1985 年起，日本教育管理部门规定，初任教师必须在资深教授的协助下参与课例研究。在这一时期，随着教育技术的发展，日本课例研究加入了视频录像等手段。在研讨会上，执教教师、专家教师、研究人员等共同多次反复观看录像、开展讨论、交流意见、互相补充、进行反馈。④ 在该阶段，日本课例研究得以普及的主要推动力量是行政制度，理论工作者、资深教师通过与初任教师一起开展课例研究，以促进初任教师成长。

四是深化阶段。该阶段的时间主要是在 20 世纪 90 年代之后。在该阶段，日本教育家佐藤学及其同事将学习共同体理念引入课例研究。在基于学习共同体的课例研究中，并不是某些学科而是所有教师都参与课例研究，他们强调集体观察和共同反思。佐藤学提出学习共同体理念下的课例研究，目的是在教师中开展共同学习。⑤ 在该阶段，日本课例研究的推动力量主要是学习共同体理念。在该理念推动下，课例研究所促进的教师发展不再集中于经验不足的教师，而是促进所有教师在学习共同体中共同

① 魏戈、李曼、夏鹏翔：《课例研究在日本：社会文化视角的省思》，载《北京教育学院学报》，2021(5)。
② 钟启泉：《透视课堂：日本授业研究考略》，230 页，上海，华东师范大学出版社，2020。
③ 魏戈、李曼、夏鹏翔：《课例研究在日本：社会文化视角的省思》，载《北京教育学院学报》，2021(5)。
④ 同上。
⑤ 同上。

发展。

从上述发展历程可以看出，日本课例研究在本质上是一种旨在促进教师专业发展的校本培训。

二、课例研究的传播

教师教育界一般认为，日本课例研究向世界的传播是从日本学者吉田信开始的。

1989 年，吉田信在美国芝加哥大学攻读博士学位，他的导师是斯蒂格勒。他在参与一项国际中小学数学教与学的比较研究中提及了日本课例研究，并向其导师介绍了日本课例研究的开展情况，这引起了斯蒂格勒的注意。

1991 年，斯蒂格勒带领他的研究团队对日本和美国的教学录像进行了比较研究，发现美国的课堂教学效果没有日本好。吉田信又一次向斯蒂格勒提到这种差异可能是源于日本的课例研究，这让斯蒂格勒对日本课例研究的价值有了深刻的印象。由此，斯蒂格勒建议吉田信和他的另一位学生黑巴特把日本课例研究作为他们的博士学位论文选题，之后他们都发表了自己的研究结果。不过，他们的研究成果对于课例研究传播的促进作用并不显著。

1993 年至 2000 年，美国加利福尼亚大学米尔斯学院的刘易斯在日本撰写其著作《教育心智：对日本学前和小学教育的反思》。1996 年至 2000 年，她在日本不同地区的40 多所学校观摩课例研究，有针对性地采访了 75 位日本小学教师和管理者。当她问日本教师什么对他们的教学影响最大时，教师们的答案都是课例研究。随后，刘易斯与另一位日本学者合作发表了多篇关于日本课例研究的文章，但在当时也没怎么引起美国教育界的关注。

日本课例研究引起国际教育同行重视，缘于第三次国际数学与科学研究（TIMSS）中一项比较研究。1999 年，美国学者斯蒂格勒和黑巴特出版著作《教学的差距：为改进课堂教学来自世界教师的精彩观点》。他们在该书中指出，通过对日本、美国和德国的课堂教学录像进行比较，发现日本教师教授学生高层次思维方法比较多，并认为这是导致日本学生高成就的原因，而日本教师在教学上的成功与日本教师的一种特殊的研究活动相关，该研究活动即课例研究。他们认为美国应该学习日本的课例研究。至此，日本课例研究开始受到美国教育界的关注，相关经验迅速推广到世界各地。截至 2004 年，美国涉及 32 个州、125 个学区、335 所学校的约 2300 名教师参与组成的 150 个研究小组进行课例研究。[1] 2005 年 12 月和 2006 年 12 月，香港教育学院（现为香港教育大学）组织召开了第一届和第二届课例研究年会，来自美国、英国、日本、瑞典、澳大利

---

[1]　杨玉东：《日、港、沪三种教学研究活动及启示》，载《教育发展研究》，2006(11)。

亚、新加坡、伊朗和中国(包括北京、上海、香港三地)8个国家的课例研究者参加了会议。在第二届课例研究年会上,成立了"世界课例研究协会",香港教育学院卢敏玲教授任主席,上海教科院顾泠沅教授为中国内地总负责人。这标志着自 1999 年 TIMSS 研究中,日本的授业研究受到西方国家广泛关注以来,课例研究同其他国际学术组织一样,逐步走向国际性的学术殿堂并最终形成了一个专门的研究领域。① 2011 年,国际性课例研究专门期刊《课堂与学习研究国际杂志》(*The International Journal for Lesson and Learning Studies*)创办,进一步推动了课例研究在世界范围内的传播和推广。②

三、不同模式课例研究的基本操作步骤

从世界范围来说,课例研究自推广以来主要有三种模式:一是日本的授业研究,二是中国香港的课堂学习研究,三是中国上海的行动教育。其中,日本的授业研究影响最大。这三种课例研究模式的基本操作步骤既有相同之处,也存在明显的区别,具体步骤分别如下。③

(一)日本授业研究的基本操作步骤

在日本,政府把授业研究视为校本教师专业发展的有效途径而在财力上给予支持。日本授业研究通常包括三个操作步骤。第一,界定课例研究需要解决的问题。这种问题往往不局限于现实问题,也可能是结合学校发展或课程标准的长期需要解决的问题。第二,执行"合作设计教案、观课、集体议课"循环过程,一般进行两轮。议课过程一般会分享教师体验式的观察笔记和对学生的细节性描述记录。第三,分享课例研究的成果,一般通过撰写课例研究报告或邀请外校教师观摩、研讨最后一轮课来分享课例研究的成果。

(二)中国香港课堂学习研究的基本操作步骤

中国香港课堂学习研究起源于瑞典哥德堡大学马飞龙教授基于变易理论在我国香港指导的一项"优化课堂学习"研究项目。该课例研究由香港教育大学研究团队研发,在欧洲得到广泛开展。该课例研究通常包含以下五个基本操作步骤:第一,选取课题并拟定学习内容。这里的学习内容除学科知识外,也可能是一种能力或态度。第二,确认学习内容中阻碍学生的难点。一般会通过前测与访谈方法确定。第三,开展教学

---

① 杨玉东:《课例研究的国际动向与启示》,载《全球教育展望》,2007(3)。
② 张侨平、陈敏:《课例研究的缘起和流变:回顾与前瞻》,载《全球教育展望》,2020(8)。
③ 杨玉东:《从国际比较看中式课例研究的特征与未来趋势》,载《教育发展研究》,2019(18)。

设计并进行课堂实践。运用变易理论设计教学、实施教学、研讨教学。第四，课堂教学评价。根据对学生的后测与访谈，提出新一轮教学的改善建议。第五，形成课例报告并分享成果。报告文本成果往往作为下一轮循环研究的参考资料。

(三)中国上海行动教育的基本操作步骤

该课例研究模式由上海市教科院顾泠沅教授领衔的团队创立。该团队从 2003 年起在国内、国际刊物上发表了系列文章，阐释了我国"磨课研究"背后的道理，并将其命名为教师专业成长的"行动教育"。该课例研究的基本操作步骤通常包含三个阶段。第一阶段，关注教师已有经验和原行为。第一轮教学由教师独立依据经验进行备课并授课，充分暴露原经验和行为。第一轮教学后，教师团队对其进行研讨，并确立改进教学的新理念。第二阶段，关注新理念下的教学再设计。教师团队根据第一轮研讨确立的新理念和经验开展集体备课并再次授课、议课。第三阶段，关注新理念下学生的实际获得。根据授课中教师和学生的行为表现，再次对教学设计进行重构，为今后类似主题的教学积累经验。

上述三种在国际上有影响的课例研究模式呈现出的主要共同特征是：第一，强调教师群体合作开展研究，并尽可能争取专业人员的参与；第二，强调行动过程中集体性的实践反思；第三，强调持续性的教与学行为的改进。

上述三种课例研究模式的显著差别在于研究主题不同。其中，日本课例研究聚焦于特定的研究主题，该研究主题往往是当时社会所倡导的新教育理念。以数学科为例，在过往一百多年的发展当中，日本课例研究关注的主题不断发生变化(见表 9-1)，这些主题都与当时国际数学教育的一些议题相关。①

表 9-1 日本数学科课例研究的主题变迁

时期	主题
19 世纪 80 年代	裴斯泰洛齐教学法和对谈法，包括师生之间的质疑、讨论、对话等
20 世纪 10 年代	生活数学，包括问题提出
20 世纪 30 年代	课程整合，包括开放性问题教学
20 世纪 50 年代	基于社会研究的核心课程改革
20 世纪 60 年代	数学思维：日本的"新数学"
20 世纪 70 年代	开放题和问题解决
20 世纪 80 年代	问题解决

与日本课例研究随着时代的发展而产生不同的主题相比较，我国香港课例研究的

---

① 张侨平、陈敏：《课例研究的缘起和流变：回顾与前瞻》，载《全球教育展望》，2020(8)。

主题虽然很明确，但是单一。我国香港特区政府在 2000 年推出以学会学习为目标的教育改革，其课例研究的主题就是"照顾学生学习差异"，即以马飞龙提出的变易学习理论作为框架设计教学，希望帮助教师找到有效处理学生个别差异的方法。[①]

相比较而言，我国上海课例研究的主题则不够明显和集中。在我国上海课例研究的第一阶段，研究者让教师独立依据经验备课并授课，充分暴露原经验和行为，在此基础上，教师团队对其进行研讨，确立改进教学的新理念。在一定程度上，教师团队所确立的新理念具有主题性质。但是，至于新理念是什么，研究者在课例研究之初并不清楚。针对不同教师的课堂教学问题，研究者所确立的新理念也会发生变化。

第二节
课例研究的内涵

关于课例研究的内涵，学术界主要有三种不同的理解。第一种理解认为，课例研究是教师专业发展的一种途径，它为教学建构专业知识基础并改进教与学；第二种理解认为，课例研究是教师研究的一种方法，是教师专属的教学研究模式；第三种理解认为，课例研究是一种教学变革实践研究，针对教学中的特定问题，在实践中进行探讨，从而改进教学实践。[②] 对课例研究的上述三种理解都有一定道理，都反映了课例研究的属性，但是，它们都只是反映了课例研究的个别属性。对课例研究内涵的理解既要准确把握其本质属性，又要全面概括其多方面的属性。笔者认为，从本质属性来说，课例研究应该是一种教师专业发展路径。课例研究起源于日本，在日本，课例研究主要是作为一种校本培训活动而存在的，而校本培训的直接目的就是促进教师专业发展。从日本课例研究的推广角度说，美国、新加坡、伊朗等一些国家把日本课例研究作为"改变 21 世纪教师专业发展的强有力的途径"而加以推广。[③] 因此，从本质上说，课例研究是一种教师专业发展路径，这也是本教材把课例研究列为教师专业发展路径之一的重要学理依据。为了全面概括课例研究的属性，本教材对课例研究的界定如下：所谓课例研究，是指教师与同事一起，在专家引领下，以课堂教学为载体，旨在促进自身专业发展进而促进学生全面发展的一种循环开展的团队性教学研究活动。具体来说，课例研究的内涵主要包括四个方面。

① 张侨平、陈敏：《课例研究的缘起和流变：回顾与前瞻》，载《全球教育展望》，2020(8)。
② 安桂清：《课例研究》，17～18 页，上海，华东师范大学出版社，2018。
③ 杨玉东：《课例研究的国际动向与启示》，载《全球教育展望》，2007(3)。

一、课例研究以课堂教学为载体

20 世纪 60 年代末，英国课程论专家斯滕豪斯提出了"教师成为研究者"理念。苏霍姆林斯基在其《和青年校长的谈话》一书中指出："如果你想使教育工作给教师带来快乐，使每天的上课不致变成单调乏味的义务，那就请你把每个教师引上进行研究的幸福之路吧。"①在当今中小学教育领域，教师的研究者角色已经得到普遍认同。问题的关键是，教师应该开展什么样的研究？从载体角度说，教育研究大致可以分为以文献资料为载体的研究和以实践行动为载体的研究。前者属于"旁观者式"或"坐而论道式"的研究，后者属于"参与者式"或"身体力行式"的研究。显然，教师的研究应该以后者为主。然而，仍然存在用教师发表论文来评价教师研究的制度，该制度有可能把教师的研究引上"旁观者式"或"坐而论道式"的研究之路。从教师实践活动的地点角度说，教师的"参与者式"或"身体力行式"的研究大致分为课堂教学研究和课外指导研究。由于课堂教学是学校实现教育目的、促进学生全面发展的基本途径，因此，课堂教学应该是教师研究活动的主要载体。教师通过课堂教学、为了课堂教学、在课堂教学中开展研究，这种研究就是课例研究。

二、课例研究旨在促进教师自身专业发展进而促进学生全面发展

教师开展研究的目的大致分为三种：一是构建教育理论，促进教育科学发展；二是提高自身素质，促进自身专业发展；三是提高教育实践质量，促进学生全面发展。在这三个目的中，后两个是教师研究的恰当目的。笔者并不否认教师可能会通过研究构建教育理论，促进教育科学发展，但是，该目的与专业理论工作者的研究目的趋同，且为绝大多数教师望而生畏。有学者深刻地指出："正题：所有的教学研究都应该改善学校的日常生活（教师的日常生活和学校日常制度）。反题：某种教学研究如果不改善学校的日常生活，如果教学研究与学校的日常生活不是一件事而是两件事，这种教学研究就是无效的。……正题：所有的教学研究都应该被教师接受和欣赏。反题：某种教学研究如果在较长时间不能被教师接受和欣赏，那么，问题可能不在于教师，而在于教学研究所坚持的理论假设本身需要修改和调整。"②促进教师自身专业发展和促进学生全面发展这两个目的在一定程度上是手段与目的关系。教师通过课例研究促进自身

---

① ［苏联］瓦·阿·苏霍姆林斯基：《和青年校长的谈话》，赵玮等译，85～86 页，上海，上海教育出版社，1983。

② 余文森：《论以校为本的教学研究》，载《教育研究》，2003(4)。

专业发展是手段，而教师实现自身专业发展的最终目的是提高教学实践质量，促进学生全面发展。"工欲善其事，必先利其器。"（《论语·卫灵公》）对于为数有限的课例研究来说，促进教师自身专业发展的目的更为重要，它不仅有助于教师在该研究活动中有效促进学生全面发展，而且有助于教师从中积累经验，进而将其运用于其他类似的实践中。

三、课例研究由专家和同事组成研究团队

如果说前面所阐述的理论应用路径和实践反思路径主要是教师个人所开展的专业发展活动，教师合作路径是本校教师合作开展的专业发展活动，那么，课例研究则是教师与同事一起在专家指导下开展的专业发展活动。无论上海的课例研究，还是香港的课例研究，都有来自教育科研院所或大学的专家。在日本课例研究中，据调查，80%的学校邀请过教学督导，31%的学校邀请过大学教授，14%的学校邀请过有经验的教师，11%的学校邀请过已退休的校长，3%的学校从教育部邀请过学科专家。在日本的课例研究团队中，较大规模学校中的同事主要是同一年级的教师，较小规模学校中的同事可以是临近年级的教师。研究团队中的教师有4到6位，他们在专家引领下开展具体学科的课例研究。[1] 在日本课例研究中，专家来自校外，他们承担顾问角色。有研究者指出，在日本，"所有调研到的学校都汇报说要求一个校外顾问来指导学校的课例研究工作。校外顾问并不参加学校的每次会议，但重要会议会来参加，特别是学校上研究课的日子"[2]。专家扮演顾问角色，既发挥了专家对课例研究的专业引领作用，又能保证教师作为课例研究主体的地位。

四、课例研究循环开展

课例研究不仅强调教师通过"上课"开展研究，而且强调教师通过多次"上课"进行深入研究。日本课例研究在界定主题之后，执行"合作设计教案、观课、集体议课"的循环过程，该过程一般进行两轮。我国香港课例研究在运用变易理论设计教学、实施教学、研讨教学的基础上，进行课堂教学评价，然后根据对学生的后测与访谈，提出新一轮的改善教学建议，并继续执行新建议。我国上海课例研究在教师独立依据经验备课并授课之后，研究团队进行研讨，确立新理念，再次进行集体备课，并继续授课。课例研究的循环开展建立在对前一次课堂教学行为的反思基础之上，因而它内在地注

---

① 吴伦敦、苌虹：《中小学教师如何做课例研究》，40～41页，北京，科学出版社，2016。

② 胡庆芳：《论日本中小学的校本培训：从课例研究的视角》，载《外国中小学教育》，2007(2)。

重实践反思。不仅如此，课例研究还对经过反思所得出的改进建议及时实施，从而及时验证反思的有效性。

第三节
课例研究促进教师专业发展的机制

一、有助于教师掌握专门的理论性知识

掌握和运用专门的理论性知识以及专门技能普遍被认为是专业的核心特征。我国学者曾荣光对专业的特征进行了深入细致的研究。他认为专业的特征分为核心特征和衍生特征。前者包括一套有学术地位的理论系统、一套与理论系统相适应的专业技术、被证实与认可的理论与技术效能、不可或缺的社会功能与公正忘我的专业服务。后者包括受过长期的专业训练、专业知识是大学中的一门学科、形成垄断的专业知识系统、有管理控制职业群体的自主权、有制裁成员权力的专业组织、专业人员对当事人有极高的权威、对与其合作的群体有支配权、专业人员对职业投入感强、有一套制度化的道德守则和获得社会及当事人的信任。① 在以上众多特征中，许多特征建立在专门的理论性知识基础之上。

课例研究之所以能够有效促进教师专业发展，一个重要的原因在于它有助于教师掌握专门的理论性知识。在课例研究团队中，专家是重要的组成部分，专家所拥有的知识主要是理论性知识。专家在课例研究中主要发挥专业引领作用，为教师提供理论指导。我国香港课例研究明确提出以变异理论为指导，开展课堂学习研究。日本课例研究特别重视主题引领，这就使其课例研究不同于一般的集体听课和备课，而发挥引领作用的主题都蕴含着具有鲜明理论性的专门知识，如裴斯泰洛齐教学法、生活数学、课程整合、数学思维、问题解决、做一个主动的学习者、成为活跃的问题解决者、发展个性等。教师在专家引领下开展课例研究的过程在一定程度上就是教师学习和应用专门的、先进的理论性知识的过程。因此，该过程能够有效促进教师专业发展。

---

① 教育部师范教育司：《教师专业化的理论与实践》2 版，34～35 页，北京，人民教育出版社，2003。

二、有助于教师形成完善的实践性知识

根据舍恩的反思性实践理论，在教育实践中，许多领域是"低湿之地"。在"低湿之地"中，教师直接依靠的不是理论性知识，而是实践性知识。在教师教育领域，实践性知识被认为是教师专业发展的知识基础。然而，并不是所有的实践性知识都能够有效解决教育实践中的问题，都能够有效指导教师开展教育实践活动。教师的实践性知识在质量上有优劣之分。而课例研究对于教师形成完善的实践性知识具有重要促进作用。首先，课例研究强调循环性的实践反思。这就使得教师能够通过课例研究获得经过实践检验的具有真理性的实践性知识。其次，课例研究强调团队研究。这就使得教师在获得实践性知识的过程中避免个人视域和知识经验的局限，从而通过视域融合、达成共识而获得高质量的实践性知识。最后，课例研究强调专业引领。教师在专家指导下开展实践并进行反思，因而能够获得更具有科学性、更能反映教育本质和规律的实践性知识。

三、有助于教师充实学科教学知识

美国教育家舒尔曼认为，教师的专业知识主要包括如下几个方面：学科内容知识，一般教学法知识，课程知识，学科教学知识，有关学生及其特性的知识，有关教育的目的、目标、价值、哲学与历史渊源的知识。在上述知识中，他认为学科教学知识特别重要。它确定了教学与其他学科不同的知识群，体现了学科内容与教育学科的整合，是最能区分学科专家与教师的一个知识领域。关于学科教学知识的构成，舒尔曼认为，它主要由三类知识构成：一是直面学生教学如何建构和呈现学科内容的知识，二是有关学生在学习具体的内容时可能拥有的共同的概念、误解和困难的知识，三是在具体教学情况下能满足学生学习需求的具体教学策略等。[①] 教师专业知识的构成要素有多个方面，从学科教学角度来说，与指导具体学生有效学习具体学科内容的学科教学活动距离最近的知识就是学科教学知识。在某种程度上，在时间有限的情况下，教师首先需要学习的知识就是学科教学知识。这种知识显然要比普通教育学、普通心理学、教育哲学、教育心理学、教育社会学、教育史等专业知识对学科教学具有更为直接的指导价值。

课例研究对教师充实学科教学知识具有极其重要的促进作用。在课例研究中，教师在专家引领和同事帮助下研究如何指导具体的学生有效学习具体的教学内容。例如，日本课例研究在进行教学设计时，高度重视具体的学生、具体的教学内容和具体的教

---

① 汤杰英、周赟、韩春红：《学科教学知识构成的厘清及对教师教育的启示》，载《教育科学》，2012(5)。

学策略，其教学设计关注的主要方面包括：①对于本课主题，学生已经理解了什么？②本课结束时，我们希望学生理解什么？③推动学生从①到②，要设计什么样的经验序列？④我们期望学生有什么样的思维状态？我们如何利用它们使学生从当前的理解状态达到我们期望的结果？⑤如何使课堂教学激发学生兴趣，对学生产生意义？⑥在课堂上收集什么样的证据能够帮助课后反思？谁对每种需要收集的证据负责？① 我国香港课例研究通过前测与访谈了解学生，在此基础上进行教学设计并付诸实施，然后根据对学生的后测与访谈，提出具体的改善教学建议。我国上海课例研究把学生通过接受新理念指导下的教学而实际获得的结果作为第三个阶段研究的核心。因此，课例研究所关注的知识主要属于学科教学知识范畴。我国有学者指出，课例研究无非研究两个问题。第一，教学内容。特定的学生学习特定的题材，应该教什么或学什么。第二，教学方法，包括教学环境和资源、学习特定的内容，应该怎么教，或如何组织学生的学习。教学方法的问题，其实就是教学内容如何展开的问题；两者的关联，也就是学科教学知识。课例研究之所以有效，之所以可贵，就是因为它能够激活、提炼、改善、发展教师的学科教学知识。② 教师通过课例研究获得的学科教学知识属于实践性知识范畴。实践性知识是教师专业发展的知识基础，由于教师的专业发展主要表现在学科教学中，因此，教师通过课例研究获得的学科教学知识是教师专业发展的知识基础中的主要构成部分。

四、通过知识分享促进更多教师专业发展

无论是日本课例研究，还是我国香港课例研究，其最后一个环节都是形成课例研究报告，分享课例研究成果。在日本，所有教师如何共享研究成果是课例研究中很重要的一个组成部分，课例研究组的教师把与别人分享研究成果看作自己研究的一部分。分享的方式多种多样：一种就是写报告，大多数研究组成员通过写报告的方式来讲述自己研究的过程；另外一种方式就是邀请其他学校的教师来听修改后的研究课，这被看作教师专业发展的重要部分，也是教师能从其他学校学到教学创新的一种方式。③ 本校的教师或外校的教师通过阅读课例研究报告，可以间接获得以学科教学知识为主的实践性知识，而校外教师通过观摩课例研究中修改后的研究课，可以更为直接地获得以学科教学知识为主的实践性知识。课例研究重视知识的分享，体现了其所具有的促进教师群体专业发展的情怀。

---

① 李子建、丁道勇：《课例研究及其对我国校本教研的启发》，载《全球教育展望》，2009(4)。
② 王荣生、高晶：《"课例研究"：本土经验及多种形态(上)》，载《教育发展研究》，2012(8)。
③ 赵红霞、孔企平：《日本课例研究及启示》，载《教育理论与实践》，2009(11)。

第四节
教师课例研究的策略

虽然课例研究对教师专业发展具有重要促进作用，但是，这种作用的发挥并不是无条件的。从世界范围来说，有些国家的课例研究卓有成效，有些国家的课例研究既有成效，也存在问题，而有些国家的课例研究则成效有限。例如，美国的一项研究发现，课例研究仅仅作为一种技术被移植到美国，只是移植了一朵生长在日本文化土壤上的花，并未发挥课例研究本身应有的价值和作用。一份名为《课例研究：评价报告和执行》的研究报告显示，在英国伦敦开展的课例研究对学生的学习结果并未产生显著影响。[①] 针对我国的课例研究，有学者指出，课例研究主要有以下问题：存在形式主义问题，如以领导为中心自上而下地强制教师开展课例研究；以政绩为核心考量，研究课与日常授课相脱节；课例评价基于个体经验而非思辨论证，研究主题空泛，研究过程机械化，课例讨论中碍于人情而敷衍评议，避免建设性批评等。[②] 要想恰当地开展课例研究，有效发挥其促进教师专业发展的作用，除了教育管理者、教育理论工作者等相关主体提供必要支持外，教师应发挥主观能动性。笔者认为，从教师角度说，恰当开展课例研究的策略主要包括四个方面。

一、坚持实践认识论指导

在一定程度上，课例研究过程是教师通过课堂教学实践研究而不断丰富和完善以学科教学知识为核心内容的实践性知识的认识过程。因此，马克思主义实践认识论对教师恰当开展课例研究具有直接的指导作用。马克思主义实践认识论认为，实践是认识的根源，一切认识来自实践，一切认识由实践检验并且在实践中发展。根据该认识论，教师的实践性知识不是从书本中得来的，不是从想象中得来的，也不是从对别人实践的分析中得来的。教师要想获得真正的实践性知识，必须亲自去做；教师要想获得真正的学科教学知识，必须进行课例研究，必须在真实的课堂教学之后，对其进行实践反思。马克思主义实践认识论认为，认识的基本过程是实践、认识、再实践、再认识，以至无穷。该过程循环往复、螺旋上升，从而使认识的质量不断得到提高。根

---

① 魏戈、李曼、夏鹏翔：《课例研究在日本：社会文化视角的省思》，载《北京教育学院学报》，2021(5)。

② 袁丽、胡艺曦：《课例研究对促进教师专业发展的作用、不足与改进策略：基于文献的考察》，载《教师教育研究》，2018(4)。

据该认识论，教师实践性知识的获得不是一次性的实践反思过程。这种过程仅仅是教师认识过程的第一次飞跃，教师在实践反思之后，还必须将所获得的实践性知识付诸实践，实现认识过程的第二次飞跃，从而对实践性知识进行实践检验。不仅如此，教师获得实践性知识的过程还需要经过多次循环。这就要求教师在课例研究过程中，必须高度重视实践反思之后的行为跟进，将所获得的新的实践性知识进一步加以实施，通过实践和认识的多次循环，以获得更加接近真理的实践性知识。

二、强化学习共同体意识

课例研究不是教师个人进行的研究活动，而是一种集体性的课堂研究活动，因此，教师应该强化学习共同体意识。与教师合作路径相比较，课例研究中学习共同体的人员构成更加多样化。在教师合作路径中，教师合作的对象主要是同事。而在课例研究中，与教师一起进行研究的人员不仅包括同事，而且包括专家。这里的专家可以是专业的理论工作者，可以是大学教师，可以是教研员，也可以是专家型教师。根据学习型组织理论，在团队学习中，团队智慧大于个人智慧的平均值，通过集体思考和分析，团队能够做出正确的组织决策。学习共同体意识有助于教师在课例研究中形成成员更加多元化、更具异质性的学习团队。教师通过学习共同体，不仅能够从侧重于实践的同事视角来获得新的见解和启发，而且能够从侧重于理论的专家视角来获得新的智慧和启迪，从而获得更为完善、更加科学的实践性知识。从学习氛围角度说，学习共同体意识有助于教师在课例研究中充分发挥主体性，更为充分而深入地投入学习。学习共同体意味着在课例研究中包括教师、同事和专家在内的所有研究人员相互依存，休戚与共，因而在学习共同体意识指导下，课例研究具有鲜明的平等对话特点。其中，教师与教师之间的学习主要是"实践话语的讨论"，而教师与专家之间的学习更多是"理论话语"与"实践话语"之间的对话，可以促进"理论的实践化"和"实践的理论化"。[①] 在学习共同体意识指导下，教师在课例研究过程中能够认识到不仅自己的实践需要理论，而且专家的理论离不开实践，因而教师能够与同事和专家有效进行团队学习所倡导的具有平等性的深度商讨。

三、聚焦学生发展核心素养

从世界范围来说，课例研究的一个非常重要的特点是关注学生长期的学习目标。卢敏玲教授在《从香港的课堂学习研究中可以获得什么》的报告中特别指出，他们是如何考虑课例研究中学生的长期学习目标（侧重能力）与短期目标（侧重知识技能）的。美

① 钟启泉：《授业分析与教师成长：日本"授业研究"的考察》，载《教育发展研究》，2016(8)。

国刘易斯在做课例研究报告时，一开始就以提问的方式请听众假想："目前你期望你的学生学到什么""5～10年后你期望你的学生具有什么素质"以此强调课例研究中设定长期目标的重要性。瑞典的马飞龙教授谈到了生成性学习问题，指出学习目标要长期考虑。[①] 日本课例研究的目标明显具有长期性，例如：确保学生的基本学业能力，培养他们的独特性；让学生在合作与学习中体验快乐；改进教学以提高学生的学习热情；让学生热爱大自然；让学生成为问题的解决者；等等。这些宏大的研究目标似乎不具有特别明显的学科性和可操作性，但被认为是日本课例研究的极其重要的特征。[②] 与境外课例研究相比较，我国课例研究往往缺少关注学生长期发展的目标，而是更多地关注学生对具体教学内容的掌握。更为严重的是，一些教师把课例研究当成公开课，并以获奖为目的。课例研究固然直接指向教师专业发展，然而，教师专业发展的根本指向与表现是学生的全面发展。而学生长期可持续适应时代发展的目标就是学生发展核心素养。2016年"中国学生发展核心素养"研究成果发布。该成果认为，学生发展核心素养包括文化基础、自主发展、社会参与三个方面，综合表现为人文底蕴、科学精神、学会学习、健康生活、责任担当、实践创新六大素养，具体细化为人文积淀、人文情怀、审美情趣，理性思维、批判质疑、勇于探究，乐学善学、勤于反思、信息意识，珍爱生命、健全人格、自我管理，社会责任、国家认同、国际理解，劳动意识、问题解决、技术运用十八个基本要点。[③] 借鉴国际课例研究经验，我国课例研究迫切需要将以上学生发展核心素养作为研究主题，深入探讨如何在学科教学中扎实落实这些研究主题，进而通过具体的学科课堂教学培养学生发展核心素养。

四、掌握具体步骤与方法

虽然我国中小学较为重视课例研究，但课例研究的实际效果并不令人满意，这与教师没有准确掌握课例研究的具体步骤与方法有重要关系。例如：一些教师认为课例研究就是以前经常进行的听评课，二者没有本质的区别，只是所用概念不同；一些教师认为对自己的一节课乃至别人的一节课进行描述和分析，就是课例研究，这些教师将课例研究等同于案例研究。借鉴日本的经验，课例研究有自己的一套系统的具体步骤和方法。[④] 从具体步骤角度说，课例研究一般包括选取主题—设计教案初稿—教学、观课—集体反思—总结、分享等环节。从具体方法角度说，在选取主题环节，主题可以指向一般性的目标，如"如何唤醒学生的数学兴趣"，可以比较具体，如"促进学生对

① 杨玉东：《课例研究的国际动向与启示》，载《全球教育展望》，2007(3)。
② 王红艳：《日本的课例研究经验：基于WALS2019年年会报告论文的NVIVO分析》，载《教育学术月刊》，2020(11)。
③ 核心素养研究课题组：《中国学生发展核心素养》，载《中国教育学刊》，2016(10)。
④ 李子建、丁道勇：《课例研究及其对我国校本教研的启发》，载《全球教育展望》，2009(4)。

异分母分数加法的认识"，也可以聚焦于课程材料的更新，如"用秋千研究钟摆现象"等。一般来说，日本课例研究更加重视宏观的、长远的一般性目标。在设计教案初稿阶段，虽然最终由一位教师执教，但是课例仍被视为集体的产物。课例研究的目标不仅是一节好课，而且是为了理解这节课为什么可以促进学生发展，以及如何促进学生的发展。在教学、观课环节，小组的一位教师执教，其他教师全程参与准备、教学以及随后的反思过程。观课的教师一般在教室后面。但是，当学生在座位上做作业时，他们可以四处走动进行观察。教学过程往往还被录像，供后续分析和讨论使用。在集体反思环节，通常由授课教师开始，教师们依次表达自己对这节课的效果以及存在的主要问题的看法。所有小组成员的发言都是批判性的，关注的是自认为存在问题的部分。反思的焦点是课本身，而不是授课的教师个人。因为课例被视为集体的产物，小组的每个成员都对这节课负有责任，因此集体的反思、批评实际上是每一个成员的自我批评。在反思的基础上，重新修订教案。修订完成后，在另一个班级再教一遍。根据教学目标的完成情况，这一环节可能不止循环一次。在总结、分享阶段，多数课例研究小组会通过撰写报告来讲述自己的工作。通常这些报告会以书面形式呈现，由学校资料室收藏。这些报告供教师、校长阅读。如果很有吸引力的话，还可能被地方教育管理者读到。大学教授参与的课例研究，其研究报告可能以商业出版物的形式出版。此外，课例研究的分享形式还包括邀请其他学校的教师前来观课。

　　虽然课例研究的具体步骤与方法不是机械固定的，教师需要根据不同的情境创造性地实施，但其具有很强的系统性、规范性、严谨性、科学性。教师只有深入理解和准确掌握课例研究的具体步骤与方法，并将其认真落实到研究行动中去，课例研究才能真正有效地发挥促进教师专业发展，进而提高课堂教学质量、促进学生全面发展的作用。

本章小结

　　　　课例研究起源于日本，它作为一种教师专业发展路径在当今世界中小学教育领域得到迅速推广。在一定程度上来说，课例研究是行动研究在课堂教学研究中的具体化。它是指教师与同事一起，在专家引领下，以课堂教学为载体，旨在促进自身专业发展进而促进学生全面发展的一种循环开展的团队性教学研究活动。由于由专家和同事组成团队对课堂教学进行循环性研究，课例研究不仅能够有助于教师掌握专门的理论性知识，有助于教师形成完善的实践性知识，而且有助于教师充实学科教学知识。要落实课例研究的循环性，教师在课例研究过程中必须坚持马克思主义实践认识论。要体现团队成员的平等性，教师在课例研究中要强化学习共同体意识。课例研究重视学生的可持续发展，因此，我国教师在课例研究中要将研究目标聚焦于学生发展核心素养。要有效开展课例研究，教师还必须掌握课例研究作为一种以教师为主体的严谨的课堂教学研究类型所特有的具体步骤与方法。

章后练习

1. 日本课例研究传播的过程是什么？你从该过程中能获得什么启示？

2. 日本、我国上海和我国香港三种课例研究的主要异同是什么？

3. 我国中小学教师常说的课例研究与严格意义上的课例研究的主要区别是什么？

4. 如何全面理解课例研究的内涵？

5. 课例研究促进教师专业发展的机制是什么？

6. 作为教师专业发展的路径，课例研究与理论应用路径、实践反思路径和教师合作路径的主要区别是什么？

7. 课例研究与行动研究的异同是什么？

8. 教师有效开展课例研究的策略有哪些？

延伸阅读

1. 胡庆芳：《论日本中小学的校本培训：从课例研究的视角》，载《外国中小学教育》，2007(2)。

2. 杨玉东：《课例研究的国际动向与启示》，载《全球教育展望》，2007(3)。

3. 李子建、丁道勇：《课例研究及其对我国校本教研的启发》，载《全球教育展望》，2009(4)。

4. 钟启泉：《授业分析与教师成长：日本"授业研究"的考察》，载《教育发展研究》，2016(8)。

5. 袁丽、胡艺曦：《课例研究对促进教师专业发展的作用、不足与改进策略：基于文献的考察》，载《教师教育研究》，2018(4)。

6. 陈向明：《跨界课例研究中的教师学习》，载《教育学报》，2020(2)。

7. 袁丽、胡艺曦、王照萱等：《论循证课例研究的实践：教师教育的新取向》，载《教师教育研究》，2020(4)。

8. 张侨平、陈敏：《课例研究的缘起和流变：回顾与前瞻》，载《全球教育展望》，2020(8)。

9. 魏戈、李曼、夏鹏翔：《课例研究在日本：社会文化视角的省思》，载《北京教育学院学报》，2021(5)。

10. 安桂清：《课例研究》，上海，华东师范大学出版社，2018。

```
                                    ┌─ 教师道德修养旨在提升自身的专业道德品质
                                    │
                    ┌─ 教师道德修养的 ├─ 教师道德修养是一种自我教育活动
                    │   内涵          │
                    │                ├─ 教师道德修养的内容为特定社会所规定
                    │                │
                    │                └─ 教师道德修养中的道德是广义的道德
                    │
                    │                ┌─ 高尚的道德品质是教师专业素质的重要构成部分
  教师专业发展的     │                │
  道德修养路径 ──────┼─ 道德修养促进教师├─ 高尚的道德品质是教师发展专业知能的重要内在动力
                    │   专业发展的机制 │
                    │                └─ 高尚的道德品质有助于教师充分而正确地
                    │                   发挥专业知能的作用
                    │
                    │                ┌─ 落实道德修养的整体性
                    │                │
                    └─ 教师道德修养的 ├─ 把握道德修养的层次性
                        策略          │
                                    └─ 坚持道德修养与才能修养相统一
```

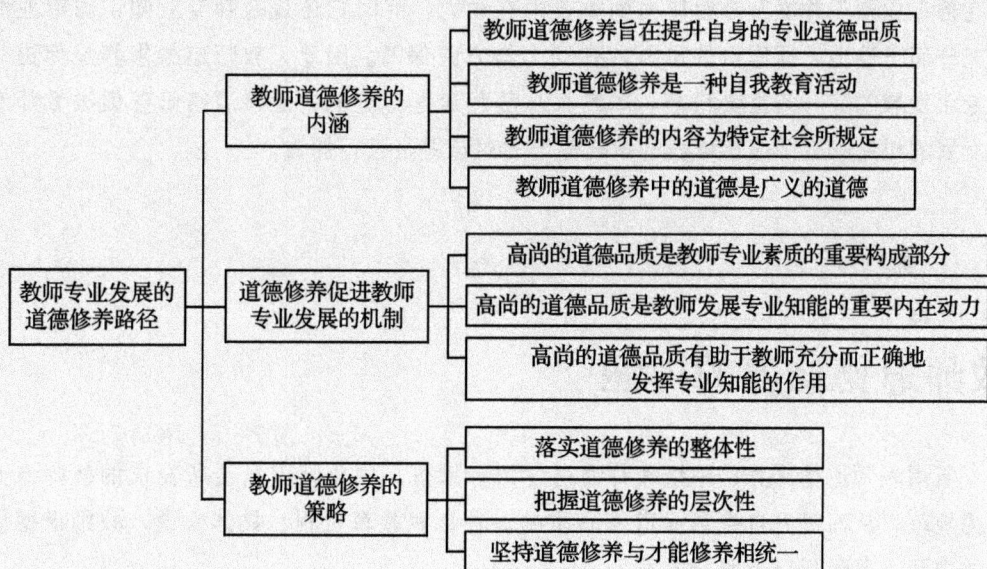

章前导语

在第六章至第九章中，我们从教师视角主要探讨了促进教师专业发展的理论应用路径、实践反思路径、教师合作路径和课例研究路径。这四条路径的一个共同点是，它们都重视教师通过丰富和完善专业知识来促进自身专业发展。其中：理论应用路径强调教师个人通过学习和应用理论来丰富和完善理论性知识，从而促进专业发展；实践反思路径强调教师个人通过对实践成败的审视和分析来丰富和完善实践性知识，从而促进专业发展；教师合作路径强调教师通过与同事合作开展行动研究来丰富和完善实践性知识，从而促进专业发展；课例研究路径强调教师通过在由专家和同事组成的团队中开展课堂教学研究，不仅丰富和完善理论性知识，而且丰富和完善实践性知识，从而促进专业发展。笔者认为，教师强调通过丰富和完善专业知识来促进专业发展固然重要，然而，仅仅做到这一方面是不够的，教师还需要重视通过道德修养路径来促进专业发展。教师的道德品质不仅是教师专业素质的重要构成部分，而且是教师丰富和完善专业知识并提升专业能力的重要内在动力，同时它还是教师专业知识与专业能力充分而正确地发挥作用的重要内在动力与方向保障。因此，教师道德修养是促进教师专业发展的又一条重要路径。本章将从教师道德修养的内涵、道德修养促进教师专业发展的机制和教师道德修养的策略等方面对该路径进行探讨。

第一节
教师道德修养的内涵

所谓教师道德修养，是指教师通过学习和锻炼，内化特定社会所要求的教师专业道德规范，从而提升自身专业道德品质的一种自我教育过程。具体来说，教师道德修养的内涵主要包括以下四个方面。

一、教师道德修养旨在提升自身的专业道德品质

"修养"一词主要有名词和动词两种用法。作为名词，"修养"是指一个人在理论、知识、艺术、思想、道德等方面所达到的一定水平；作为动词，"修养"是指一个人通过学习和锻炼，使自己在理论、知识、艺术、思想、道德等方面达到一定水平。在这里，"修养"作动词使用，因此，教师道德修养就是指教师通过学习和锻炼，提升自己

的专业道德品质，使其达到从事教育实践所要求的较高水平。

二、教师道德修养是一种自我教育活动

从主体角度说，年轻一代的教育包括学校教育、家庭教育、社会教育和自我教育。关于自我教育的重要性，苏霍姆林斯基指出："我深信，只有能够激发学生去进行自我教育的教育，才是真正的教育。"[1]学生成长是外在因素与内在因素共同作用的结果，其中，内在因素具有决定性意义。学校教育、家庭教育、社会教育都属于外在因素，而自我教育属于内在因素。我国现代著名教育家叶圣陶先生指出，"教是为了不教"。随着年龄的增长，年轻一代总归要逐渐远离学校教育和家庭教育，然而一个人的发展则具有终身性。在这种情况下，自我教育的意义更大。教师是成人，教师专业道德的提升虽然有外部力量的推动，但其主要力量来自自我教育。

三、教师道德修养的内容为特定社会所规定

不同社会对教师道德品质有不同的要求，同一社会在不同历史时期对教师道德品质的要求也存在差异，这说明教师道德修养的内容具有时间性、地域性和社会规定性。

改革开放以来，我国教育管理部门及相关部门根据社会和教育发展需要，先后于1985 年、1991 年、1997 年和 2008 年四次颁布有关中小学教师职业道德规范的制度文件。2008 年，我国教育部和中国教科文卫体工会全国委员会重新修订了《中小学教师职业道德规范》，其具体内容如下。

中小学教师职业道德规范[2]

（2008 年修订）

一、爱国守法。热爱祖国，热爱人民，拥护中国共产党领导，拥护社会主义。全面贯彻国家教育方针，自觉遵守教育法律法规，依法履行教师职责权利。不得有违背党和国家方针政策的言行。

二、爱岗敬业。忠诚于人民教育事业，志存高远，勤恳敬业，甘为人梯，乐于奉献。对工作高度负责，认真备课上课，认真批改作业，认真辅导学生。不得敷衍塞责。

三、关爱学生。关心爱护全体学生，尊重学生人格，平等公正对待学生。对学生严慈相济，做学生良师益友。保护学生安全，关心学生健康，维护学生权益。不讽刺、

---

[1]　［苏联］瓦·阿·苏霍姆林斯基：《给教师的建议（修订本全一册）》，杜殿坤编译，350 页，北京，教育科学出版社，1984。

[2]　《中小学教师职业道德规范（2008 年修订）》，载《人民教育》，2008(18)。

挖苦、歧视学生，不体罚或变相体罚学生。

四、教书育人。遵循教育规律，实施素质教育。循循善诱，诲人不倦，因材施教。培养学生良好品行，激发学生创新精神，促进学生全面发展。不以分数作为评价学生的唯一标准。

五、为人师表。坚守高尚情操，知荣明耻，严于律己，以身作则。衣着得体，语言规范，举止文明。关心集体，团结协作，尊重同事，尊重家长。作风正派，廉洁奉公。自觉抵制有偿家教，不利用职务之便谋取私利。

六、终身学习。崇尚科学精神，树立终身学习理念，拓宽知识视野，更新知识结构。潜心钻研业务，勇于探索创新，不断提高专业素养和教育教学水平。

美国全国教育协会制定的《教育专业伦理规范》是美国影响最大的教师职业道德规范之一。该组织于 1929 年制定了《教学专业伦理规范》，之后对其进行了六次修订，于1975 年颁布了第七版，并将其更名为《教育专业伦理规范》，其主要内容如下。

教育专业伦理规范①

教师要相信每一个人的价值和尊严，要追求真理，培养卓越民主信念。

教师要力争做到以下两点：第一，在对待学生上，要力争帮助每个学生实现自身的潜能，使他们成为有价值而且有用的社会成员；第二，在对待自己所从事的教育专业上，要竭尽全力提高专业的标准，争取条件来吸引那些值得信赖的人从事教育工作，并且阻止不合格的人从事教育专业。

1. 在对待学生上

（1）不得无故压制学生求学中的独立活动。

（2）不得无故阻止学生接触各种不同的观点。

（3）不得故意隐瞒或歪曲与学生进步有关的资料。

（4）必须做出合理的努力以保护学生不受对于学习或者健康和安全有害的环境影响。

（5）不得有意为难或贬低学生。

（6）不得根据种族、肤色、信条、性别、原有国籍、婚姻状况、政治或宗教信念、家庭、社会或文化背景或者性别取向，不公正地排斥任何一个学生参加任何课程；剥夺任何一个学生的任何利益；给予任何一个学生以任何有利的条件。

（7）不得利用与学生的专业关系谋取私利。

（8）如果不是出于令人信服的专业目的，或者出于法律的要求，不得泄露专业服务过程中获得的有关学生的信息。

---

① 郑金洲：《教育通论》，326～327 页，上海，华东师范大学出版社，2002。收入本书时有改动。

2. 在对待自己所从事的专业上

(1)不得在申请某一专业职位时故意作虚假的陈述，或者隐瞒与能力和资格相关的重要事实。

(2)不得出具不符合事实的专业资格证明。

(3)不得帮助明知在性格、教育或者其他有关品质方面不合格者混入教师专业。

(4)不得在有关某一专业职位候选人的资格的陈述上故意弄虚作假。

(5)如果不是出于令人信服的专业目的或者出于法律的要求，不得泄露专业服务过程中获得的有关同事的信息。

(6)不得造谣中伤或诽谤同事。

四、教师道德修养中的道德是广义的道德

道德既可以理解为社会所制定的外在道德规范，又可以理解为个体所拥有的内在道德品质，外在的道德规范通过个体的学习和锻炼，可以内化为个体的内在道德品质。道德有广义和狭义之分。狭义上说，道德是依靠社会舆论和个人内心驱使而发挥作用的调节人与人、人与社会、人与自然关系的行为准则。狭义的道德与法律的重要区别是法律发挥作用的保障是具有强制性的国家机器，而道德发挥作用的保障则主要是不具有强制性的社会舆论和个人良心。我国德育所指的道德多指广义的道德，泛指在意识形态领域所有调节人的行为的基本规范，其具体内容不仅包括狭义的道德，而且包括政治、思想、法律等。在本教材中，教师道德修养中的道德也是从广义层面而言的。从教师个体内在品质角度说，教师经过道德修养所提升的道德品质，不仅包括教师的狭义道德品质，而且包括教师的政治品质、思想品质、法律品质等。教师的所有这些品质都对其教育实践行为具有极其重要的影响。

第二节
道德修养促进教师专业发展的机制

一、高尚的道德品质是教师专业素质的重要构成部分

从理论角度说，关于教师的专业素质结构，研究者往往见仁见智。例如，林崇德

认为，教师的素质主要包括教师的职业理想、知识水平、教育观念、教学监控能力、教学行为与策略。他把教师的职业理想称为师德与师魂。① 王道俊和郭文安主编的《教育学》认为，教师的素养包括四个部分，即高尚的师德、宽厚的文化素养、专门的教育素养和健康的心理素质。② 柳海民主编的《现代教育原理》认为，教师的专业素质主要包括专业信念、专业人格、专业知识和专业能力。其中，教师的专业人格是教师在教育教学中必须具备的适合教育要求的道德修养和个性品质。③ 有学者从社会学角度把"专业"界定为基于专业知识和职业道德而建立起来的职业群体，它所提供的社会服务具有不可或缺的社会功能。④ 在该定义看来，某一专业的从业者必须具有专业知识和职业道德两大方面的素质。从以上研究可以看出，虽然研究者从不同的学科视角对教师的专业素质结构提出了不同的观点，但是，研究者普遍认为高尚的道德品质是教师专业素质的重要构成部分。"没有爱就没有教育。"这句话被无数教育家奉为真理，而教师对学生的爱是教师高尚道德品质的主要表现。美国教育哲学家索尔蒂斯指出，一个人成为一个专业的成员，他或她就加入了一个历史悠久、带有一般目的、从事实践的社团，而他必须努力达到这个目的才能算是这个专业的成员。在医疗事业里，这种一般的目的是促进健康，而在教育事业里是促进学习。在这两种情况下，病人或者学生必须信任医生或者教师是忠诚地努力达到这种目的的。从事医疗和教育的人就这样把一种道德的责任赋予医疗和教学实践的形式本身里。违背这种责任是不合乎专业的行径。⑤

　　我国的教育政策和制度同样把高尚的道德品质看作教师专业素质的重要构成部分。2012 年，教育部颁布《中学教师专业标准（试行）》和《小学教师专业标准（试行）》，这两个标准是国家对合格中小学教师专业素质的基本要求。这两个专业标准的基本理念完全相同，都是四个。其中，第一个基本理念就是"师德为先"，其余三个基本理念是"学生为本""能力为重"和"终身学习"。这两个专业标准都把教师的专业素质分为"专业理念与师德""专业知识"和"专业能力"三个维度。《小学教师专业标准（试行）》对小学教师专业素质的基本要求共有 60 条，其中，"专业理念与师德"维度的基本要求有 19 条；《中学教师专业标准（试行）》对中学教师专业素质的基本要求共有 63 条，其中，"专业理念与师德"维度的基本要求也有 19 条。2014 年教师节前夕，习近平总书记在北京师范大学考察时指出，全国广大教师要做有理想信念、有道德情操、有扎实学识、有仁爱之心的好教师。在新时代"好教师"的四个素质中，除"扎实学识"外，其他三个素质

　　① 林崇德：《教育的智慧：写给中小学教师》，22 页，北京，北京师范大学出版社，2005。
　　② 王道俊、郭文安：《教育学》7 版，400～401 页，北京，人民教育出版社，2016。
　　③ 柳海民：《现代教育原理》，218 页，北京，人民教育出版社，2006。
　　④ 教育部师范教育司：《教师专业化的理论与实践》2 版，33 页，北京，人民教育出版社，2003。
　　⑤ ［美］乔纳斯·F. 索尔蒂斯：《论教学的品德和实践》，吴棠译，载《华东师范大学学报（教育科学版）》，1986(3)。

都属于广义的道德品质范畴。2018年1月，中共中央、国务院印发了《关于全面深化新时代教师队伍建设改革的意见》。该文件强调指出，要突出师德，把提高教师思想政治素质和职业道德水平摆在首要位置，把社会主义核心价值观贯穿教书育人全过程，突出全员、全方位、全过程师德养成，推动教师成为先进思想文化的传播者、党执政的坚定支持者、学生健康成长的指导者。2020年，中共中央、国务院印发了《深化新时代教育评价改革总体方案》。该文件指出：要改革教师评价，坚持把师德师风作为第一标准；把师德表现作为教师资格定期注册、业绩考核、职称评聘、评优奖励首要要求；强化教师思想政治素质考察，推动师德师风建设常态化、长效化。从上述教育政策和制度可以看出，我国党和政府把高尚的道德品质看作教师最为重要的专业素质。

因为高尚的道德品质是教师专业素质的重要构成部分，所以，教师加强道德修养，不断提升专业道德品质，能够有效促进自身专业发展。

二、高尚的道德品质是教师发展专业知能的重要内在动力

教师的专业知能是教师专业知识和专业能力的简称。其中，专业知识是基础。专业知识往往具有较强的理论性，要将其运用于实践，往往需要先将其转化为专业技能。而当教师经过反复练习，熟练掌握专业技能，使其成为技巧，并能灵活运用于实践时，教师就形成了相应的专业能力。因此，专业能力是专业知识发挥作用的体现，是专业知识的价值旨归。对于实践者来说，仅有知识而无能力，就是纸上谈兵。

教师的专业知能又可以理解为教学专长。有关研究表明，从新手到专家的专长形成是一个长期的过程，需要在特定领域长时间地学习和不断实践。国际象棋、物理、数学、音乐、历史和医学等领域的专长研究都证明，任何一个专业活动领域内的新手要成为专家都至少需要10年的工作经验。不仅如此，如此漫长的学习和训练还应该是刻意的。研究者认为，如果仅仅通过简单重复训练，技能的发展只能限定在一个相对较高的水平而达不到最高水平，技能的持续提高须对技能进行有意识的重新建构。如果练习者不知道如何指引他们的训练，或因为不够在乎获得改进，那么他们就不能达到最好的水平。[①] 教师专业知能的发展不仅需要外部动力，而且需要内部动力。在内部动力中，教师的意志力要比其兴趣的力量更大。而能够为教师发展专业知能提供巨大意志力的内在因素就是其高尚的道德品质。在前面，我们探讨了教师专业发展的四条路径，即理论应用路径、实践反思路径、教师合作路径和课例研究路径，这些路径要有效发挥促进教师专业发展的作用，无不需要教师高尚的道德品质作为内在动力和精神保障。2019年获得"人民教育家"国家荣誉称号的中学语文特级教师于漪有两句名言

---

①　朱旭东：《教师专业发展理论研究》，120～121页，北京，北京师范大学出版社，2011。

178

发人深省。其中一句名言是"一辈子做教师，一辈子学做教师"，另一句名言是"我一个肩膀挑着学生的现在，一个肩膀挑着祖国的未来"。[1] 前一句名言反映出于漪坚持终身学习、不断发展自己的专业知能，后一句名言则反映出于漪具有高尚的道德品质，而这种品质是其坚持"一辈子学做教师"的强大内在动力。

小学语文特级教师李吉林是著名儿童教育家、情境教育创始人、2014 年全国首届"基础教育国家级教学成果"特等奖获得者。她对道德品质对于专业知能发展的作用给予了充分的肯定。

谈到我自己，至今我都不敢大言不惭地说，我就是一个学者型的教师，不过，我可以坦然地说，我不是一个教书匠。作为一个教师，首先是人品，是师德。孔子，就被人们敬奉为"天地宗师"。教师应该是一代宗师，是被人们尊称为"先生"的人，内心应自有一种"尊严感"，这种尊严感可以帮助自己脱离低俗和谄媚。所以一个教师崇尚什么，热爱什么，追求什么，往往正是其精神世界的显露。我从小家境贫寒，母亲含辛茹苦养育我，新中国的诞生给劳苦大众带来了新生，我也是其中的一个。参加工作后，我全身心地投入，以报效祖国。改革开放给我们带来了新的机遇，我倍加珍惜，积极投身到教育改革的洪流中。曾记得我给《教育研究》写过一篇小文，题目就是《对祖国的情，对学生的爱》，篇幅虽短，但道出了我内心世界美好的情爱。一个教师对祖国的情感，必然化为对学生的无穷尽地给予，而不是索取。我也常常想，每一个家长把孩子送到学校、送到自己的手上，而每一个孩子的每一天，绝大部分的时间又是在学校，在老师的身边度过的。老师对他们是冷漠，还是挚爱，对工作是应付，还是全身心地投入，都直接影响了孩子的成长，决定了孩子童年生活的质量，这些甚至是孩子的父母都无法替代或弥补的。作为老师，毫无疑问地应该为每一个孩子营造幸福的童年，让他们感受到学习的快乐，成长的快乐，我想这应该是何等神圣的使命，所以我自己和学生是情相联，心相通，这种深切的情感和强烈的责任心，天长日久，便形成了为孩子幸福成长而追求教育完美境界，从朦胧到清晰，从清晰到急切。

我常常想，小学语文虽浅犹深，一篇篇课文，实际上展示了一个丰富的情感世界，既富有诗意，又蕴含哲理，充满着美感和智慧。儿童通过这些课文，在学习祖国语言文字的过程中，完全可以受到人文精神的熏陶，培养起作为人的审美情感和道德情感，潜在的智慧得以开发。我深感要达到这样的境界，需要一种锲而不舍的精神，始终不渝的情爱。我更懂得没有这种精神，没有这种深沉的爱，就没有情境教学，更没有情境教育。为了情境教学，我苦恼过、委屈过，甚至不止一次地哭过。但是孩子贴在我的心上，孩子是苦恼，还是快乐，那目光、那神情，常常是我魂牵梦绕的。所以我心中对学生的这种纯真的情感，赤诚的师德，产生了巨大的力量，使我在教育的实践与

---

① 余慧娟、赖配根、李帆等：《人民教育家于漪》，载《人民教育》，2019(20)。

研究中有可能坚持不懈，甚至百折不回。二十多年来，我从不左顾右盼，认准一个目标：一切为了孩子的发展。所以在搞情境教学的过程中，首先提出的问题就是："能不能把外语情景教学移植到我们汉语的小学语文教学中来，让孩子学习语文不至这样枯燥乏味"；在吸取了古代文论"境界说"理论营养后，相继提出的"能不能应用'境界说'的原理，通过情境创设来丰富作文题材，让孩子用自己的笔写自己的话"，"运用情境教学，如何在阅读教学中进行审美教育，以培养孩子美好的情感"，以及"如何优化情境，促进儿童的整体发展"等，这一系列的问题都是从儿童的需求、老师的困惑、教学的弊端提出来的。提出问题后，学习相关理论，付诸实践，然后总结概括。

在这探索的过程中，我像干渴的苗木拼命地吮吸理论营养，为了建筑、创设典型的场景，我多少遍漫步在家乡的山川田野。一棵大树，一朵小花，在凝神观察中常常会引起我的奇思妙想；淅淅沥沥的春雨，纷纷扬扬的大雪，轻纱般的晨雾，隆隆滚地的雷鸣，又让我想到孩子会提出多少疑问。为了把自己的感受写下来，夏日蚊虫的侵扰，冬天久坐的寒冷都熬过。多少年没有假日，甚至春节也乐意伏案工作。我把自己探索中所经历的提出问题、学习理论、坚持实践、及时总结，概括为四个字，即思、学、行、著，说得通俗些就是想想、学学、做做、写写。而这四个字之所以能循环往复，二十多年来持续进行，就是出于对教育、对学生的爱，所以教师的思想道德素质是首位的。[①]

三、高尚的道德品质有助于教师充分而正确地发挥专业知能的作用

教师专业发展不仅是教师提升自身专业素质的过程，同时也是教师经过努力在自身专业素质方面所达到的结果。教师专业发展的结果不仅表现在教师掌握了丰富的专业知识、增强了多方面的专业能力上，也不仅表现在教师获得了职称晋升或各种荣誉称号上，而且表现在教师充分而正确地运用专业知能、能够显著改进实践、有效促进学生全面发展上。换言之，即使教师掌握了丰富的专业知识，具有很强的专业能力，具有很高的专业技术职称，获得了很多荣誉称号，如果他不能充分而正确地发挥其专业知能的作用，其教育实践质量低劣，所教学生发展不太令人满意，甚至误人子弟，我们都不能说其专业发展达到了很高的水平。要充分而正确地发挥专业知能的作用，教师必须具有高尚的道德品质。

具有专业知能而不充分与正确地发挥其作用的教师大致有两种类型，而每种类型的教师都与缺乏高尚的道德品质有直接关系。第一种类型的教师是不充分运用自身专

---

① 《脚踏实地 追求卓越：访特级教师李吉林》，载《教育研究》，2001(12)。收入本书时有改动。

180

业知能的"享受型"教师。这种教师掌握了丰富的专业知识，具有很强的专业能力，并可能拥有较高的专业技术职称或荣誉称号。他们以前在实现自身专业发展的过程中可能付出了很多代价，现在他们"急流勇退"，不再努力工作，而是依靠以前所获得的成绩享受教育行政管理部门或学校所给予的较为优厚的待遇。在舍恩看来，作为专业的教育实践工作具有复杂性、不确定性、不稳定性、独特性和价值冲突性，教师实践过程中必须竭尽全力地投入于混乱却极为重要的问题之中。① 要高质量地开展教育实践，教师必须具有高尚的道德品质作为内部动力。孔子说："爱之，能勿劳乎？忠焉，能勿诲乎？"（《论语·宪问》）其意即为教师如果热爱学生，能不为学生操劳吗？教师如果忠于学生，能不竭力劝告学生吗？因此，如果教师道德水平不高，追求享受，他就有可能不充分运用自身的专业知能。第二种类型的教师是不正确运用自身专业知能的"精致利己主义型"教师。这种教师虽然掌握了丰富的专业知识，具有很强的专业能力，但是，他们没有运用自身专业知能为学生全面发展服务，而是为个人利益最大化着想。教师所掌握的许多专业知识和拥有的许多专业能力是中性的，教师既可能用其为学生全面发展服务，也可能用其为个人利益服务而无视甚至有害于学生的全面发展。而决定教师如何运用自身专业知能的主要因素就是教师自身的道德品质，就是教师对教育价值的追求。教师生活在社会之中，必然要受教育体制制约。然而，任何一种教育体制都不会是完美无缺的。道德品质高尚的教师会发挥主观能动性，在实践过程中弥补教育体制的不足；而道德品质不够高尚的教师则可能被动适应不完善的体制，甚至主动迎合不完善的体制，钻不完善体制的空子，从而实现自身利益最大化，而在这个过程中，教师就把学生当成了个人谋取利益的工具。

第三节
教师道德修养的策略

一、落实道德修养的整体性

教师道德修养的整体性策略是指教师根据人的道德品质的横向构成要素，全面进行自身道德修养。关于人的道德品质的构成要素，不同时期、不同的研究者往往有不

---

① ［美］唐纳德·A. 舍恩：《反映的实践者：专业工作者如何在行动中思考》，夏林清译，35 页，北京，教育科学出版社，2007。

同的见解。在孔子看来，人的道德品质有三个要素，这三个要素又被称为"三达德"，即"知者不惑，仁者不忧，勇者不惧"（《论语·子罕》）。这里的"知"通"智"。孔子认为，智、仁、勇，是君子的三种重要品德，有智慧的人不会迷惑，有仁德的人不会忧愁，勇敢的人不会畏惧。古希腊哲学家柏拉图认为，在理想国中有三类人，爱智慧、掌握了真理的深明事理的哲学家居于统治地位，居于辅佐地位的是具有勇敢美德的军人，第三类人是具有节制美德的手工业者和农民。这三类人各安其位，各尽其责，互不逾越自己的本分，分工而又合作，不同而又和谐一致，这就是正义。智慧、勇敢、节制、正义是理想国中的四种美德。正如理想国中有三类人一样，每个人的灵魂中也有三种成分，三者之间友好和谐而没有纷争，各安其分，这种人就是正义的人。① 因此，在柏拉图看来，人的道德品质同样包括智慧、勇敢、节制、正义四个要素。我国德育理论一般认为，人的道德品质包括道德认知、道德情感、道德意志、道德行为四个要素，四者之间相互制约、相互促进，共同推动个体道德品质的发展。教师落实道德修养的整体性，就是要从道德认知、道德情感、道德意志、道德行为四方面开展自我道德教育。

在进行道德认知修养过程中，教师不仅要重视获得正确的道德规范，而且要重视培养道德推理能力。美国心理学家科尔伯格认为，人的道德品质包括道德判断内容和道德判断形式两部分。所谓道德判断内容就是对道德问题所作的"该"或"不该"、"对"与"错"的回答，所谓道德判断形式指的是判断的理由以及说明理由过程中所包含的推理方式。他认为，反映个体道德发展水平的更为重要的标准不是道德判断内容，而是道德判断形式。② 譬如，对于同样一个道德情境，小学生与大学生的道德判断内容可能一样，但他们的道德判断形式存在明显差别。因此，教师在进行道德认知修养过程中要特别重视对道德推理能力的培养，不断提升自己的道德智慧。高尚的道德情感是人产生道德行为的巨大内在动力。为了修养自身的道德情感，教师应多了解和感悟真实生活中感人的道德故事，多欣赏优秀的文学艺术作品和自然风光，从而不断提升自己的道德情操。坚强的道德意志是人产生道德行为的又一种重要的内在动力。道德意志的锻炼必须借助具体的道德实践。教师通过对自己不当行为的控制，可以锻炼自己道德意志中的自制性品质；通过克服困难完成正确的道德行为，可以锻炼自己道德意志中的坚韧性品质；通过迅速执行正确行为，可以培养自己道德意志中的果断性品质；通过自主判断实施道德行为，可以培养自己道德意志中的自觉性品质。教师道德修养属于广义的教育范畴，而且是教育中至关重要的一种类型——自我教育。关于教育的

---

① 吴式颖、李明德：《外国教育史教程》3版，49～52页，北京，人民教育出版社，2015。
② 袁振国：《当代教育学》4版，207页，北京，教育科学出版社，2010。

本质，叶圣陶指出："教育是什么？往简单方面说，只须一句话，就是要养成良好习惯。"习惯是一个人在后天影响下，逐渐形成的一种自动化、下意识的思维方式、行为倾向和价值选择。① 在道德修养中，只有养成了良好的道德行为习惯，教师才算是真正形成了高尚的道德品质。教师道德行为习惯的养成离不开道德行为的不断重复和积累，需要坚持不懈、持之以恒地执行正确的道德行为。

二、把握道德修养的层次性

教师道德修养的层次性是指教师道德修养在水平上存在高低之分，其本质在于教师从伦理学角度明确道德是什么，应该追求什么样的道德。教师道德修养属于广义的道德教育范畴。关于我国现代德育的效果与其成因，扈中平教授指出，现在的德育工作在相当程度上成了一种过场和形式，成了令教育者无奈、受教育者生厌的负担。笔者认为，德育工作及其效果之所以会落到如此尴尬和无奈的境地，其根本原因并不是德育无能，也不在于改革开放以及由此所带来的社会转型，而在于我们对道德本身，尤其是对道德的核心的认识不当。也就是说，尽管我们是如此重视道德建设和道德教育，但我们可能至今连道德是什么还没有真正搞清楚。连什么是道德都没弄清楚的道德教育，其效果可想而知。由于对道德本身认识的错位，由此所进行的德育的目标、内容、方法和组织形式等方方面面的改革也就自然从根本上是不对路的、徒劳的。因此，德育工作要走出困境，首先必须对道德的核心内涵有一个重新认识，还道德以本来面目，还道德以现实面目，只有这样，才有可能在新的形势和新的社会条件下使德育工作真正有所突破。②

笔者认为，从利己与利他的关系角度来说，教师道德修养的层次主要包括以下四个方面。

首先，教师应敬重和追求最高层次的舍己为人的道德。该层次的道德具有理想性，虽然能够修养到这一层次的教师不多，但是，教师应坚信修养到该道德层次的教师是存在的，并敬重和努力追求该层次的道德。就像司马迁在赞美孔子时所说的那样："《诗》有之：'高山仰止，景行行止。'虽不能至，然心向往之。"（《史记·孔子世家》）

其次，教师应高度重视较高层次的为己为人的道德。该层次的道德不将教师神化，具有"人情味"。在强调以人为本理念和坚持依法治国的时代背景下，该层次的道德具

---

① 朱永新：《习惯养成是核心素养形成的行动路径：新教育实验推进"每月一事"的理论与实践》，载《课程·教材·教法》，2017(1)。

② 刘良华：《教育研究方法专题与案例》，314页，上海，华东师范大学出版社，2007。

有很强的现实性和可行性。一方面，它充分肯定教师个人利益；另一方面，强调教师要通过尽职尽责、促进学生全面发展进而促进社会进步来获得自己的正当利益。笔者认为，许多教师经过努力能够达到道德修养的这一层次。

再次，教师应守住基础层次的为己不损人的道德。每个人的生活内容都是丰富多样的，在这些生活内容中，常常存在一些出于个人特点或爱好的个人性的行为。只要不损害他人利益，这些行为都是道德的，也具有道德性。只不过这种道德层次较低，具有基础性。不仅如此，对于绝大多数人来说，只要有道德修养的自觉性，这种层次的道德也是比较容易达到的。从社会角色说，即使扮演"作为人的教师"角色，教师也应守住为己不损人这一基础层次的道德。

最后，教师应摒弃低下层次的损人利己的道德。从逻辑角度说，损人利己也是道德的一个层次。显然，它是人的不良道德。对于教师来说，假如把个人利益建立在损害学生全面发展、影响社会文明进步的基础之上，那么，该层次的道德就属于低下层次的损人利己的道德。它严重歪曲了教育的本质，具有"反教育性"。因此，教师应对其坚决摒弃，就像孔子所说的那样，"不义而富且贵，于我如浮云"（《论语·述而》）。

教师道德修养既具有层次性，又具有并存性。也就是说，教师在进行道德修养时往往需要四者兼顾，即既敬重和追求最高层次的舍己为人的道德，又高度重视较高层次的为己为人的道德，同时守住基础层次的为己不损人的道德，还要时时提醒自己摒弃低下层次的损人利己的道德。如此将理想性与现实性相结合的道德修养更容易为教师所接受，因而也更具有可行性和有效性。

三、坚持道德修养与才能修养相统一

教师才能修养是教师丰富自己的专业知识、提高自己的专业能力的过程。前文已经指出，在专业知识和专业能力的关系中，专业知识是基础，专业能力是专业知识经过专业技能、专业技巧的不断转化之后的综合性表现。前面论述的以丰富和完善专业知识为基础的教师专业发展的理论应用路径、实践反思路径、教师合作路径和课例研究路径在一定程度上也可以理解为教师才能修养路径。在论述上述才能修养路径的实施策略时，笔者非常重视其中的道德修养策略，如理论应用路径中的"建立理论应用的内在精神保障"策略、实践反思路径中的"具有实践反思的良好态度"策略、教师合作路径中的"树立合作共赢观念"和"建立'我—他'同事关系"策略以及课例研究路径中的"坚持实践认识论指导""强化学习共同体意识"和"聚焦学生发展核心素养"策略等，都属于广义的道德修养策略范畴。只有渗入了道德修养，上述每一种路径才可能有效发挥促

进教师专业发展的作用。同样，笔者认为，只有渗入了才能修养，教师道德修养路径才可能有效发挥促进教师专业发展的作用。换言之，如果轻视或忽视了才能修养，教师道德修养路径促进教师专业发展的效果将大打折扣。

如果缺少知识，缺少以知识为基础而形成的能力，一个人就可能"好心办坏事"。关于道德与才能之间的关系，苏格拉底认为，知识即道德，智慧是最高的美德。他基于人性本善的假设，认为没有人有意犯错，人之所以犯错，或者由于无知，或者由于判断错误。① 司马光在《资治通鉴·周威烈王二十三年》中写道："才者，德之资也；德者，才之帅也。"当今世界占主流地位的德育模式是认知模式，该模式特别强调道德判断和道德推理能力在个体道德发展中的作用，而优秀的道德判断和道德推理能力必然以才能为基础。鉴于道德与才能密不可分，笔者认为，教师在进行道德修养过程中，必须将道德修养与才能修养有机统一在一起，不仅掌握道德规范，而且培养道德智慧，不仅学习道德知识，而且不断充实科学文化知识，不仅有一颗"善心"，而且有一双"慧眼"，从而真正形成健全的道德品质。

本章小结

教师道德修养是指教师通过学习和锻炼，内化特定社会所要求的教师专业道德规范，从而提升自身专业道德品质的一种自我教育过程。高尚的道德品质不仅是教师专业素质的重要构成部分，是教师发展专业知能的重要内在动力，而且有助于教师充分而正确地发挥专业知能的作用，因此，道德修养是促进教师专业发展的一条不可或缺的重要路径。道德修养具有整体性，教师要从道德认知、道德情感、道德意志、道德行为四方面开展自我道德教育。道德修养具有层次性，教师既要敬重和追求最高层次的舍己为人的道德，又要高度重视较高层次的为己为人的道德，同时守住基础层次的为己不损人的道德，还要时时提醒自己摒弃低下层次的损人利己的道德。教师在丰富自己的专业知识、提高自己的专业能力的过程中离不开高尚的道德品质，同样，教师在提高自身道德品质的过程中也需要以专业知识和专业能力为基础，因此，教师在道德修养过程中必须将其与才能修养相统一。

---

① 吴式颖、李明德：《外国教育史教程》3 版，45 页，北京，人民教育出版社，2015。

章后练习

1. 教师道德修养的内涵包含哪些方面？

2. 道德修养促进教师专业发展的机制是什么？

3. 教师专业发展的道德修养路径与理论应用路径、实践反思路径、教师合作路径和课例研究路径的主要区别是什么？

4. 如何理解道德与法律的关系？

5. 如何理解教师道德修养的整体性？

6. 如何理解"德"与"才"的关系？

7. 如何理解教师道德品质的层次性？

延伸阅读

1. 杜时忠：《教师道德从何而来》，载《高等教育研究》，2002(5)。

2. 顾云虎：《教师道德的自我实践原理》，载《全球教育展望》，2011(12)。

3. 王素月、罗生全、赵正：《教师道德的多层次发展逻辑及其结构模型》，载《教育研究》，2019(10)。

4. 张桂：《论教师道德权威》，载《教育科学研究》，2020(4)。

5. 檀传宝：《德育原理》3 版，北京，北京师范大学出版社，2017。

附　录

附录 A　小学教师专业标准(试行)

为促进小学教师专业发展，建设高素质小学教师队伍，根据《中华人民共和国教师法》和《中华人民共和国义务教育法》，特制定《小学教师专业标准(试行)》(以下简称《专业标准》)。

小学教师是履行小学教育教学工作职责的专业人员，需要经过严格的培养与培训，具有良好的职业道德，掌握系统的专业知识和专业技能。《专业标准》是国家对合格小学教师专业素质的基本要求，是小学教师实施教育教学行为的基本规范，是引领小学教师专业发展的基本准则，是小学教师培养、准入、培训、考核等工作的重要依据。

一、基本理念

(一)师德为先

热爱小学教育事业，具有职业理想，践行社会主义核心价值体系，履行教师职业道德规范，依法执教。关爱小学生，尊重小学生人格，富有爱心、责任心、耐心和细心；为人师表，教书育人，自尊自律，做小学生健康成长的指导者和引路人。

(二)学生为本

尊重小学生权益，以小学生为主体，充分调动和发挥小学生的主动性；遵循小学生身心发展特点和教育教学规律，提供适合的教育，促进小学生生动活泼学习、健康快乐成长。

(三)能力为重

把学科知识、教育理论与教育实践有机结合，突出教书育人实践能力；研究小学生，遵循小学生成长规律，提升教育教学专业化水平；坚持实践、反思、再实践、再反思，不断提高专业能力。

(四)终身学习

学习先进小学教育理论，了解国内外小学教育改革与发展的经验和做法；优化知识结构，提高文化素养；具有终身学习与持续发展的意识和能力，做终身学习的典范。

二、基本内容

维度	领域	基本要求
专业理念与师德	(一)职业理解与认识	1. 贯彻党和国家教育方针政策，遵守教育法律法规。 2. 理解小学教育工作的意义，热爱小学教育事业，具有职业理想和敬业精神。 3. 认同小学教师的专业性和独特性，注重自身专业发展。 4. 具有良好职业道德修养，为人师表。 5. 具有团队合作精神，积极开展协作与交流。
	(二)对小学生的态度与行为	6. 关爱小学生，重视小学生身心健康，将保护小学生生命安全放在首位。 7. 尊重小学生独立人格，维护小学生合法权益，平等对待每一位小学生。不讽刺、挖苦、歧视小学生，不体罚或变相体罚小学生。 8. 信任小学生，尊重个体差异，主动了解和满足有益于小学生身心发展的不同需求。 9. 积极创造条件，让小学生拥有快乐的学校生活。
	(三)教育教学的态度与行为	10. 树立育人为本、德育为先的理念，将小学生的知识学习、能力发展与品德养成相结合，重视小学生全面发展。 11. 尊重教育规律和小学生身心发展规律，为每一个小学生提供适合的教育。 12. 引导小学生体验学习乐趣，保护小学生的求知欲和好奇心，培养小学生的广泛兴趣、动手能力和探究精神。 13. 引导小学生学会学习，养成良好学习习惯。 14. 尊重和发挥好少先队组织的教育引导作用。

续表

维度	领域	基本要求
专业理念与师德	(四)个人修养与行为	15. 富有爱心、责任心、耐心和细心。 16. 乐观向上、热情开朗、有亲和力。 17. 善于自我调节情绪，保持平和心态。 18. 勤于学习，不断进取。 19. 衣着整洁得体，语言规范健康，举止文明礼貌。
专业知识	(五)小学生发展知识	20. 了解关于小学生生存、发展和保护的有关法律法规及政策规定。 21. 了解不同年龄及有特殊需要的小学生身心发展特点和规律，掌握保护和促进小学生身心健康发展的策略与方法。 22. 了解不同年龄小学生学习的特点，掌握小学生良好行为习惯养成的知识。 23. 了解幼小和小初衔接阶段小学生的心理特点，掌握帮助小学生顺利过渡的方法。 24. 了解对小学生进行青春期和性健康教育的知识和方法。 25. 了解小学生安全防护的知识，掌握针对小学生可能出现的各种侵犯与伤害行为的预防与应对方法。
	(六)学科知识	26. 适应小学综合性教学的要求，了解多学科知识。 27. 掌握所教学科知识体系、基本思想与方法。 28. 了解所教学科与社会实践、少先队活动的联系，了解与其他学科的联系。
	(七)教育教学知识	29. 掌握小学教育教学基本理论。 30. 掌握小学生品行养成的特点和规律。 31. 掌握不同年龄小学生的认知规律和教育心理学的基本原理和方法。 32. 掌握所教学科的课程标准和教学知识。
	(八)通识性知识	33. 具有相应的自然科学和人文社会科学知识。 34. 了解中国教育基本情况。 35. 具有相应的艺术欣赏与表现知识。 36. 具有适应教育内容、教学手段和方法现代化的信息技术知识。
专业能力	(九)教育教学设计	37. 合理制定小学生个体与集体的教育教学计划。 38. 合理利用教学资源，科学编写教学方案。 39. 合理设计主题鲜明、丰富多彩的班级和少先队活动。

维度	领域	基本要求
专业能力	（十）组织与实施	40. 建立良好的师生关系，帮助小学生建立良好的同伴关系。 41. 创设适宜的教学情境，根据小学生的反应及时调整教学活动。 42. 调动小学生学习积极性，结合小学生已有的知识和经验激发学习兴趣。 43. 发挥小学生主体性，灵活运用启发式、探究式、讨论式、参与式等教学方式。 44. 发挥好少先队组织生活、集体活动、信息传播等教育功能。 45. 将现代教育技术手段整合应用到教学中。 46. 较好使用口头语言、肢体语言与书面语言，使用普通话教学，规范书写钢笔字、粉笔字、毛笔字。 47. 妥善应对突发事件。 48. 鉴别小学生行为和思想动向，用科学的方法防止和有效矫正不良行为。
	（十一）激励与评价	49. 对小学生日常表现进行观察与判断，发现和赏识每一位小学生的点滴进步。 50. 灵活使用多元评价方式，给予小学生恰当的评价和指导。 51. 引导小学生进行积极的自我评价。 52. 利用评价结果不断改进教育教学工作。
	（十二）沟通与合作	53. 使用符合小学生特点的语言进行教育教学工作。 54. 善于倾听，和蔼可亲，与小学生进行有效沟通。 55. 与同事合作交流，分享经验和资源，共同发展。 56. 与家长进行有效沟通合作，共同促进小学生发展。 57. 协助小学与社区建立合作互助的良好关系。
	（十三）反思与发展	58. 主动收集分析相关信息，不断进行反思，改进教育教学工作。 59. 针对教育教学工作中的现实需要与问题，进行探索和研究。 60. 制定专业发展规划，积极参加专业培训，不断提高自身专业素质。

三、实施建议

（一）各级教育行政部门要将《专业标准》作为小学教师队伍建设的基本依据。根据小学教育改革发展的需要，充分发挥《专业标准》引领和导向作用，深化教师教育改革，建立教师教育质量保障体系，不断提高小学教师培养培训质量。制定小学教师准入标准，严把小学教师入口关；制定小学教师聘任（聘用）、考核、退出等管理制度，保障教师合法权益，形成科学有效的小学教师队伍管理和督导机制。

（二）开展小学教师教育的院校要将《专业标准》作为小学教师培养培训的主要依据。重视小学教师职业特点，加强小学教育学科和专业建设。完善小学教师培养培训方案，科学设置教师教育课程，改革教育教学方式；重视小学教师职业道德教育，重视社会实践和教育实习；加强从事小学教师教育的师资队伍建设，建立科学的质量评价制度。

（三）小学要将《专业标准》作为教师管理的重要依据。制定小学教师专业发展规划，注重教师职业理想与职业道德教育，增强教师育人的责任感与使命感；开展校本研修，促进教师专业发展；完善教师岗位职责和考核评价制度，健全小学教师绩效管理机制。

（四）小学教师要将《专业标准》作为自身专业发展的基本依据。制定自我专业发展规划，爱岗敬业，增强专业发展自觉性；大胆开展教育教学实践，不断创新；积极进行自我评价，主动参加教师培训和自主研修，逐步提升专业发展水平。

（文献来源：教育部网站。）

附录 B　中学教师专业标准(试行)

为促进中学教师专业发展,建设高素质中学教师队伍,根据《中华人民共和国教师法》和《中华人民共和国义务教育法》,特制定《中学教师专业标准(试行)》(以下简称《专业标准》)。

中学教师是履行中学教育教学工作职责的专业人员,需要经过严格的培养与培训,具有良好的职业道德,掌握系统的专业知识和专业技能。《专业标准》是国家对合格中学教师的基本专业要求,是中学教师实施教育教学行为的基本规范,是引领中学教师专业发展的基本准则,是中学教师培养、准入、培训、考核等工作的重要依据。

一、基本理念

(一)师德为先

热爱中学教育事业,具有职业理想,践行社会主义核心价值体系,履行教师职业道德规范,依法执教。关爱中学生,尊重中学生人格,富有爱心、责任心、耐心和细心;为人师表,教书育人,自尊自律,以人格魅力和学识魅力教育感染中学生,做中学生健康成长的指导者和引路人。

(二)学生为本

尊重中学生权益,以中学生为主体,充分调动和发挥中学生的主动性;遵循中学生身心发展特点和教育教学规律,提供适合的教育,促进中学生生动活泼学习、健康快乐成长,全面而有个性地发展。

(三)能力为重

把学科知识、教育理论与教育实践有机结合,突出教书育人实践能力;研究中学生,遵循中学生成长规律,提升教育教学专业化水平;坚持实践、反思、再实践、再反思,不断提高专业能力。

(四)终身学习

学习先进中学教育理论,了解国内外中学教育改革与发展的经验和做法;优化知识结构，提高文化素养；具有终身学习与持续发展的意识和能力，做终身学习的典范。

二、基本内容

维度	领域	基本要求
专业理念与师德	（一）职业理解与认识	1. 贯彻党和国家教育方针政策，遵守教育法律法规。 2. 理解中学教育工作的意义，热爱中学教育事业，具有职业理想和敬业精神。 3. 认同中学教师的专业性和独特性，注重自身专业发展。 4. 具有良好职业道德修养，为人师表。 5. 具有团队合作精神，积极开展协作与交流。
	（二）对学生的态度与行为	6. 关爱中学生，重视中学生身心健康发展，保护中学生生命安全。 7. 尊重中学生独立人格，维护中学生合法权益，平等对待每一位中学生。不讽刺、挖苦、歧视中学生，不体罚或变相体罚中学生。 8. 尊重个体差异，主动了解和满足中学生的不同需要。 9. 信任中学生，积极创造条件，促进中学生的自主发展。
	（三）教育教学的态度与行为	10. 树立育人为本、德育为先的理念，将中学生的知识学习、能力发展与品德养成相结合，重视中学生的全面发展。 11. 尊重教育规律和中学生身心发展规律，为每一位中学生提供适合的教育。 12. 激发中学生的求知欲和好奇心，培养中学生学习兴趣和爱好，营造自由探索、勇于创新的氛围。 13. 引导中学生自主学习、自强自立，培养良好的思维习惯和适应社会的能力。 14. 尊重和发挥好共青团、少先队组织的教育引导作用。
	（四）个人修养与行为	15. 富有爱心、责任心、耐心和细心。 16. 乐观向上、热情开朗、有亲和力。 17. 善于自我调节情绪，保持平和心态。 18. 勤于学习，不断进取。 19. 衣着整洁得体，语言规范健康，举止文明礼貌。

续表

维度	领域	基本要求
专业知识	(五)教育知识	20. 掌握中学教育的基本原理和主要方法。 21. 掌握班级、共青团、少先队建设与管理的原则与方法。 22. 掌握教育心理学的基本原理和方法，了解中学生身心发展的一般规律与特点。 23. 了解中学生世界观、人生观、价值观形成的过程及其教育方法。 24. 了解中学生思维能力、创新能力和实践能力发展的过程与特点。 25. 了解中学生群体文化特点与行为方式。
	(六)学科知识	26. 理解所教学科的知识体系、基本思想与方法。 27. 掌握所教学科内容的基本知识、基本原理与技能。 28. 了解所教学科与其它学科的联系。 29. 了解所教学科与社会实践及共青团、少先队活动的联系。
	(七)学科教学知识	30. 掌握所教学科课程标准。 31. 掌握所教学科课程资源开发与校本课程开发的主要方法与策略。 32. 了解中学生在学习具体学科内容时的认知特点。 33. 掌握针对具体学科内容进行教学和研究性学习的方法与策略。
	(八)通识性知识	34. 具有相应的自然科学和人文社会科学知识。 35. 了解中国教育基本情况。 36. 具有相应的艺术欣赏与表现知识。 37. 具有适应教育内容、教学手段和方法现代化的信息技术知识。
专业能力	(九)教学设计	38. 科学设计教学目标和教学计划。 39. 合理利用教学资源和方法设计教学过程。 40. 引导和帮助中学生设计个性化的学习计划。
	(十)教学实施	41. 营造良好的学习环境与氛围，激发与保护中学生的学习兴趣。 42. 通过启发式、探究式、讨论式、参与式等多种方式，有效实施教学。 43. 有效调控教学过程，合理处理课堂偶发事件。

194

续表

维度	领域	基本要求
专业能力	（十）教学实施	44. 引发中学生独立思考和主动探究，发展学生创新能力。 45. 发挥好共青团、少先队组织生活、集体活动、信息传播等教育功能。 46. 将现代教育技术手段整合应用到教学中。
	（十一）班级管理与教育活动	47. 建立良好的师生关系，帮助中学生建立良好的同伴关系。 48. 注重结合学科教学进行育人活动。 49. 根据中学生世界观、人生观、价值观形成的特点，有针对性地组织开展德育活动。 50. 针对中学生青春期生理和心理发展特点，有针对性地组织开展有益身心健康发展的教育活动。 51. 指导学生理想、心理、学业等多方面发展。 52. 有效管理和开展班级、共青团、少先队活动。 53. 妥善应对突发事件。
	（十二）教育教学评价	54. 利用评价工具，掌握多元评价方法，多视角、全过程评价学生发展。 55. 引导学生进行自我评价。 56. 自我评价教育教学效果，及时调整和改进教育教学工作。
	（十三）沟通与合作	57. 了解中学生，平等地与中学生进行沟通交流。 58. 与同事合作交流，分享经验和资源，共同发展。 59. 与家长进行有效沟通合作，共同促进中学生发展。 60. 协助中学与社区建立合作互助的良好关系。
	（十四）反思与发展	61. 主动收集分析相关信息，不断进行反思，改进教育教学工作。 62. 针对教育教学工作中的现实需要与问题，进行探索和研究。 63. 制定专业发展规划，积极参加专业培训，不断提高自身专业素质。

三、实施建议

（一）各级教育行政部门要将《专业标准》作为中学教师队伍建设的基本依据。根据中学教育改革发展的需要，充分发挥《专业标准》引领和导向作用，深化教师教育改革，建立教师教育质量保障体系，不断提高中学教师培养培训质量。制定中学教师准入标准，严把中学教师入口关；制定中学教师聘任（聘用）、考核、退出等管理制度，保障教师合法权益，形成科学有效的中学教师队伍管理和督导机制。

（二）开展中学教师教育的院校要将《专业标准》作为中学教师培养培训的主要依据。重视中学教师职业特点，加强中学教育学科和专业建设。完善中学教师培养培训方案，科学设置教师教育课程，改革教育教学方式；重视中学教师职业道德教育，重视社会实践和教育实习；加强从事中学教师教育的师资队伍建设，建立科学的质量评价制度。

（三）中学要将《专业标准》作为教师管理的重要依据。制定中学教师专业发展规划，注重教师职业理想与职业道德教育，增强教师育人的责任感与使命感；开展校本研修，促进教师专业发展；完善教师岗位职责和考核评价制度，健全中学教师绩效管理机制。中等职业学校教师参照执行。

（四）中学教师要将《专业标准》作为自身专业发展的基本依据。制定自我专业发展规划，爱岗敬业，增强专业发展自觉性；大胆开展教育教学实践，不断创新；积极进行自我评价，主动参加教师培训和自主研修，逐步提升专业发展水平。

（文献来源：教育部网站。）

附录 C　中小学教师资格定期注册暂行办法

第一章　总则

第一条　为完善教师资格制度，健全教师管理机制，建设高素质专业化教师队伍，根据《教师法》《教师资格条例》和《国家中长期教育改革和发展规划纲要（2010—2020年）》，制定本办法。

第二条　教师资格定期注册是对教师入职后从教资格的定期核查。中小学教师资格实行5年一周期的定期注册。定期注册不合格或逾期不注册的人员，不得从事教育教学工作。

第三条　承担中小学教师资格定期注册改革试点的省（区、市）组织实施教师资格定期注册工作，适用本办法。

第四条　中小学教师资格定期注册的对象为公办普通中小学、中等职业学校和幼儿园在编在岗教师（以下简称教师）。

省级教育行政部门可根据本地教师队伍建设的实际需要，将依法举办的民办普通中小学、中等职业学校和幼儿园教师纳入定期注册范围。

第五条　教师资格定期注册应与教师人事管理工作紧密结合，将严格教师考核和促进教师专业发展作为重要的工作目标。定期注册应坚持以人为本、科学规范和公开公平公正原则，客观体现教师职业道德、业务水平和工作业绩情况。

第六条　国务院教育行政部门主管教师资格定期注册工作。县级以上地方教育行政部门负责本地教师资格定期注册的组织、管理、监督和实施。

第二章　注册条件

第七条　申请首次注册的，应当具备下列条件：

（一）具有与任教岗位相应的教师资格；

（二）聘用为中小学在编在岗教师；

（三）省级教育行政部门规定的其他条件。

对于首次任教人员须试用期满且考核合格。

第八条　满足下列条件的，定期注册合格：

（一）遵守国家法律法规和《中小学教师职业道德规范》，达到省级教育行政部门规定的师德考核评价标准，有良好的师德表现；

（二）每年年度考核合格以上等次；

（三）每个注册有效期内完成不少于国家规定的 360 个培训学时或省级教育行政部门规定的等量学分；

（四）身心健康，胜任教育教学工作；

（五）省级教育行政部门规定的其他条件。

第九条　有下列情形之一的，应暂缓注册：

（一）注册有效期内未完成国家规定的教师培训学时或省级教育行政部门规定的等量学分；

（二）中止教育教学和教育管理工作一学期以上，但经所在学校或教育行政部门批准的进修、培训、学术交流、病休、产假等情形除外；

（三）一个注册周期内任何一年年度考核不合格。

暂缓注册者达到定期注册条件后，可重新申请定期注册。具体办法由省级教育行政部门根据实际情况制定。

第十条　有下列情形之一的，注册不合格：

（一）违反《中小学教师职业道德规范》和师德考核评价标准，影响恶劣；

（二）一个定期注册周期内连续两年以上（含两年）年度考核不合格；

（三）依法被撤销或丧失教师资格。

第三章　注册程序

第十一条　取得教师资格，初次聘用为教师的，试用期满考核合格之日起 60 日内，申请首次注册。经首次注册后，每 5 年应申请一次定期注册。

第十二条　教师资格定期注册须由本人申请，所在学校集体办理，按照人事隶属关系报县级以上教育行政部门审核注册。

第十三条　教师应当在定期注册有效期满前 60 日内，申请办理下一次教师资格定期注册。定期注册实行网上申请。

第十四条　申请教师资格定期注册，应当提交下列材料：

（一）《教师资格定期注册申请表》一式 2 份；

（二）《教师资格证书》；

（三）中小学或主管部门聘用合同；

（四）所在学校出具的师德表现证明；

（五）5 年的各年度考核证明；

（六）省级教育行政部门认可的教师培训证明；

（七）省级以上教育行政部门根据当地实际要求提供的其他材料。

申请首次注册的，应当提交上述（一）（二）（四）（七）项材料，同时提交试用期考核合格证明。

第十五条　对于本办法实施之日前已获得教师资格证书的中小学在编在岗教师，首次注册的办法由省级教育行政部门规定。

第十六条　定期注册工作不收取教师和学校任何费用。

第十七条　县级以上教育行政部门在受理注册申请终止之日起 90 个工作日内，对申请人提交的材料进行审核并给出注册结论。注册结论应提前进行公示。

第十八条　县级教育行政部门负责申报材料的初审，提出注册结论的建议；地市级教育行政部门负责申报工作的复核；省级教育行政部门对注册申请进行终审，并在全国中小学教师资格定期注册管理信息系统中填报注册结论及有关信息。

第十九条　县级以上教育行政部门将申请人的《教师资格注册申请表》一份存入个人人事档案，一份归档保存。同时在申请人《教师资格证书》附页上标明注册结论。

第四章　罚则

第二十条　申请人隐瞒有关情况或提供虚假材料申请教师资格注册的，视情况暂缓注册或注册不合格，并给予相应处罚；已经注册的，应当撤销注册。

第二十一条　所在学校未按期如实提供申请人定期注册证明材料的，上级教育行政部门应当责令改正，对直接负责的主管人员和其他直接责任人依法给予行政处分。

第二十二条　地方教育行政部门实施定期注册，有下列情形之一的，由其上级教育行政部门或者监察机关责令改正，对直接负责的主管人员或者其他直接责任人员依法给予行政处分：

（一）对不符合教师定期注册条件者准予定期注册的；

（二）对符合教师定期注册条件者不予定期注册的。

第二十三条　注册范围内的教师无故逾期不申请定期注册，按照注册不合格处理。

第五章　附则

第二十四条　教师资格定期注册申请人对定期注册结果有异议的，可依法提出申诉或者行政复议。

第二十五条　省级教育行政部门可以依据本办法制定实施细则，并抄送教育部。

第二十六条　本办法自发布之日起施行。

（文献来源：教育部网站。）

附录 D　关于深化中小学教师职称制度改革的指导意见

中小学教师是我国专业技术人才队伍的重要组成部分，是全面实施素质教育、推动教育事业又好又快发展的重要力量。1986 年开始建立的以中小学教师职务聘任制为主要内容的中小学教师职称制度，对调动广大中小学教师的积极性、提高中小学教师队伍整体素质、促进基础教育事业发展发挥了积极作用。随着中小学人事制度改革的深入推进、素质教育的全面实施和教师队伍结构的不断优化，现行的中小学教师职称制度存在着等级设置不够合理、评价标准不够科学、评价机制不够完善、与事业单位岗位聘用制度不够衔接等问题。深化中小学教师职称制度改革、完善符合中小学教师特点的专业技术职务任职评价制度，是贯彻《党中央、国务院关于进一步加强人才工作的决定》中关于完善人才评价机制、深化职称制度改革要求的重要举措，是落实义务教育法的重要任务，是推进职称制度分类改革的重要内容，对于加强教师队伍建设，激励广大教师教书育人，吸引和稳定优秀人才长期从教、终身从教，具有重大意义。为落实《国家中长期人才发展规划纲要(2010—2020 年)》和《国家中长期教育改革和发展规划纲要(2010—2020 年)》要求，建设高素质专业化的中小学教师队伍，经国务院同意，现就深化中小学教师职称制度改革提出如下指导意见。

一、改革的指导思想和基本原则

(一)深化中小学教师职称制度改革的指导思想：全面贯彻落实党的十八大和十八届二中、三中、四中全会精神，按照党中央、国务院决策部署，遵循教育发展规律和教师成长规律，按照深化职称制度改革的方向和总体要求，建立与事业单位聘用制度和岗位管理制度相衔接、符合教师职业特点、统一的中小学教师职称(职务)制度，充分调动广大中小学教师的积极性，为中小学聘用教师提供基础和依据，为全面实施素质教育提供制度保障和人才支持。

(二)深化中小学教师职称制度改革的基本原则：

1. 坚持以人为本，遵循中小学教师成长规律和职业特点，提高中小学教师职业地位，促进中小学教师全面发展；

2. 坚持统一制度、分类管理，建立统一的制度体系，体现中学和小学的不同特点；

3. 坚持民主、公开、竞争、择优，鼓励优秀人才脱颖而出；

4. 坚持重师德、重能力、重业绩、重贡献，激励中小学教师提高教书育人水平；

5. 坚持与中小学教师岗位聘用制度相配套，积极稳妥、协同推进，妥善处理改革发展稳定的关系。

二、改革的主要内容

深化中小学教师职称制度改革围绕健全制度体系、拓展职业发展通道、完善评价标准、创新评价机制、形成以能力和业绩为导向、以社会和业内认可为核心、覆盖各类中小学教师的评价机制，建立与事业单位岗位聘用制度相衔接的职称制度。改革的主要内容包括：

(一)健全制度体系

1. 改革原中学和小学教师相互独立的职称(职务)制度体系。贯彻落实义务教育法，建立统一的中小学教师职务制度，教师职务分为初级职务、中级职务和高级职务。原中学教师职务系列与小学教师职务系列统一并入新设置的中小学教师职称(职务)系列。

2. 统一职称(职务)等级和名称。初级设员级和助理级；高级设副高级和正高级。员级、助理级、中级、副高级和正高级职称(职务)名称依次为三级教师、二级教师、一级教师、高级教师和正高级教师。

3. 统一后的中小学教师职称(职务)，与原中小学教师专业技术职务的对应关系是：原中学高级教师(含在小学中聘任的中学高级教师)对应高级教师；原中学一级教师和小学高级教师对应一级教师；原中学二级教师和小学一级教师对应二级教师；原中学三级教师和小学二级、三级教师对应三级教师。

4. 统一后的中小学教师职称(职务)分别与事业单位专业技术岗位等级相对应：正高级教师对应专业技术岗位一至四级，高级教师对应专业技术岗位五至七级，一级教师对应专业技术岗位八至十级，二级教师对应专业技术岗位十一至十二级，三级教师对应专业技术岗位十三级。

(二)完善评价标准

1. 中小学教师专业技术水平评价标准，是中小学教师职称评审的重要基础和主要依据。中小学教师专业技术水平评价标准，要适应实施素质教育和课程改革的新要求，充分体现中小学教师职业特点，着眼于中小学教师队伍长远发展，并在实践中不断完善。要充分考虑教书育人工作的专业性、实践性、长期性，坚持育人为本、德育为先，注重师德素养，注重教育教学工作业绩，注重教育教学方法，注重教育教学一线实践经历，切实改变过分强调论文、学历的倾向，引导教师立德树人，爱岗敬业，积极进取，不断提高实施素质教育的能力和水平。

2. 国家制定中小学教师专业技术水平评价的基本标准条件（见附件）。各省、自治区、直辖市及新疆生产建设兵团（以下简称各省）根据本地教育发展情况，结合各类中小学校的特点和教育教学实际，制定中小学教师具体评价标准条件。具体评价标准条件要综合考虑乡村小学和教学点实际，对农村教师予以适当倾斜，稳定和吸引优秀教师在边远贫困地区乡村小学和教学点任教。中小学正高级教师、高级教师的具体评价标准条件要体现中学、小学的不同特点和要求，有所区别。对于少数特别优秀的教师，可制定相应的破格评审条件。各省具体评价标准条件可在国家基本标准条件的基础上适当提高。

(三)创新评价机制

1. 建立以同行专家评审为基础的业内评价机制。建立健全同行专家评审制度。各省要加强对中小学教师职称评审工作的领导和指导，完善评委会的组织管理办法，扩大评委会组成人员的范围，注重遴选高水平的教育教学专家和经验丰富的一线教师，健全评委会工作程序和评审规则，建立评审专家责任制。

2. 改革和创新评价办法。认真总结推广同行专家评审在中小学教师专业技术水平评价中的成功经验，继续探索社会和业内认可的实现形式，采取说课讲课、面试答辩、专家评议等多种评价方式，对中小学教师的业绩、能力进行有效评价，确保评价结果的客观公正，增强同行专家评审的公信力。要在水平评价中全面推行评价结果公示制度，增加评审工作的透明度。

(四)实现与事业单位岗位聘用制度的有效衔接

1. 中小学教师职称评审是中小学教师岗位聘用的重要依据和关键环节，岗位聘用是职称评审结果的主要体现。中小学教师岗位出现空缺，教师可以跨校评聘。公办中小学教师的聘用和待遇，按照事业单位岗位管理制度和收入分配制度管理和规范。

2. 中小学教师职称评审，在核定的岗位结构比例内进行。中小学教师竞聘上一职称等级的岗位，由学校在岗位结构比例内按照一定比例差额推荐符合条件的教师参加职称评审，并按照有关规定将通过职称评审的教师聘用到相应教师岗位。人力资源社会保障部门、教育行政部门应及时兑现受聘教师的工资待遇，防止在有评审通过人选的情况下出现"有岗不聘"的现象。

3. 坚持中小学教师岗位聘用制度。按照深化事业单位人事制度改革以及中小学人事制度改革的要求，全面实行中小学教师聘用制度和岗位管理制度，发挥学校在用人上的主体作用，实现中小学教师职务聘任和岗位聘用的统一。要建立健全考核制度，加强聘后管理，在岗位聘用中实现人员能上能下。

4. 中小学教师职称评审和岗位聘用工作，要健全完善评聘监督机制，充分发挥有关纪检监察部门和广大教师的监督作用，确保评聘程序公正规范，评聘过程公开透明。评聘工作按照个人申报、考核推荐、专家评审、学校聘用的基本程序进行。

个人申报。中小学教师竞聘相应岗位，要按照不低于国家和当地制定的评价标准条件，按规定程序向聘用学校提出申报。

考核推荐。学校对参加竞聘的教师，要结合其任现职以来各学年度的考核情况，通过多种方式进行全面考核。根据考核结果，经集体研究，由学校在核定的教师岗位结构比例内按照一定比例差额推荐拟聘人选参加评审。

专家评审。由同行专家组成的评委会，按照评价标准和办法，对学校推荐的拟聘人选进行专业技术水平评价。评审结果经公示后，由人力资源社会保障部门审核确认。

学校聘用。中小学根据聘用制度的有关规定，将通过评审的教师聘用到相应岗位。

5. 对改革前已经取得中小学教师专业技术职务任职资格但未被聘用到相应岗位的人员，原有资格依然有效，聘用到相应岗位时不再需要经过评委会评审。各地区要结合实际制定具体办法，对这部分人员择优聘用时给予适当倾斜。

6. 在乡村学校任教（含城镇学校教师交流、支教）3 年以上、经考核表现突出并符合具体评价标准条件的教师，同等条件下优先评聘。

7. 中小学教师高级、中级、初级岗位之间的结构比例，以及高级、中级、初级岗位内部各等级的结构比例，根据新的中小学教师职称等级体系，按照国家关于中小学岗位设置管理的有关规定执行。其中，正高级教师数量国家实行总量控制。

三、改革的组织实施

深化中小学教师职称制度改革政策性强，涉及面广，涉及人数多，社会影响大，改革本身涉及制度统一、人员过渡、标准制定和评审等诸多环节，工作十分复杂，各地情况又差别很大，必须按照国家的统一要求和部署开展工作。人力资源社会保障部、教育部联合成立改革领导小组，统一领导改革工作。领导小组下设办公室，具体负责改革的组织实施、政策指导和监督检查等工作。

（一）提高认识，加强领导。各省要充分认识改革的重大意义，将深化中小学教师职称制度改革作为当前加强中小学教师队伍建设的首要任务，予以高度重视，切实加强领导。要成立省政府领导牵头的改革工作领导小组，建立有效的工作机制，切实加强对改革的组织领导。各级人力资源社会保障部门和教育部门要按照现有职能分工，密切配合，做好相关工作。

（二）结合实际，周密部署。各省要根据本意见精神，紧密结合本地实际，抓紧制定本地区改革具体实施方案和配套办法，报经人力资源社会保障部、教育部批准后组织实施。在推进改革的过程中，各地要开展全面深入的调研，充分掌握本地区中小学情况和教师队伍状况，全方位考虑工作中可能遇到的各种情况和问题，细化工作措施，完善工作预案，深入细致地做好政策解释、舆论宣传和思想政治工作，引导广大教师积极支持和参与改革，确保改革顺利推进。

（三）平稳过渡，稳慎实施。要充分认识改革的复杂性，妥善做好新老人员过渡和新旧政策衔接工作，确保改革顺利有序推进。现有在岗中小学教师，由各级人力资源社会保障部门、教育部门按照原中小学教师专业技术职务与统一后的职称（职务）对应关系，以及现聘任的职务等级，直接过渡到统一后的职称（职务）体系，并统一办理过渡手续。在平稳过渡的基础上，各级别新的职称（职务）评聘工作，严格按照本意见规定的原则要求、标准条件、评价办法、评聘程序等进行。

中小学教师职称（职务）评聘工作分级组织实施。高级教师及以下职称（职务）等级教师的评聘工作，由各省按照本意见制定本地区的实施办法和相关配套政策，并组织实施。正高级教师由人力资源社会保障部、教育部核定数量，各省具体组织评审，评审结果报两部备案。

各省要及时总结经验，发现、研究和解决改革出现的新情况、新问题，妥善处理改革、发展和稳定的关系。遇到重要情况及时向两部报告。各省改革进展情况请及时报送两部改革领导小组办公室。

本意见适用于普通中小学、职业中学、幼儿园、特殊教育学校、工读学校及省、市、县教研室和校外教育机构。

民办中小学校教师可参照本意见参加职称评审。

附件：中小学教师水平评价基本标准条件

附件

中小学教师水平评价基本标准条件

一、拥护党的领导，胸怀祖国，热爱人民，遵守宪法和法律，贯彻党和国家的教育方针，忠诚于人民教育事业，具有良好的思想政治素质和职业道德，牢固树立爱与责任的意识，爱岗敬业，关爱学生，为人师表，教书育人。

二、具备相应的教师资格及专业知识和教育教学能力，在教育教学一线任教，切实履行教师岗位职责和义务。

三、身心健康。

四、中小学教师评聘各级别职称（职务），除必须达到上述标准条件，还应分别具备以下标准条件：

正高级教师

1. 具有崇高的职业理想和坚定的职业信念；长期工作在教育教学第一线，为促进青少年学生健康成长发挥了指导者和引路人的作用，出色地完成班主任、辅导员等工作任务，教书育人成果突出；

2. 深入系统地掌握所教学科课程体系和专业知识，教育教学业绩卓著，教学艺术精湛，形成独到的教学风格；

3. 具有主持和指导教育教学研究的能力，在教育思想、课程改革、教学方法等方面取得创造性成果，并广泛运用于教学实践，在实施素质教育中，发挥了示范和引领作用；

4. 在指导、培养一级、二级、三级教师方面做出突出贡献，在本教学领域享有较高的知名度，是同行公认的教育教学专家；

5. 一般应具有大学本科及以上学历，并在高级教师岗位任教 5 年以上。

高级教师

1. 根据所教学段学生的年龄特征和思想实际，能有效进行思想道德教育，积极引导学生健康成长，比较出色地完成班主任、辅导员等工作，教书育人成果比较突出；

2. 具有所教学科坚实的理论基础、专业知识和专业技能，教学经验丰富，教学业绩显著，形成一定的教学特色；

3. 具有指导与开展教育教学研究的能力，在课程改革、教学方法等方面取得显著的成果，在素质教育创新实践中取得比较突出的成绩；

4. 胜任教育教学带头人工作，在指导、培养二级、三级教师方面发挥了重要作用，取得了明显成效；

5. 具备博士学位，并在一级教师岗位任教 2 年以上；或者具备硕士学位、学士学位、大学本科毕业学历，并在一级教师岗位任教 5 年以上；或者具备大学专科毕业学历，并在小学、初中一级教师岗位任教 5 年以上。城镇中小学教师原则上要有 1 年以上在薄弱学校或农村学校任教经历。

一级教师

1. 具有正确教育学生的能力，能根据所教学段学生的年龄特征和思想实际，进行思想道德教育，有比较丰富的班主任、辅导员工作经验，并较好地完成任务；

2. 对所教学科具有比较扎实的基础理论和专业知识，独立掌握所教学科的课程标准、教材、教学原则和教学方法，教学经验比较丰富，有较好的专业知识技能，并结合教学开展课外活动，开发学生的智力和能力，教学效果好；

3. 具有一定的组织和开展教育教学研究的能力，并承担一定的教学研究任务，在素质教育创新实践中积累了一定经验；

4. 在培养、指导三级教师提高业务水平和教育教学能力方面做出一定成绩；

5. 具备博士学位；或者具备硕士学位，并在二级教师岗位任教 2 年以上；或者具备学士学位或者大学本科毕业学历，并在二级教师岗位任教 4 年以上；或者具备大学专科毕业学历，并在小学、初中二级教师岗位任教 4 年以上；或者具备中等师范学校毕业学历，并在小学二级教师岗位任教 5 年以上。

二级教师

1. 比较熟练地掌握教育学生的原则和方法，能够胜任班主任、辅导员工作，教育效果较好；

2. 掌握教育学、心理学和教学法的基础理论知识，具有所教学科必备的专业知识，能够独立掌握所教学科的教学大纲、教材、正确传授知识和技能，教学效果较好；

3. 掌握教育教学研究方法，积极开展教育教学研究和创新实践；

4. 具备硕士学位；或者具备学士学位或者大学本科毕业学历，见习 1 年期满并考核合格；或者具备大学专科毕业学历，并在小学、初中三级教师岗位任教 2 年以上；或者具备中等师范学校毕业学历，并在小学三级教师岗位任教 3 年以上。

三级教师

1. 基本掌握教育学生的原则和方法，能够正确教育和引导学生；

2. 具有教育学、心理学和教学法的基础知识，基本掌握所教学科的专业知识和教材教法，能够完成所教学科的教学工作；

3. 具备大学专科毕业学历，并在小学、初中教育教学岗位见习 1 年期满并考核合格；或者具备中等师范学校毕业学历，并在小学教育教学岗位见习 1 年期满并考核合格。

（文献来源：教育部网站。）

主要参考文献

一、著作

[1]安桂清．课例研究[M]．上海：华东师范大学出版社，2018．

[2]陈静静．教师实践性知识论：中日比较研究[M]．上海：华东师范大学出版社，2011．

[3]杜静．教师专业发展[M]．北京：高等教育出版社，2017．

[4]冯建军．生命与教育[M]．北京：教育科学出版社，2004．

[5]洪明．教师教育的理论与实践[M]．福州：福建教育出版社，2007．

[6]F. 迈克尔·康纳利，D. 琼·克兰迪宁．教师成为课程研究者：经验叙事[M]．刘良华，邝红军，等译．杭州：浙江教育出版社，2004．

[7]教育部师范教育司．教师专业化的理论与实践[M]．2版．北京：人民教育出版社，2003．

[8]教育：财富蕴藏其中[M]．联合国教科文组织总部中文科，译．北京：教育科学出版社，1996．

[9]连榕．教师专业发展[M]．北京：高等教育出版社，2007．

[10]林崇德．教育的智慧：写给中小学教师[M]．北京：北京师范大学出版社，2005．

[11]刘捷．专业化：挑战21世纪的教师[M]．北京：教育科学出版社，2002．

[12]刘义兵．教师专业发展[M]．北京：高等教育出版社，2017．

[13]罗蓉，李瑜．教师专业发展：理论与实践[M]．北京：北京师范大学出版社，2012．

[14]布鲁克菲尔德．批判反思型教师ABC[M]．张伟，译．北京：中国轻工业出版社，2002．

[15]唐纳德·A. 舍恩．反映的实践者：专业工作者如何在行动中思考[M]．夏林清，译．北京：教育科学出版社，2007．

[16]饶从满，杨秀玉，邓涛．教师专业发展[M]．长春：东北师范大学出版社，2005．

[17]筑波大学教育学研究会．现代教育学基础[M]．2版．钟启泉，译．上海：上海教育出版社，2003．

［18］瓦·阿·苏霍姆林斯基. 给教师的建议（修订本全一册）［M］. 杜殿坤，编译. 北京：教育科学出版社，1984.

［19］吴义昌. 如何做研究型教师［M］. 上海：华东师范大学出版社，2014.

［20］熊建辉. 教师专业标准的国际经验［M］. 北京：北京师范大学出版社，2014.

［21］叶澜，白益民，王枬，等. 教师角色与教师发展新探［M］. 北京：教育科学出版社，2001.

［22］朱旭东. 教师专业发展理论研究［M］. 北京：北京师范大学出版社，2011.

［23］郑金洲，陶保平，孔企平. 学校教育研究方法［M］. 北京：教育科学出版社，2003.

二、论文

［1］陈爱华. 从哲学到教育：马丁·布伯的对话理论［J］. 南昌大学学报（人文社会科学版），2015(5)：148-154.

［2］陈向明. 实践性知识：教师专业发展的知识基础［J］. 北京大学教育评论，2003(1)：104-112.

［3］冯建军. 他者性：超越主体间性的师生关系［J］. 高等教育研究，2016(8):1-8.

［4］高维. 基于隐喻的教师缄默知识显性化［J］. 教育科学研究，2016(7):60-65.

［5］郭秀艳. 内隐学习和缄默知识［J］. 教育研究，2003(12)：31-36.

［6］胡波. 合作：新课程对教师的新要求［J］. 课程·教材·教法，2004(7):79-83.

［7］胡庆芳. 论日本中小学的校本培训：从课例研究的视角［J］. 外国中小学教育，2007(2)：18-20，25.

［8］洪明. "反思实践"思想及其在教师教育中的争议：来自舍恩、舒尔曼和范斯特马切尔的争论［J］. 比较教育研究，2004(10)：1-5.

［9］李佳丽. 芬兰"研究为本"的教师教育课程设置探析［J］. 比较教育研究，2018(6)：52-58.

［10］李莉春. "信奉理论"与"使用理论"之辩及其对教育实践的意义［J］. 外国教育研究，2010(1)：12-18.

［11］鲁洁. 超越性的存在：兼析病态适应的教育［J］. 华东师范大学学报（教育科学版），2007(4)：6-11，29.

［12］卢俊勇，陶青. 教育实习：学徒制抑或实验制？：杜威的观点［J］. 外国教育研究，2016(9)：13-24.

［13］R. J. 斯腾伯格，J. A. 霍瓦斯. 专家型教师教学的原型观［J］. 高民，张春莉，译. 华东师范大学学报（教育科学版），1997(1)：27-37.

208

[14]彭泽平. 对教育理论功能的审视和思考[J]. 教育研究，2002(9)：9-13.

[15]饶从满，张贵新. 教师合作：教师发展的一个重要路径[J]. 教师教育研究，2007(1)：12-16.

[16]阮琳燕，施玉茹，朱志勇. 从"教师知识共享"到"优质教师资源均衡"：新手教师知识管理系统的个案研究[J]. 教育科学研究，2019(3)：75-81.

[17]上海市教师学研究会"上海市中小幼教师读书现状调研"课题组. 读书，教师的态度 上海市中小幼教师读书现状调查[J]. 上海教育，2014(27)：12-13.

[18]宋广文，魏淑华. 论教师专业发展[J]. 教育研究，2005(7)：71-74.

[19]汤杰英，周竸，韩春红. 学科教学知识构成的厘清及对教师教育的启示[J]. 教育科学，2012(5)：37-42.

[20]王红艳. 日本的课例研究经验：基于 WALS2019 年年会报告论文的 NVIVO 分析[J]. 教育学术月刊，2020(11)：99-105.

[21]王明平. 案例研究 实践反思与教师实践性智慧发展[J]. 中小学教师培训，2003(10)：6-8.

[22]王晓莉. 教师专业发展的内涵与历史发展[J]. 教育发展研究，2011(18)：38-47.

[23]王艳玲. 教师形象的内源性考察[J]. 中国教育学刊，2011(2)：58-61.

[24]魏戈，李曼，夏鹏翔. 课例研究在日本：社会文化视角的省思[J]. 北京教育学院学报，2021(5)：77-84.

[25]吴义昌. 教师自我反思之反思[J]. 教育评论，2008(4)：16-18.

[26]杨成波. 韦伯社会行动的理想类型及当代启示[J]. 山西师大学报（社会科学版），2011(1)：28-31.

[27]杨文登、叶浩生. 缩短教育理论与实践的距离：基于循证教育学的视野[J]. 教育研究与实验，2010(3)：11-17.

[28]叶澜. 新世纪教师专业素养初探[J]. 教育研究与实验，1998(1)：41-46，72.

[29]易凌云. 论教师的教育理论意识[J]. 教师教育研究，2007(4)：13-17，12.

[30]余文森. 论以校为本的教学研究[J]. 教育研究，2003(4)：53-58.

[31]袁丽，胡艺曦. 课例研究对促进教师专业发展的作用、不足与改进策略：基于文献的考察[J]. 教师教育研究，2018(4)：99-105.

[32]张侨平，陈敏. 课例研究的缘起和流变：回顾与前瞻[J]. 全球教育展望，2020(8)：75-91.

[33]张立昌. 试论教师的反思及其策略[J]. 教育研究，2001(12)：17-21.

[34]张学民，申继亮．国外教师教学专长及发展理论述评[J]．比较教育研究，2001(3)：1-5．

[35]张治国．美国四大全国性教师专业标准的比较及其对我国的借鉴意义[J]．外国教育研究，2009(10)：34-38．

[36]周钧．技术理性与反思性实践：美国两种教师教育观之比较[J]．教师教育研究，2005(6)：76-80，71．